D1723925

mentor Grundwissen

Physik

bis zur 10. Klasse

Alle wichtigen Themen

Thorsten Krämer
Oliver Meusel
Dr. Jürgen Pozimski

Über die Autoren:
Dipl.-Ing. (TH) Thorsten Krämer ist Studienrat für Chemie, Physik und Biologie in Hanau am Main. Dr. phil. nat. Jürgen Pozimski studierte Physik und promovierte an der J. W. Goethe Universität Frankfurt/M. auf dem Gebiet der Teilchenbeschleuniger. Dipl.-Phys. Oliver Meusel wirkt als wissenschaftlicher Angestellter an der J. W. Goethe Universität Frankfurt an Projekten der Beschleunigerphysik mit.

Redaktion: Klaus Vogelsang, Leipzig
Layout: Peter Pleischl, München
Vignetten: Ulf Marckwort, Kassel
Fotos: S. 73 und 105: MAGAZIN – Die Bildagentur.
Alle anderen Fotos und Grafiken von den Autoren

Umwelthinweis: Gedruckt auf chlorfrei gebleichtem Papier.

Mentor Grundwissen Band 14

Satz/Repro: Franzis print & media GmbH; München
Druck: aprinta, Wemding
Printed in Germany
www.mentor.de

ISBN-13: 978-3-580-60014-9
ISBN-10: 3-580-64014-3

06 07 08 09 10   7. 6. 5. 4. 3.

Vorwort 5
Einleitung 7

Mechanik

1 Statik 10
2 Kinematik 27
3 Dynamik 37
4 Flüssigkeiten und Gase 56
5 Astronomie 64
Auf einen Blick: Mechanik 68

Wellen

1 Mechanische Wellen 74
2 Akustik 86
Auf einen Blick: Wellen 104

Wärmelehre

1 Temperatur und Temperaturmessung 106
2 Aggregatzustände 108
3 Wärmeausdehnung von Feststoffen und Flüssigkeiten 115
4 Zustandsänderungen von Gasen 122
5 Wärmeenergie 131
6 Ausdehnungsarbeit und erster Hauptsatz der Wärmelehre 147
7 Wärmekraftmaschinen 148
Auf einen Blick: Wärmelehre 151

Elektrizitätslehre

1 Ladung, Stromstärke, Spannung 154
2 Elektrostatische Felder 160
3 Magnetostatische Felder 165
4 Elektromagnetische Felder 174
5 Gleichstromkreis 182
6 Wechselstromkreis 194
7 Energietechnik und Elektronik 201
Auf einen Blick: Elektrizitätslehre 213

Optik

1 Strahlenoptik   218
2 Optische Systeme   225
3 Wellenoptik   236
4 Entstehung und Wahrnehmung von Licht   241
Auf einen Blick: Optik   247

Atomphysik

1 Das Atom   250
2 Radioaktivität   259
3 Kernenergie   269
Auf einen Blick: Atomphysik   279

Anhang

Tabellen   281
Register   285

Vorwort

Die Naturwissenschaften werden üblicherweise in mehrere unabhängige, gleichzeitig aber auch zusammenhängende Wissensgebiete unterteilt. So untersucht die *Biologie* lebende Organismen. Die *Chemie* beschäftigt sich mit den Eigenschaften und Wechselwirkungen der chemischen Elemente und ihrer Verbindungen. Die Physik ist dagegen die Grundlagenwissenschaft der unbelebten Natur. Physiker beschäftigen sich mit dem Aufbau der Atome und Moleküle, sie entwickeln Modelle, um das Verhalten von Gasen, Feststoffen und Flüssigkeiten zu verstehen, sie erstellen Formeln, um die Bewegungen von Autos, Flugzeugen und Planeten zu berechnen.

Dieses Buch bringt dem Leser die üblicherweise bis zur Mittleren Reife (Realschulabschluss) vermittelten Inhalte des Schulfaches Physik nahe. Es stellt somit eine sinnvolle Ergänzung der im Unterricht verwendeten Materialien dar. Auf eine anschauliche Darstellung und Illustration der Themen mit Abbildungen und Fotos, die eine selbstständige Arbeit mit dem Buch möglich machen sollen, wurde besonders viel Wert gelegt. Daher finden sich zu den einzelnen Kapiteln auch viele Beispielaufgaben mit Lösungen. Wichtige Merksätze und Formeln sind farblich hervorgehoben. Am Ende eines jeden Kapitels findet sich zudem eine kurz gefasste Übersicht, die die wichtigsten Informationen noch einmal »auf einen Blick« parat hält. Ferner bieten viele Kapitel dem interessierten Leser in eingerahmten Textstellen weiterführende Informationen zu bestimmten Themengebieten an.

Allen, die uns bei der Erstellung dieses Buches unterstützt und geholfen haben, möchten wir hiermit herzlich danken, insbesondere unseren Familien und Freunden.

Wir wünschen allen unseren Leserinnen und Lesern
mit diesem Buch viel Spaß und Erfolg!

Thorsten Krämer, Oliver Meusel und Dr. Jürgen Pozimski

Einleitung

Physikalische Größen und Einheiten

Die Gesetze der Physik beschreiben die Zusammenhänge zwischen verschiedenen *physikalischen Größen*. Eine physikalische Größe ist eine messbare Eigenschaft eines Gegenstandes oder Systems, wie die **Länge** oder **Temperatur** eines Körpers, die **Zeit**, die verstreicht, bis ein fahrendes Auto zum Stillstand kommt, oder die einem gehobenen Gegenstand zugehörige **Lageenergie**.

Zur Messung einer physikalischen Größe ist es notwendig, die *Einheit* festzulegen, in der sie gemessen wird. Die Einheit der Länge ist beispielsweise das **Meter (m)**. Ergibt die Messung einer Strecke eine Länge von 25 m, so bedeutet dies, dass die gemessene Strecke 25-mal so groß ist wie die Länge der Einheit Meter. Die Zahl »25« stellt somit einen *Faktor* dar, mit dem die Einheit multipliziert wird.

s	$=$	25	$\cdot$	m
Physikalische Größe	$=$	Faktor	$\cdot$	Physikalische Einheit

Damit die Angabe 25 m Sinn macht, muss man der Messung eine bestimmte Länge für die Einheit Meter zugrunde legen, der Physiker sagt: Die Länge eines Meters muss definiert werden. Die Definitionen der physikalischen Einheiten haben sich im Laufe der Zeit immer wieder gewandelt, denn sie wurden stets den neuesten physikalischen Erkenntnissen und Messmethoden angepasst. So war die Länge eines Meters zunächst so festgelegt, dass der Abstand zwischen dem Nordpol und dem Äquator genau 10^7 m entsprach. Die moderne Definition begreift ein Meter als die Wegstrecke, die das Licht im Vakuum in einer Zeit von 1/299 792 458 s durchläuft.

Eine Tabelle zu den hier im Buch verwendeten Größen und Einheiten findet sich im Anhang.

Legende

Merksatz, Formel

Weiterführende Information

Mechanik

Das wohl älteste Teilgebiet der Physik, die Mechanik, beschreibt die Eigenschaften von Körpern.
Aber auch die Bewegungen von Körpern und die
zeitliche Änderung der Bewegung und deren Ursache,
die Kräfte, werden durch sie untersucht. Das Verhalten
von Flüssigkeiten und Gasen wird ebenso durch die
Mechanik beschrieben.

1 Statik

Die Statik ist ein Teilgebiet der Mechanik, in dem die Wirkungen und das Gleichgewicht der Kräfte, die auf einen Körper einwirken, untersucht werden. Insbesondere werden auch die physikalischen Eigenschaften der Körper in der Statik beschrieben.

1.1 Länge, Fläche und Volumen

Die Physik untersucht ganz allgemein alle Erscheinungen der unbelebten Natur und versucht diese durch Zuordnung physikalischer Eigenschaften und Merkmale zu beschreiben. Die wichtigsten quantitativen und qualitativen Angaben werden dabei durch **Größen** dargestellt. Die physikalische Größe **Länge** ist eine Basisgröße und wird in der Physik häufig mit *l* oder *s* oder *h* bezeichnet. Die Bestimmung der Länge erfolgt durch **Messen**. Das bedeutet, die Größe wird durch Vergleich mit einer gegebenen Einheit zahlenmäßig ermittelt. Die Maßzahl wird direkt am geeichten Messinstrument abgelesen oder wird aus einem abgelesenen Wert berechnet und dann mit der Maßeinheit multipliziert.

Größen können durch Messen bestimmt werden.

Die Messwerte physikalischer Größen ergeben sich aus dem Produkt von Maßzahl und Maßeinheit.

Die Maßeinheit für die Länge wurde international festgelegt und heißt Meter. Früher gab es für die Länge verschiedene Maßeinheiten, die von Land zu Land unterschiedlich waren. In der Physik wird heute nur noch die Einheit Meter verwendet.

Beispiel:

Als Beispiel soll die Messung der physikalischen Größe **Länge** *l* eines Metallstabes dienen. Die Maßeinheit ist 1 Meter; sie ist in der Länge des Metallstabes dreimal enthalten. Also beträgt die Gesamtlänge des Messobjektes $l = l_{Einheit} \cdot 3$ und das bedeutet, der Metallstab hat eine Länge von 3 Metern.

Messobjekt (Metallstab)	Messgröße
	Maßeinheit
	Maßzahl

Messung der Länge eines Metallstabes

Für verschiedene Messobjekte ist es sinnvoll, einen Bruchteil oder ein Vielfaches der Maßeinheit zu verwenden. Häufig verwendete Bruchteile des Meters sind Zentimeter (cm) und Millimeter (mm), es gilt: 1 m = 100 cm = 1000 mm. Ein oft verwendetes Vielfaches des Meters ist das Kilometer (km), es gilt: 1 km = 1000 m.

Messobjekt	Messgröße Länge
Haar des Menschen	0,0001 m
Höchster Berg der Erde	9000 m
Tiefster Punkt im Ozean	11 000 m
Umfang der Erde	40 000 000 m

Beispiele für Längen einiger Messobjekte

Im Gegensatz zur Basisgröße Länge ist die **Fläche** A eine abgeleitete Größe. Sie hat zwei Ausdehnungen (Dimensionen): Länge l und Breite b, ihre Maßeinheit ist 1 Quadratmeter: 1 m^2.

Flächen haben zwei Dimensionen.

$$A = l \cdot b$$

Diese Formel gilt für rechteckige Flächen. Für andere geometrische Formen, wie Kreise oder Dreiecke, gelten spezielle Gleichungen.

Beispiel:
Als Beispiel soll die Fläche eines Fußballfeldes bestimmt werden. Die Breite b beträgt 45 m und die Länge l misst 90 m. Daraus ergibt sich eine Fläche von:

$$A = 90 \text{ m} \cdot 45 \text{ m} = 4050 \text{ m}^2$$

Wie groß ist die Fläche eines Fußballfeldes?

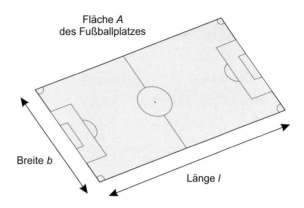

Fläche *A*
des Fußballplatzes

Breite *b*

Länge *l*

Für das Flächenmaß gibt es ebenso wie für das Längenmaß Bruchteile und Vielfache der Maßeinheit, von denen die gebräuchlichsten in der Tabelle aufgezählt sind.

Bruchteile und Vielfache der Maßeinheit der Fläche

Bruchteile der Maßeinheit
$1\ m^2 = 1000\ mm \cdot 1000\ mm = 1\,000\,000\ mm^2$
$1\ m^2 = 100\ cm \cdot 100\ cm = 10\,000\ cm^2$
Vielfache der Maßeinheit
$1\ km^2 = 1000\ m \cdot 1000\ m = 1\,000\,000\ m^2$

Ein Würfel hat im Vergleich mit einer Fläche eine weitere Ausdehnung (Dimension). Neben der Länge *l* und der Breite *b* hat er zusätzlich noch eine Höhe *h*, das heißt, er nimmt einen Raum ein. Die physikalische Größe, die den Rauminhalt charakterisiert, wird **Volumen** *V* genannt. Das Volumen ist ebenso wie die Fläche eine abgeleitete Größe, denn es ergibt sich aus dem Produkt der drei Dimensionen Länge, Breite und Höhe.

Der Rauminhalt wird Volumen genannt.

$$V = l \cdot b \cdot h$$

Die Maßeinheit des Volumens ist das Kubikmeter: $1\ m^3$.

Beispiel:
Ein Quader soll als Beispiel für eine Volumenberechnung dienen. Der Quader hat eine Länge von

$l = 4$ m, seine Breite beträgt $b = 1,5$ m und seine Höhe $h = 2$ m. Daraus ergibt sich ein Volumen von
$$V = 4 \text{ m} \cdot 1,5 \text{ m} \cdot 2 \text{ m} = 12 \text{ m}^3.$$

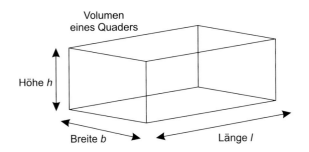

Volumen eines Quaders

Höhe h

Breite b

Länge l

Volumenberechnung eines Quaders

Analog zu den Maßeinheiten der Länge und der Fläche hat auch das Volumen festgelegte Bruchteile der Maßeinheit:

Bruchteil der Maßeinheit
1 m^3 = 10 dm $\cdot$ 10 dm $\cdot$ 10 dm = 1000 dm^3
1 dm^3 = 0,001 m^3
1 m^3 = 100 cm $\cdot$ 100 cm $\cdot$ 100 cm = 1 000 000 cm^3
1 cm^3 = 0,000 001 m^3

Bruchteile des Kubikmeters

Eine weitere Maßeinheit für das Volumen ist das Liter: 1 l. Diese Maßeinheit wird häufig bei der Angabe des Volumens von Flüssigkeiten und Gasen benutzt. Bei der Umrechnung von der Maßeinheit Kubikmeter in die Maßeinheit Liter gelten folgende Relationen:

Liter und Kubikmeter, zwei Einheiten für eine Größe

Umrechnung von Kubikmeter in Liter
1 m^3 = 1000 l
1 dm^3 = 1 l
1 cm^3 = 0,001 l = 1 ml (Milliliter)

Umrechnung von Kubikmeter in Liter

Wäre also der Quader aus der Abbildung oben ein Schwimmbecken, dann würde sein Volumen von 12 m^3 einem Fassungsvermögen von 12 000 l Wasser entsprechen.

Die Bestimmung des Volumens aus dem Produkt der Länge, Breite und Höhe gilt nur für einen Quader. Für andere regelmäßige Körper gelten spezielle Gleichungen.

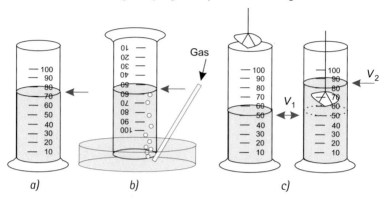

a)   *b)*   *c)*

Bestimmung des Volumens a) einer Flüssigkeit, b) eines Gases und c) eines unregelmäßigen Körpers

Es gibt aber auch die Möglichkeit, das Volumen von Flüssigkeiten, Gasen und von unregelmäßigen Festkörpern zu bestimmen. In der Abbildung sind die Messverfahren skizziert. In Darstellung a) ist die Volumenbestimmung einer Flüssigkeit zu sehen. Die Höhe des Flüssigkeitsspiegels wird direkt an der geeichten Skala des Messzylinders abgelesen (Pfeil). In diesem Beispiel beträgt das Volumen der Flüssigkeit 70 ml oder 70 cm^3. In der Darstellung b) wird gezeigt, wie das Volumen eines Gases bestimmt werden kann. Zuerst ist der Messzylinder komplett mit Wasser gefüllt. Dann wird über ein kleines Rohr das Gas, z. B. Luft, in den Zylinder geleitet, wobei die Gasbläschen emporsteigen und das Wasser aus dem Messzylinder verdrängen. Jetzt wird wieder die Höhe des Flüssigkeitsspiegels an der geeichten Skala abgelesen. Im gezeigten Beispiel beträgt das Volumen der aufgefangenen Luft 50 ml oder 50 cm^3. Im Bild c) ist dargestellt, wie das Volumen eines unregelmäßigen Festkörpers bestimmt werden kann. Dabei befindet sich bereits eine Flüssigkeit im Messzylinder, von der das Volumen V_1 direkt an der Skala abgelesen wird. Danach wird der unregelmäßige Festkörper in die Flüssigkeit getaucht, bis er vollständig von der Flüssigkeit umgeben ist.

Jetzt wird das Volumen V_2 bestimmt, das sich aus dem Volumen der Flüssigkeit und dem Volumen des Festkörpers ergibt. Wird das Volumen der Flüssigkeit vom Gesamtvolumen V_2 subtrahiert, ergibt sich das Volumen des unregelmäßigen Festkörpers, $V_{Festkörper} = V_2 - V_1$.

1.2 Aufbau der Körper aus Teilchen

Festkörper, Flüssigkeiten und Gase nehmen einen Raum ein, denn sie haben ein Volumen. Alle Dinge, die ein Volumen besitzen, nennt der Physiker Körper.

Alle Körper haben
ein Volumen.

Jeder Körper befindet sich immer in einer der drei Zustandsformen: fest, flüssig oder gasförmig.

Ein Metallstab ist ein Körper in festem Zustand und somit ein Festkörper. Wasser dagegen ist ein Körper im flüssigen Zustand, also eine Flüssigkeit. Die Luft ist ein Körper im gasförmigen Zustand und deshalb ist die Luft ein Gas. Körper können sich in alle drei Zustandsformen umwandeln. Ein Beispiel für diese Umwandlung gibt das Wasser. Ein Eiswürfel aus dem Tiefkühlfach ist hart und lässt sich nicht verformen, das Wasser ist im festen Zustand. Wird der Eiswürfel in einem Topf erwärmt, schmilzt er und das Wasser geht in den flüssigen Zustand über. Danach beginnt das Wasser zu sieden und geht dadurch in den gasförmigen Zustand über. Natürlich kann die Änderung der Zustandsform auch in umgekehrter Richtung verlaufen. Wasserdampf, d. h. gasförmiges Wasser, kondensiert in den Wolken, Wassertropfen entstehen und es regnet. Im Winter frieren Flüsse und Seen zu, ihr Wasser geht vom flüssigen in den festen Zustand über.

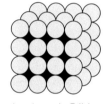

Anordnung der Teilchen in einem Festkörper

Wie aber sind die Stoffe aufgebaut, die es den Körpern ermöglichen, verschiedene Zustandsformen anzunehmen? Stoffe bestehen aus kleinen Teilchen (s. Atomphysik), die in ihrer Gesamtheit den Körper bilden. Die Anordnung der Teilchen und ihre Abstände zueinander in einem Körper bestimmen, in welchem Zustand sich der Körper befindet. In einem Festkörper sind alle Teilchen regelmäßig angeordnet, sodass ihre Abstände ganz minimal sind. Dadurch erhält der Festkörper seine Festigkeit und Formbeständigkeit. In flüssigen

Anordnung der Teilchen in einer Flüssigkeit

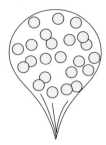

Anordnung der Teilchen in einem Gas

Körpern sind die Teilchen dagegen nicht regelmäßig angeordnet. Sie bewegen sich ungeordnet innerhalb der Flüssigkeit. Die ungeordnete Bewegung der Teilchen ist die Ursache dafür, dass Flüssigkeiten nicht formbeständig sind und dass andere Körper in Flüssigkeiten eintauchen können. Trotzdem sind die Abstände der Teilchen zueinander dabei aber so gering, dass es beispielsweise nicht möglich ist, eine Flüssigkeit zusammenzudrücken. In einem Gas führen die Teilchen ebenfalls ungeordnete Bewegungen aus, aber im Gegensatz zu Flüssigkeiten sind die Abstände der Teilchen sehr groß, sodass ein Gas zusammengedrückt (komprimiert) werden kann.

1.3 Die Masse von Körpern

Alle Körper haben eine Masse.

Im vorherigen Abschnitt wurde beschrieben, wie Körper aufgebaut sind und wie dieser Aufbau den Zustand der Körper beeinflusst. In diesem Kapitel soll eine der wichtigsten physikalischen Eigenschaften der Körper, nämlich ihre **Masse** m, untersucht werden.

Die Masse m ist eine Basisgröße und ihre Maßeinheit ist das Kilogramm (kg).

Zur Bestimmung der Masse für verschiedene Messobjekte gibt es Bruchteile und Vielfache der Maßeinheit.

Bruchteile und Vielfache der Maßeinheit der Masse

Bruchteile der Maßeinheit	
1 kg = 1000 g	1 g = 0,001 kg
1 kg = 1 000 000 mg	1 mg = 0,000 001 kg
Vielfache der Maßeinheit	
1 t (Tonne) = 1000 kg	1 kg = 0,001 t

Die Masseeinheit ist international durch einen Metallkörper, der in Paris aufbewahrt wird, festgelegt. Von diesem Körper, dem Urkilogramm, wurden Kopien angefertigt, die als Gewichtstücke benutzt werden. Die Messung der Masse eines Körpers erfolgt durch den Massenvergleich mit verschiedenen Gewichtstücken. Diese Messung erfolgt mithilfe einer Waage. Dabei sind zwei Massen gleich groß, wenn die

Waage im Gleichgewicht ist. Das Gewichtstück lässt sich zum Vergleich verschiedener Körper in geeignete Größen unterteilen, die Wägesatz genannt werden.

Bestimmung der Masse eines Körpers durch Vergleich mit Gewichtstücken auf einer Waage

1.4 Dichte

Was ist leichter, ein Kilogramm Federn oder ein Kilogramm Eisen? Der vorherige Abschnitt gibt uns die Antwort: Beides ist gleich schwer, denn 1 kg = 1 kg, egal von welchem Stoff. Der Unterschied zwischen Federn und Eisen liegt jedoch in dem Volumen, das ein Kilogramm des jeweiligen Stoffes einnimmt. Die physikalische Größe, die den Zusammenhang zwischen Volumen und Masse eines Stoffes charakterisiert, ist die **Dichte**. Die Dichte ist eine abgeleitete Größe; sie hat das Formelzeichen ρ (rho) und ist der Quotient aus der Masse m und dem Volumen V.

Masse und Volumen eines Körpers bestimmen seine Dichte.

$$\rho = \frac{m}{V}$$

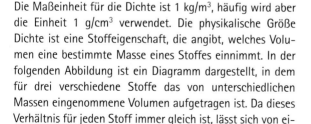

Die Maßeinheit für die Dichte ist 1 kg/m³, häufig wird aber die Einheit 1 g/cm³ verwendet. Die physikalische Größe Dichte ist eine Stoffeigenschaft, die angibt, welches Volumen eine bestimmte Masse eines Stoffes einnimmt. In der folgenden Abbildung ist ein Diagramm dargestellt, in dem für drei verschiedene Stoffe das von unterschiedlichen Massen eingenommene Volumen aufgetragen ist. Da dieses Verhältnis für jeden Stoff immer gleich ist, lässt sich von einem unbekannten Körper mithilfe einer Messung der Masse und des Volumens, wie es in Abschnitt 1.1 beschrieben

Verhältnis von Masse und Volumen für drei verschiedene Stoffe

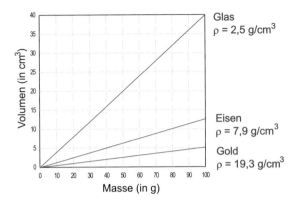

wurde, ermitteln, aus welchem Stoff der Körper besteht. Als Beispiel soll ein merkwürdig glitzernder Klumpen dienen. Wie kann festgestellt werden, aus welchem Stoff er besteht und ob es sich dabei vielleicht um Gold handelt? Zuerst wird der Klumpen gewogen, seine Masse beträgt 289,5 g. Als Nächstes wird sein Volumen bestimmt. Da es sich um einen unregelmäßigen Festkörper handelt, wird er in einen Messzylinder, der mit Wasser gefüllt ist, getaucht und sein Volumen, wie in der entsprechenden Abbildung im Abschnitt 1.1 skizziert, bestimmt. Das Volumen des Klumpens beträgt 15 ml oder 15 cm³. Mit der ermittelten Masse und dem Volumen ergibt sich eine Dichte von:

$$\rho = \frac{289,5 \text{ g}}{15 \text{ cm}^3} = 19,3 \text{ g/cm}^3$$

Diese Dichte entspricht genau der Dichte des Goldes, sodass es sich bei dem unbekannten Stoff, aus dem der Klumpen besteht, um Gold handelt.

1.5 Kraft

Kräfte wirken zwischen Körpern.

Die **Kraft** F ist eine physikalische Größe zur Beschreibung der Wechselwirkung zwischen zwei Körpern. Sie kann eine Verformung oder eine Änderung des Bewegungszustandes eines Körpers bewirken. Die Kraft ist eine vektorielle Größe. Das bedeutet, die Kraft hat einen Betrag, der angibt, wie stark die Wirkung der Kraft ist, und zusätzlich hat die Kraft eine Richtung, die durch den Kraftpfeil in Richtung der Kraftwirkung angegeben wird.

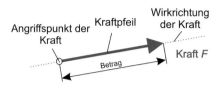

Darstellung der Kraft durch einen Kraftpfeil

Die Maßeinheit der Kraft ist 1 N (Newton), sie wurde nach dem englischen Physiker *Isaac Newton* benannt. Die Kraft ist eine abgeleitete Größe, denn sie ist das Produkt aus der Masse m eines Körpers und der Beschleunigung a (s. Dynamik, Abschn. 3.1).

Isaac Newton, 1643–1727, englischer Physiker, Mathematiker und Philosoph

In der Statik wird die Wirkung der Kräfte auf Körper untersucht. Diese Wirkung äußert sich durch die Verformung der Körper. Dabei gilt:

> Kräfte, die denselben Körper gleich stark verformen, sind gleich groß.

Ein Beispiel für die Verformung eines Körpers ist eine Stahlfeder, an der eine Kraft wirkt, indem an der Feder gezogen wird. Dabei lässt sich erkennen: Je stärker die Kraft ist, desto länger wird die Feder.

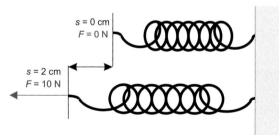

Verformung einer Feder durch die Wirkung einer Kraft

Der Zusammenhang zwischen Kraft und Federauszug wird durch das **Hooke'sche Gesetz** beschrieben:

Robert Hooke, 1635–1703, englischer Physiker

> Der Federauszug s ist dem Kraftbetrag F proportional.
>
> $$F \sim s$$

Der Quotient aus Federauszug s und Kraftbetrag F ist dabei für eine Feder immer konstant und wird **Federkonstante D** genannt.

$$D = \frac{F}{s}$$

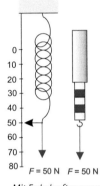

$F = 50\,\text{N} \quad F = 50\,\text{N}$

Mit Federkraftmessern kann aus der Verformung der Feder die einwirkende Kraft bestimmt werden.

Die Maßeinheit der Federkonstanten ist N/m (Newton pro Meter). Mithilfe des Hooke'schen Gesetzes ist es möglich, Kräfte zu messen, indem der Federauszug s mit einer Maßzahl für die Kraft skaliert wird. In der Abbildung ist dargestellt, wie mithilfe einer Feder eine Kraft bestimmt werden kann, und daneben ein Federkraftmesser, in dem eine Feder mit einer Skala verbunden ist, an der die Kraft abgelesen werden kann.

Selten wirkt an einem Körper nur eine Kraft. Wie aber werden Kräfte beschrieben, die alle an einem Punkt angreifen? Im ersten Beispiel sollen alle Kräfte entlang einer gemeinsamen Wirkungslinie angreifen. Dies ist z. B. der Fall, wenn sich mehrere Sportler am Tauziehen beteiligen. Die Kräfte, die durch die einzelnen Personen auf das Tau ausgeübt werden, addieren sich.

Wirken mehrere Kräfte in dieselbe Richtung einer Wirkungslinie, dann addieren sie sich.

Wenn Kräfte im selben Punkt an einem Körper angreifen, aber in verschiedene Richtungen wirken, dann dürfen die Beträge der Kräfte nicht einfach addiert werden.

Addition der Kräfte durch Konstruktion eines Kräfteparallelogramms

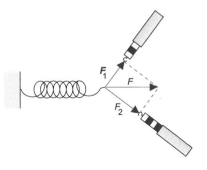

F_1 F F_2

Die Kräfte F_1 und F_2 heißen **Kraftkomponenten** und F heißt resultierende Kraft.

Aus zwei Kräften F_1 und F_2, die in einem Punkt angreifen, aber nicht in dieselbe Richtung wirken, lässt sich eine resultierende Kraft F als Diagonale des durch beide Kräfte gebildeten Parallelogramms konstruieren. Die Richtung und die Größe dieser Diagonalen entsprechen dabei der Richtung und dem Betrag der resultierenden Kraft.

Wenn mehr als zwei Kräfte an einem Punkt des Körpers angreifen und in verschiedene Richtungen wirken, wird die Regel vom Kräfteparallelogramm mehrfach hintereinander angewandt.

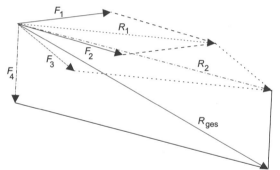

Addition mehrerer an einem Körper angreifender Kräfte

Aus den Kräften F_1 und F_2 ergibt sich die resultierende Kraft R_1. Mit ihr und der Kraft F_3 ergibt sich R_2. Und aus R_2 und der Kraft F_4 ergibt sich als resultierende Gesamtkraft R_{ges}.

1.6 Gewichtskraft

Warum fallen die Äpfel vom Baum zur Erde? Warum können wir alle auf der Erde stehen, obwohl wir wissen, dass die Erde rund ist? Zwischen der Erde und den auf ihr befindlichen Körpern wirkt eine Kraft F_G.

Zwischen allen Körpern wirkt eine Anziehungskraft F_G.

Mechanik

Die Schwerkraft wirkt zwischen zwei Körpern.

Diese **Anziehungskraft** wird **Gewichtskraft, Schwerkraft** oder auch **Gravitation**, vom lateinischen Wort »gravis« für »Schwere«, genannt und sie wirkt ganz allgemein zwischen allen Körpern. Das bedeutet, die Schwerkraft ist keine Eigenschaft eines Körpers, sondern die Folge gegenseitiger Anziehung der Körper. Der Betrag der Anziehungskraft wird mit zunehmendem Abstand zwischen den Körpern kleiner und wächst mit kleiner werdendem Abstand. So ist der Betrag dieser Kraft auf einen Körper in einer Entfernung von 6370 km von der Erde nur noch ein Viertel des Wertes auf der Erdoberfläche. Neben dem Abstand zwischen den Körpern bestimmt auch die Masse den Betrag der Gewichtskraft F_G. Diesen Zusammenhang soll der dargestellte Versuch demonstrieren.

Zusammenhang zwischen Masse und Gewichtskraft

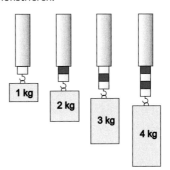

An einem bestimmten Ort, z. B. in Berlin, werden verschiedene Massen an Federkraftmesser gehängt. Dabei ergibt sich ein Zusammenhang zwischen Masse und Gewichtskraft, der in der folgenden Tabelle notiert ist.

Masse m in kg	1	2	3	4
Gewichtskraft F_G in N	9,81	19,62	29,43	39,24

Das Experiment zeigt: Wird der Betrag der Masse m erhöht, so wächst auch die Gewichtskraft F_G und umgekehrt.

Die Gewichtskraft F_G ist am gleichen Ort der Masse m proportional.

$$F_G \sim m$$

Wegen der Proportionalität zwischen den beiden physikalischen Größen Gewichtskraft und Masse muss der Quotient aus diesen beiden Größen eine Konstante sein. Werden die Werte des Experimentes dividiert, ergibt sich folgende Gleichung:

$$\frac{F_G}{m} = \frac{9{,}81\ N}{1\ kg} = \frac{19{,}62\ N}{2\ kg} = \frac{29{,}43\ N}{3\ kg} = \frac{39{,}24\ N}{4\ kg} = 9{,}81\ \frac{N}{kg}$$

$$\frac{F_G}{m} = g$$

Der Quotient aus F_G und m wird mit g bezeichnet und heißt Ortsfaktor oder auch Fallbeschleunigung und es gilt:

$$F_G = m \cdot g$$

Das bedeutet: Wird die Masse eines Körpers mit dem Ortsfaktor g, der gerade an diesem Ort gilt, multipliziert, dann ergibt sich die Gewichtskraft, die der Körper an diesem Ort erfährt. In der folgenden Tabelle sind einige Werte der Fallbeschleunigung g für verschiedene Orte aufgezählt. Mit ihnen lässt sich jetzt leicht bestimmen, welche Gewichtskraft jeder an diesem Ort erfährt, wenn er seine Körpermasse in die Gleichung einsetzt.

Ort	g in N/kg
Nordpol der Erde	9,83
Äquator der Erde	9,78
Mond	1,62
Mars	3,81

Werte für die Fallbeschleunigung an verschiedenen Orten

1.7 Schwerpunkt und Gleichgewicht

Als Schwerpunkt eines Körpers wird eine gedachte Stelle bezeichnet, die sich so bewegt, als sei der Körper ein Massenpunkt, der die Masse des gesamten starren Körpers enthält. Es entsteht der Eindruck, als greift an ihm die resultierende Gewichtskraft F_G des Körpers an. Bei regelmäßigen Körpern, wie Kugeln, Quadern und Würfeln, liegt der

Schwerpunkt in der Mitte der Körper. Bei dreieckigen Scheiben ist der Schnittpunkt der Seitenhalbierenden der Schwerpunkt.

Es gibt aber auch Körper, z. B. Ringe und Rahmen, bei denen der Schwerpunkt außerhalb des Körpers liegt, jedoch in ihrem geometrischen Zentrum. Der Schwerpunkt von unregelmäßigen flachen Scheiben lässt sich leicht bestimmen. Dazu wird die Scheibe wie skizziert an zwei verschiedenen Punkten aufgehängt.

Bestimmung des Schwerpunktes einer unregelmäßigen flachen Scheibe

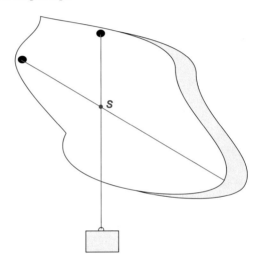

Wird von jedem Aufhängepunkt eine senkrechte Linie nach unten gezeichnet, ergibt sich die **Lotlinie** für diesen Aufhängepunkt. An der Stelle, an der sich die Lotlinien schneiden, befindet sich der Schwerpunkt *S*.

Der Schwerpunkt eines frei beweglich aufgehängten Körpers liegt senkrecht unter dem Aufhängepunkt.

Die Lage des Schwerpunktes bestimmt die Standsicherheit eines Körpers.

Die Lage des Schwerpunktes in einem Körper ist entscheidend für seine Standsicherheit. In der folgenden Abbildung ist auf der linken Seite ein Körper dargestellt, dessen unteres Ende mit Blei gefüllt ist. Deshalb liegt sein Schwerpunkt tiefer als bei dem Körper auf der rechten Seite. Außerdem verläuft das Schwerpunktslot durch seine Grundfläche, der Körper steht stabil. Bei dem Körper auf der rechten Seite wird die Standfläche nicht mehr vom Schwerpunktslot getroffen, der Körper kippt um.

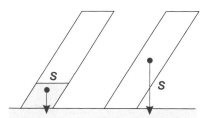

Schwerpunktslage in verschiedenen Körpern

Ein Körper bleibt nur dann stabil stehen, wenn die Standfläche vom Schwerpunktslot getroffen wird.

Wenn ein Körper stabil steht, kann auch gesagt werden, dass er sich in einem stabilen Gleichgewicht befindet. Die Gleichgewichtslage eines Körpers lässt sich am besten mithilfe einer Kugel auf verschiedenen Unterlagen erklären. Bei einer **stabilen Gleichgewichtslage** rollt die Kugel nach jeder kleinen Störung wieder auf den Boden der Schale zurück (Bild a). Von einer **labilen Gleichgewichtslage** wird gesprochen, wenn die Kugel bei einer kleinen Störung von der Stelle fortgetrieben wird, an der sie sich gerade befindet (Bild b). Um eine **indifferente Gleichgewichtslage** handelt es sich, wenn ein Körper nach einer kleinen Störung in der Nachbarschaft zur Ruhe kommt und dort wieder im Gleichgewicht ist (Bild c).

Ein Gleichgewicht kann stabil, labil oder indifferent sein.

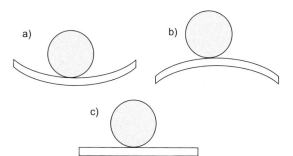

a)

b)

c)

Die drei verschiedenen Gleichgewichtslagen am Beispiel einer Kugel

1.8 Druck

Wirkt eine Kraft
auf eine Fläche,
dann erzeugt sie
einen Druck.

Der **Druck** ist eine abgeleitete physikalische Größe, die die Wirkung einer Kraft in Abhängigkeit von der Fläche charakterisiert, auf welche die Kraft einwirkt. Der Druck hat das Formelzeichen p und ist der Quotient aus wirkender Kraft F und der Fläche A.

$$p = \frac{F}{A}$$

*Blaise Pascal,
1623–1662,
französischer
Mathematiker,
Physiker, Theologe
und Philosoph*

Die Maßeinheit für den Druck ist $1\ \text{N/m}^2$ und heißt Pascal (Pa). In der folgenden Tabelle sind die gebräuchlichsten Vielfache dieser Maßeinheit sowie die Umrechnung in eine weitere Einheit des Druckes, das Bar, angegeben.

*Vielfache und
Bruchteile der
Maßeinheit des Druckes*

100 Pa = 1 hPa (Hektopascal)
1000 Pa = 1 kPa (Kilopascal)
100 000 Pa = 1 bar
1 bar = 1000 mbar (Millibar)
1000 mbar = 1000 hPa

Als Beispiel soll der Druck unter den Schuhsolen eines stehenden Menschen ausgerechnet werden. Die Masse des Menschen sei 70 kg, daraus ergibt sich eine Gewichtskraft von $F_G \approx 700\ \text{N}$. Mit einer Standfläche von $A = 500\ \text{cm}^2$ ergibt sich ein Druck von:

$$p = \frac{700\ \text{N}}{0{,}05\ \text{m}^2} = 14\,000\ \text{Pa}$$

Dieser Druck von 14 kPa ist die Ursache dafür, dass der Mensch im tiefen Schnee versinkt. Um das zu verhindern, benutzen die Wintersportler Ski und vergrößern mit ihnen ihre Standfläche auf $A = 1500\ \text{cm}^2$. Daraus ergibt sich bei gleicher Gewichtskraft $F_G \approx 700\ \text{N}$ ein Drittel des Druckes von:

$$p = \frac{700\ \text{N}}{0{,}15\ \text{m}^2} = 4700\ \text{Pa}$$

2 Kinematik

Die Kinematik ist ein Teilgebiet der Mechanik, in der die Bewegungen der Körper beschrieben werden. Als Bewegung wird die Ortsveränderung eines Körpers relativ zu einem anderen Körper verstanden. Beispiele für derartige Ortsveränderungen sind die Bewegung eines Fahrzeuges auf einer Straße oder die Bewegung der Erde um die Sonne. Die Ursachen für die Änderung des Bewegungszustandes bleiben in der Kinematik dabei unberücksichtigt.

2.1 Zeit

Für die Untersuchung von Veränderungen, z. B. die Ortsveränderung durch Bewegung, wird die physikalische Größe **Zeit** benötigt. Die Zeit ist eine Basisgröße, sie hat das Formelzeichen t und die Maßeinheit Sekunde (s). In der folgenden Tabelle sind Vielfache und Bruchteile der Maßeinheit aufgezählt.

Vielfache der Maßeinheit	Bruchteile der Maßeinheit
60 s = 1 min (Minute)	1 s = 1000 ms (Millisekunden)
60 min = 1 h (Stunde)	1 ms = 0,001 s
24 h = 1 d (Tag)	
365 d = 1 a (Jahr)	

Vielfache und Bruchteile der Maßeinheit der Zeit

Die Zeit wird mithilfe von periodischen Prozessen, wie die Schwingung eines Pendels, bestimmt. Geräte, in denen diese periodischen Prozesse gezählt und angezeigt werden, heißen Chronographen oder Uhren. In einer Pendeluhr werden die Schwingungen des Pendels gezählt. Da jede Schwingung gleich lange dauert, ergibt sich daraus ein Maß für die Zeit. In modernen Uhren werden die Schwingungen von Quarzkristallen (Quarzuhr) oder Atomen (Atomuhr) gezählt. Und was schwingt bei einer Sonnenuhr? Bei ihr bewirkt die Erddrehung, dass sich der Schatten eines Stabes über eine angebrachte Skala bewegt. Die Drehbewegung der Erde ist ein periodischer Prozess, seine Dauer beträgt 1 d = 24 h.

Die Zeit wird mit Uhren gemessen.

2.2 Geschwindigkeit

Die **Geschwindigkeit** ist eine abgeleitete Größe und hat das Formelzeichen *v*. Sie ist ein Maß dafür, in welcher Zeit eine Ortsveränderung eines Körpers stattgefunden hat. In der Abbildung ist ein Experiment zur Bestimmung der Geschwindigkeit eines Fahrzeuges dargestellt.

Bestimmung der Geschwindigkeit eines Fahrzeuges

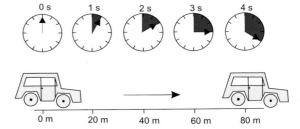

Das Auto legt im abgebildeten Versuch pro Sekunde immer den gleichen Weg *s* zurück und ändert während der Fahrt nicht die Richtung. Deshalb wird diese Ortsänderung **geradlinige gleichförmige Bewegung** genannt. Der Zusammenhang zwischen Zeit und Weg ist in folgender Tabelle notiert.

Zeit *t* in s	0	1	2	3	4
Weg *s* in m	0	20	40	60	80

Mit zunehmender Zeit nimmt auch der zurückgelegte Weg zu. Das bedeutet:

Der zurückgelegte Weg ist der dafür benötigten Zeit proportional. $s \sim t$

Die Geschwindigkeit ist der Quotient aus Weg und dafür benötigter Zeit.

Aus dieser Proportionalität folgt, dass der Quotient aus Weg und Zeit eine Konstante ist. Werden die Werte des Experimentes aus der Abbildung oben dividiert, ergibt sich folgende Gleichung:

$$\frac{s}{t} = \frac{20\ \text{m}}{1\ \text{s}} = \frac{40\ \text{m}}{2\ \text{s}} = \frac{60\ \text{m}}{3\ \text{s}} = \frac{80\ \text{m}}{4\ \text{s}} = 20\ \frac{\text{m}}{\text{s}}$$

$$v = \frac{s}{t}$$

Der konstante Quotient aus s und t wird Geschwindigkeit v genannt. Die Maßeinheit für die Geschwindigkeit ist m/s (Meter pro Sekunde). Im Straßenverkehr wird die Einheit km/h (Kilometer je Stunde) verwendet. Für die Umrechnung der im dargestellten Experiment gewonnenen Ergebnisse gilt:

$$\frac{s}{t} = \frac{20 \text{ km} / 1000}{1 \text{ h} / 3600} = 72 \frac{\text{km}}{\text{h}}$$

Um sich über den Verlauf einer Bewegung ein Bild zu machen, verwendet der Physiker Diagramme. Der Weg, den das Auto aus der Abbildung zurücklegt, kann in so einem Schaubild dargestellt werden. Dazu wird zuerst ein Achsenkreuz aufgetragen. Auf der waagerechten Achse werden die Zeitabschnitte und auf der senkrechten Achse wird der zurückgelegte Weg markiert.

Diagramme machen ▬
Bewegungen sichtbar.

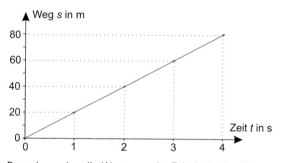

Weg-Zeit-Diagramm der geradlinigen gleichförmigen Bewegung

Danach werden die Werte aus der Tabelle in das Diagramm eingetragen. Das Fahrzeug hat nach einer Sekunde einen Weg von 20 m zurückgelegt. Über der Marke 1 s auf der waagerechten Zeitachse wird in Höhe der Marke 20 m auf der senkrechten Wegachse ein Kreuz eingezeichnet. Danach werden die Kreuze für die anderen Wertepaare in das Diagramm eingezeichnet. Werden alle Kreuze durch eine Linie verbunden, ergibt sich daraus eine Gerade. Diese grafische Darstellung einer geradlinigen gleichförmigen Bewegung wird **Weg–Zeit-Diagramm** genannt.

Jeder weiß, dass sich Autos nicht immer mit der gleichen Geschwindigkeit bewegen und das z. B. bei einer Fahrt in einer Stadt oft die Geschwindigkeit geändert werden muss. Mit einem **Tachometer** misst der Fahrer die augenblickliche

Geschwindigkeit des Autos. Tachometer zeigen die **Momentangeschwindigkeit** an. Dieser Wert kann sich im Verlauf der Fahrzeit öfter ändern. Ähnlich wie beim Weg-Zeit-Diagramm lässt sich auch die Geschwindigkeit in Abhängigkeit von der Zeit grafisch darstellen. Dazu werden auf der waagerechten Achse die Zeitabschnitte und auf der senkrechten Achse die Momentangeschwindigkeiten markiert. Das Fahrzeug steht am Beginn und erreicht nach einer Sekunde die Geschwindigkeit 20 km/h. Mit dieser Geschwindigkeit fährt das Auto eine Sekunde und erhöht sie dann von der 2. bis zur 4. Sekunde auf 80 km/h. Nachdem der Fahrer diese Geschwindigkeit zwei Sekunden beibehalten hat, bremst er das Auto ab, bis es nach der 8. Sekunde wieder steht. Die grafische Darstellung der Momentangeschwindigkeit heißt **Geschwindigkeits-Zeit-Diagramm**.

Geschwindigkeits-Zeit-Diagramm der geradlinigen Bewegung

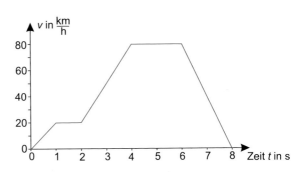

Der Mittelwert der Momentangeschwindigkeit heißt Durchschnittsgeschwindigkeit.

Am Ende jeder Fahrt kann der Mittelwert der Momentangeschwindigkeit bestimmt werden, indem der gesamte zurückgelegte Weg durch die gesamte Fahrzeit dividiert wird. Wenn die Fahrzeit 4 h beträgt und die Wegstrecke 296 km, dann ergibt sich für den Mittelwert der Momentangeschwindigkeit:

$$\bar{v} = \frac{296 \text{ km}}{4 \text{ h}} = 74 \frac{\text{km}}{\text{h}}$$

Dieser Mittelwert heißt **Durchschnittsgeschwindigkeit**.
Die Fahrt eines Autos in eine Richtung entspricht der geradlinigen Bewegung. Ändert sich die Richtung der Geschwindigkeit entlang des Weges, wird von einer **krummlinigen**

gleichförmigen Bewegung gesprochen. Einen Spezialfall dieser Ortsveränderung stellt die Kreisbewegung dar. Dabei bewegt sich ein Körper mit immer gleich bleibender Geschwindigkeit auf einer Kreisbahn. Der Weg, den der Körper dabei zurücklegt, entspricht dem Umfang eines Kreises (s. Band Mathematik), auf dem er sich bewegt. Die benötigte Zeit für einen vollen Umlauf heißt **Umlaufzeit** *T*. Wird der Kreisumfang anstelle des Weges *s* und die Umlaufzeit anstelle der Zeit *t* in die Geschwindigkeitsgleichung eingesetzt, ergibt sich die Gleichung für die Kreisbahngeschwindigkeit *v*.

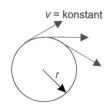

v = konstant

Bewegung eines Körpers auf einer Kreisbahn

$$v = \frac{2 \cdot \pi \cdot r}{T}$$

Beispiel:
Der Radius eines Riesenrades beträgt *r* = 10 m. Die Gondel benötigt für einen Umlauf eine Zeit von 21 s. Daraus ergibt sich für die Kreisbahngeschwindigkeit:

$$v = \frac{2 \cdot \pi \cdot 10\ \text{m}}{21\ \text{s}} = 3 \frac{\text{m}}{\text{s}}$$

2.3 Schwingungsbewegung

Ein Faden, an dem ein Gewicht hängt und der sich periodisch hin und her bewegt, wird Fadenpendel genannt. Eine Feder, an der ein Gewicht befestigt ist, das sich periodisch auf und ab bewegt, wird Federpendel genannt. Beide Pendelarten führen Schwingungsbewegungen aus. Welche physikalischen Größen beschreiben diese spezielle Bewegungsart? Bei der Schwingungsbewegung führt der Weg des Pendels von der Gleichgewichtslage *M* (Mitte) bis zum Umkehrpunkt *U*. Der Weg *r*, den das Pendel zwischen *M* und *U* zurücklegt, heißt **Amplitude**. Bleibt die Amplitude eines Pendels immer gleich groß, spricht der Physiker von einer **ungedämpften Schwingung**, wenn dagegen die Amplitude abnimmt, von einer **gedämpften Schwingung**. Eine vollständige Hin- und Herbewegung des Pendels wird **Periode** der Schwingung genannt und die Zeit, die dafür benötigt wird, **Perioden-** oder **Schwingungsdauer** *T*.

Faden- und Federpendel führen Schwingungsbewegungen aus.

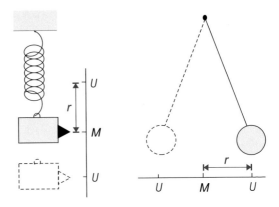

Die physikalische Größe **Frequenz** hat das Formelzeichen f und ist der Quotient aus der Anzahl der Schwingungen n und der dafür benötigten Zeit t.

$$f = \frac{n}{t}$$

Die Maßeinheit der Frequenz ist 1 Hertz: 1 Hz = 1/s (sprich: Eins pro Sekunde). Ein Fadenpendel, wie es in der Abbildung oben rechts skizziert ist, schwingt in einer Minute 30-mal hin und her. Da 1 Minute gleich 60 Sekunden ist, ergibt sich:

$$f = \frac{n}{t} = \frac{30}{60\,\text{s}} = 0,5\,\text{Hz}$$

Das bedeutet: Für eine Periode benötigt das Pendel die Periodendauer von $T = 2$ s. Die Periodendauer ist somit der Kehrwert der Frequenz und es gilt:

$$f = \frac{1}{T}$$

Als Beispiel soll die Schwingungsdauer eines Fadenpendels betrachtet werden. Kurze Pendel schwingen schneller als lange Pendel, unabhängig davon, welche Masse sie haben. Mit der Pendellänge l, der Kreiszahl π und dem Ortsfaktor g ergibt sich die Schwingungsdauer T:

$$T = 2 \cdot \pi \cdot \sqrt{\frac{l}{g}}$$

Die Frequenz des Fadenpendels ist der Kehrwert dieser Gleichung:

$$f = \frac{1}{2 \cdot \pi} \cdot \sqrt{\frac{g}{l}}$$

Hat das Fadenpendel eine Länge $l = 1$ m, ergibt sich für die Schwingungsdauer:

$$T = 2 \cdot \pi \cdot \sqrt{\frac{l}{g}} = 2 \cdot 3{,}14 \cdot \sqrt{\frac{1 \text{ m}}{9{,}81 \frac{\text{m}}{\text{s}^2}}} =$$

$$= 6{,}28 \cdot 0{,}32 \text{ s} = 2{,}1 \text{ s}$$

Für ein Federpendel ist die in Abschnitt 1.5 erklärte Federkonstante D von Bedeutung. Sie gibt die Härte einer Feder an, das heißt, um wie viel Meter sich eine Feder dehnt, wenn an ihr eine bestimmte Kraft wirkt. Die Beobachtungen zeigen: Harte Federn schwingen schneller als weiche. Außerdem spielt beim Federpendel auch die Masse m eine Rolle, denn es schwingt mit großer Masse langsamer als mit kleiner. Für die Schwingungsdauer ergibt sich somit:

$$T = 2 \cdot \pi \cdot \sqrt{\frac{m}{D}}$$

Die Frequenz des Federpendels berechnet sich wieder aus dem Kehrwert dieser Gleichung:

$$f = \frac{1}{2 \cdot \pi} \cdot \sqrt{\frac{D}{m}}$$

Für ein Federpendel mit einer Federkonstanten $D = 30$ N/m und einer Masse von $m = 0{,}5$ kg ergibt sich für die Schwingungsdauer:

$$T = 2 \cdot \pi \sqrt{\frac{0{,}5 \text{ kg}}{30 \text{ N/m}}} = 6{,}28 \cdot \sqrt{\frac{0{,}5 \text{ kg} \cdot \text{m} \cdot \text{s}^2}{30 \text{ kg} \cdot \text{m}}} =$$

$$= 6{,}28 \cdot 0{,}13 \text{ s} = 0{,}8 \text{ s}$$

Eine Kreisbewegung
kann in eine
Pendelbewegung
umgewandelt werden.

Im vorherigen Abschnitt wurde die Kreisbewegung erklärt. Die Verwandtschaft zwischen Kreis- und Schwingungsbewegung wird an einem Pleuelantrieb deutlich. Die Kreisbewegung der Antriebsscheibe wird durch die Pleuelstange in eine Hin- und Herbewegung umgewandelt, die der eines schwingenden Fadenpendels entspricht.

*Der Pleuelantrieb zeigt
die Verwandtschaft
zwischen Kreis- und
Pendelbewegung.*

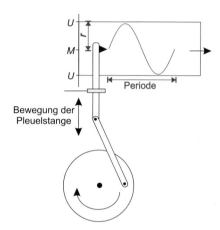

Eine Kreisbewegung kann in eine **harmonische Schwingung** verwandelt werden. Wird an der Spitze der Pleuelstange ein Schreiber befestigt und ein Blatt Papier daran vorbeigezogen, wird eine harmonische Bogenlinie aufgezeichnet. Diese harmonische Bogenlinie heißt **Sinuslinie**.

2.4 Beschleunigung

Die Änderung der
Geschwindigkeit
wird Beschleunigung
genannt.

Bei der Betrachtung des in Abschnitt 2.2 dargestellten Geschwindigkeits-Zeit-Diagramms wurde festgestellt, dass es Zeitabschnitte gibt, in denen sich die Geschwindigkeit geändert hat. Zu Beginn befindet sich das Fahrzeug in Ruhe, dann wächst in der ersten Sekunde die Geschwindigkeit von 0 km/h auf 20 km/h an. Allgemein bedeutet ein Geschwindigkeitszuwachs in einer bestimmten Zeit, dass ein Körper schneller wird, er wird beschleunigt.

$$\text{Beschleunigung} = \frac{\text{Geschwindigkeitszuwachs}}{\text{Zeitabschnitt}}$$

Die **Beschleunigung** hat das Formelzeichen a und ist eine abgeleitete Größe. In der folgenden Abbildung ist der Zusammenhang zwischen Geschwindigkeitszuwachs und Zeit dargestellt.

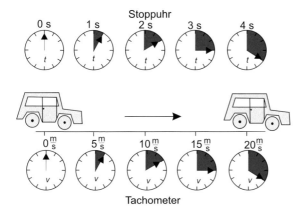

Zusammenhang zwischen Geschwindigkeitsänderung und Beschleunigung

Das Auto hat zu Beginn des Versuchs die Geschwindigkeit v_a = 0 m/s (v_a wie Anfangsgeschwindigkeit), denn es steht. Nach der ersten Sekunde beträgt die Geschwindigkeit des Fahrzeuges v_e = 5 m/s (v_e wie Endgeschwindigkeit), das bedeutet, innerhalb der ersten Sekunde erfährt es einen Geschwindigkeitszuwachs $\Delta v = v_e - v_a$ (Δ sprich: Delta) von 5 m/s. Innerhalb von zwei Sekunden beträgt der Geschwindigkeitszuwachs Δv = 10 m/s. Daraus folgt, mit zunehmender Zeit nimmt auch der Geschwindigkeitszuwachs Δv zu, beide Größen sind zueinander proportional und ihr Quotient ist eine Konstante. Diese Konstante wird Beschleunigung genannt. Sie hat die Maßeinheit m/s^2 (Meter pro Quadratsekunde).

$$a = \frac{\Delta v}{t}$$

Mit den Werten aus dem oben skizzierten Versuch ergibt sich:

$$\frac{\Delta v}{t} = \frac{5\,\frac{m}{s}}{1\,s} = \frac{10\,\frac{m}{s}}{2\,s} = \frac{15\,\frac{m}{s}}{3\,s} = \frac{20\,\frac{m}{s}}{4\,s} = 5\,\frac{m}{s^2}$$

Die Umkehrung der Beschleunigung a nennt der Physiker negative Beschleunigung oder Verzögerung, in der Umgangssprache heißt dieser Vorgang Bremsen. Wenn das Fahrzeug aus der vorherigen Abbildung wieder abgebremst wird, verringert sich seine Geschwindigkeit von $v_a = 20$ m/s in einer Zeit $t = 4$ s auf $v_e = 0$ m/s. Eingesetzt in die Beschleunigungsgleichung ergibt sich:

$$\frac{\Delta v}{t} = \frac{v_e - v_a}{t} = \frac{0\ \frac{m}{s} - 20\ \frac{m}{s}}{4\ s} = \frac{-20\ \frac{m}{s}}{4\ s} = -5\ \frac{m}{s^2}$$

Der Wert für die Beschleunigung ist beim Bremsen negativ.
Ein Beispiel für eine geradlinige gleichförmig beschleunigte

Freier Fall | Bewegung ist der **freie Fall**, z. B. beim Sprung von einem 10-m-Turm im Schwimmbad. Bei der Beschreibung der Gewichtskraft wurde gezeigt, dass jeder Körper von der Erde angezogen wird. Der Proportionalitätsfaktor g kann dabei auch als Beschleunigung mit dem Wert 9,81 m/s^2 betrachtet werden. Diese Beschleunigung kann jeder, der aus 10 m Höhe ins Wasser springt, deutlich spüren. Mit der Stoppuhr kann gemessen werden, dass ein Sprung rund 1,43 Sekunden dauert. Mit welcher Geschwindigkeit taucht der Springer in das Wasser ein?

$$g = \frac{\Delta v}{t} = \frac{v_e - v_a}{t} = \frac{v_e}{t} - \frac{v_a}{t} = \frac{v_e}{t} - 0 = \frac{v_e}{t}$$

Die Anfangsgeschwindigkeit des Turmspringers ist $v_a = 0$ m/s, denn er steht auf dem Turm und nimmt keinen Anlauf. Daraus ergibt sich für die Geschwindigkeit v_e beim freien Fall durch Multiplikation der Gleichung mit der Zeit:

$$v_e = g \cdot t = 9{,}81\ \frac{m}{s^2} \cdot 1{,}43\ s = 14\ \frac{m}{s}$$

Nach der gesamten durchfallenen Turmhöhe beträgt die Geschwindigkeit des Springers $v_e = 14$ m/s, das sind umgerechnet 50 km/h. Zu bemerken ist, dass diese Geschwindigkeit für alle Springer gleich ist, egal ob sie dick oder dünn sind, das heißt, ob ihre Masse groß oder klein ist.

3 Dynamik

Die Dynamik ist ein Teilgebiet der Physik, in dem die Ursachen für die Änderung eines Bewegungszustandes untersucht werden. Nachdem im vorherigen Kapitel die Bewegung der Körper beschrieben und die Beschleunigung als Bewegungsänderung erklärt wurde, soll jetzt die Wirkung der Kräfte auf den Bewegungszustand geschildert werden.

3.1 Newton'sches Grundgesetz

Um Körper zu beschleunigen, wird eine **Kraft** benötigt. Dies erkannte der englische Physiker *Isaac Newton* – deshalb wurde ihm zu Ehren die Maßeinheit der Kraft *F* Newton (N) genannt. Der in der Abbildung dargestellte Versuch soll den Zusammenhang zwischen der Kraft *F* und der Beschleunigung *a* erklären.

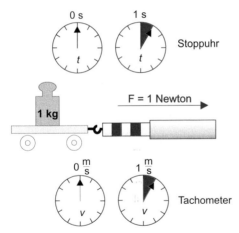

Beschleunigung einer Masse durch Einwirken einer Kraft

Die Masse von 1 kg auf einem Wagen soll mit einem Kraftmesser gezogen werden, sodass dieser eine Kraft von 1 N anzeigt. Dabei wird beobachtet, dass der Wagen immer schneller wird, er wird beschleunigt. Mit einer Stoppuhr und einem Tachometer wird in einer Sekunde ein Geschwindigkeitszuwachs $\Delta v = 1$ m/s gemessen. Daraus berechnet sich eine Beschleunigung von $a = 1$ m/s^2.

Wirkt auf einen Körper eine Kraft, wird er beschleunigt oder verformt.

1 N ist die Kraft, die benötigt wird, um einen Körper mit der Masse 1 kg mit 1 m/s² zu beschleunigen. Wie verhält sich die Kraft, wenn Körper mit einer größeren Masse beschleunigt werden sollen oder wenn die Beschleunigung erhöht werden soll? Dazu wird das letzte Experiment wiederholt.

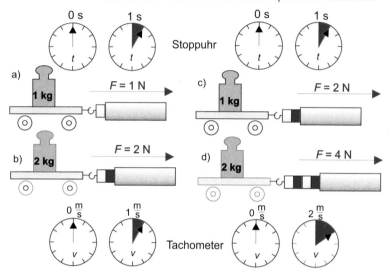

Stoppuhr

a) $F = 1\,N$

b) $F = 2\,N$

c) $F = 2\,N$

d) $F = 4\,N$

Tachometer

Abhängigkeit der Kraft von der Masse des Körpers und vom Betrag der Beschleunigung

In Abbildung a) ist die Ausgangssituation dargestellt. Zur Beschleunigung einer Masse von 1 kg mit 1 m/s² wird eine Kraft von 1 N benötigt. Wird die Masse wie in b) verdoppelt, ergibt sich bei gleicher Beschleunigung eine Kraft von 2 N. Auf der anderen Seite der Abbildung wird in c) die Masse von einem Kilogramm doppelt so stark beschleunigt, die benötigte Kraft ist 2 N. Schließlich wird in d) ein Körper mit doppelter Masse zweimal so stark beschleunigt wie in a). Die Kraft, die dafür aufgewandt werden muss, beträgt 4 N. Aus diesem Zusammenhang folgt, dass die Kraft das Produkt aus Masse und Beschleunigung ist.

$$F = m \cdot a$$

Wird statt der Beschleunigung a die Fallbeschleunigung g in die Formel eingesetzt, ergibt sich die Gewichtskraft F_G.

3.2 Wechselwirkungsgesetz

Wenn eine Person einen Wagen beschleunigen möchte, muss sie eine Kraft aufbringen. Der Wagen selbst wirkt dieser Kraft entgegen, die Person verspürt einen Widerstand. Der Physiker bezeichnet diesen Widerstand als Gegenkraft.

Die Wirkung einer Kraft verursacht eine Gegenkraft.

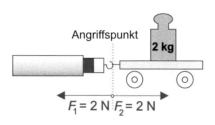

Angriffspunkt

$F_1 = 2\,N$ $F_2 = 2\,N$

Kraft und Gegenkraft bei der Beschleunigung einer Masse

Die Gegenkraft hat die gleiche Wirkungslinie und den gleichen Betrag wie die einwirkende Kraft, wirkt aber in die entgegengesetzte Richtung.

Kraft = Gegenkraft $F_1 = -F_2$

In Abschnitt 1.6 wurde die Gewichtskraft als das Resultat der gegenseitigen Anziehung der Körper beschrieben. Auch bei dieser Wechselwirkung wirkt der Anziehungskraft eine Kraft, die Gegenkraft, entgegen.

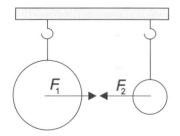

Kraft und Gegenkraft bei der Anziehung zweier Körper

3.3 Trägheitsgesetz

Aus dem Newton'schen Grundgesetz resultierte, dass, wenn eine Kraft auf einen Körper einwirkt, dieser seinen Bewegungszustand ändert. Anders herum formuliert bedeutet dies, dass ein Körper immer in demselben Bewegungszustand verbleibt, solange keine Kraft auf ihn ausgeübt wird.

Jeder Körper verharrt im Zustand der Ruhe oder geradlinigen gleichförmigen Bewegung, solange keine Kraft auf ihn einwirkt.

Dieses Beharrungsvermögen wird **Trägheit** der Körper genannt. In der folgenden Abbildung ist ein Versuch skizziert, mit dem die Trägheit eines Körpers veranschaulicht werden kann.

Die Trägheit wirkt der Beschleunigung und dem Abbremsen entgegen, der Körper kippt um.

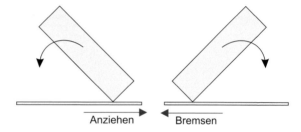

Anziehen ▶   ◀ Bremsen

Ein Holzklotz wird hochkant auf ein Blatt Papier gestellt und anschließend wird schnell an diesem gezogen, es wird beschleunigt. Der Holzklotz kippt dabei nach hinten um, denn seine Trägheit wirkt der Beschleunigung entgegen. Danach wird das Papier mit hochkant gestelltem Holzklotz langsam gleichförmig bewegt und dann ruckartig abgebremst. Der Holzklotz kippt nach vorne um, denn seine Trägheit wirkt der negativen Beschleunigung, dem Bremsen, entgegen. Nach dieser Beobachtung weiß jeder ganz genau, warum in jedem Fahrzeug Sicherheitsgurte eingebaut sind. Was passiert mit unserem Körper beim Beschleunigen oder starken Bremsen im Auto?

3.4 Reibung

Die Reibung entsteht, wenn zwei Körper, die sich berühren, gegeneinander bewegt werden, und äußert sich dadurch, dass die Bewegung gehemmt wird. Die am bewegten Körper auftretende Reibungskraft F_R ist der bewegenden Kraft F entgegengerichtet. Bei gleichförmiger Bewegung gilt: $F_R = -F$.

Die Reibung hemmt Bewegungen.

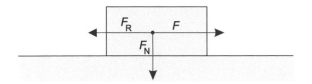

In der Abbildung lastet ein Metallklotz auf einer Metallplatte, seine Gewichtskraft wirkt dabei senkrecht auf die Unterlage. Diese Kraft wird hier als Normalkraft F_N bezeichnet. Je größer diese Normalkraft ist, desto größer ist die Reibungskraft F_R, beide Kräfte sind zueinander proportional: $F_R \sim F_N$. Daraus folgt: Der Quotient aus Reibungskraft und Normalkraft ist eine Konstante.

$$\frac{F_R}{F_N} = \text{konstant}$$

Diese Konstante wird **Reibungszahl** genannt und hat das Formelzeichen μ (sprich: mü). Sie drückt die Abhängigkeit der Reibungskraft von Art und Beschaffenheit der Berührungsflächen aus. In der Physik wird zwischen drei Reibungsarten unterschieden. Die **Haftreibung** tritt auf, wenn ein Körper, der auf einem anderen Körper ruht, in Bewegung gesetzt werden soll. Die Reibungszahl heißt dann Haftreibungszahl und beträgt z. B. für einen Metallklotz auf einer Metallplatte $\mu_0 = 0{,}15$. Für die Berechnung der Reibungskraft gilt:

$$F_R = \mu_0 \cdot F_N$$

Die **Gleitreibung** tritt auf, wenn ein Körper auf einem anderen Körper gleitet. Die Reibungszahl heißt dann Gleitreibungszahl und beträgt z. B. für einen Schlitten mit Metallkufen auf einer Metallplatte $\mu = 0{,}09$. Für die Berechnung der Reibungskraft gilt:

$$F_R = \mu \cdot F_N$$

Die **Rollreibung** tritt auf, wenn ein Körper auf einem anderen Körper rollt. Die Reibungszahl heißt dann Rollreibungszahl und beträgt z. B. für ein Rad einer Lokomotive auf einer Metallschiene $\mu_r = 0{,}001$ cm.

*Haftreibung,
Gleitreibung und
Rollreibung sind die drei
Arten der Reibung.*

Für die Berechnung der Reibungskraft gilt:

$$F_R = \mu_r \cdot \frac{F_N}{r}$$

Reibung kann
beeinflusst werden.

Dabei ist r der Radius des Rades der Lokomotive. Die Reibungskraft kann durch verschiedene Stoffe, die zwischen die reibenden Körper gebracht werden, beeinflusst werden. So kann die Rollreibung in einem Kugellager durch Schmieren, das heißt durch das Einbringen von Fett, verringert werden. Auf vereisten Straßen wird im Winter Sand aufgebracht, um die Gleitreibung zu erhöhen.

3.5 Drehmoment

Das **Drehmoment** ist eine abgeleitete physikalische Größe, welche die Wirkung einer Kraft auf einen festen Körper beschreibt, der um eine Achse drehbar eingespannt ist.

*Drehmoment
an einem Wellrad*

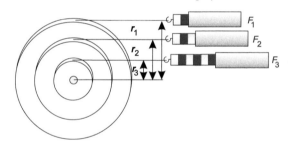

*Das Drehmoment
ist das Drehvermögen
eines Körpers.*

Das in der Abbildung dargestellt Wellrad besteht aus verschieden großen Rädern, die auf einer Welle fest miteinander verbunden sind. Wenn die an jedem der drei Räder angreifenden Kräfte untersucht werden, kann festgestellt werden, dass die Kraft am Rad mit dem größten Radius r ein größeres Drehvermögen besitzt als die Kraft, die an einem Rad mit kleinerem Radius angreift. Das Drehvermögen ist somit nicht nur von der einwirkenden Kraft abhängig, sondern auch vom Abstand r des Angriffspunktes der Kraft von der Drehachse. Das Drehvermögen wird in der Physik Drehmoment M genannt, es ist das Produkt aus einwirkender Kraft F und dem Abstand zur Drehachse.

$$M = F \cdot r$$

Greifen die Kräfte entgegengesetzt an einem Wellrad an, wird von einem linksdrehenden und einem rechtsdrehenden Drehmoment gesprochen. An einem Wellrad herrscht Gleichgewicht, wenn das linksdrehende und das rechtsdrehende Drehmoment gleich groß sind. Dann gilt:

Im Gleichgewicht sind links- und rechtsdrehendes Drehmoment gleich groß.

$$M_{links} = M_{rechts} \qquad F_1 \cdot r_1 = F_2 \cdot r_2$$

3.6 Der Hebel

Im vorherigen Abschnitt wurde festgestellt, dass mit einem Wellrad eine Kraft durch die geeignete Wahl der Raddurchmesser vergrößert oder verkleinert werden konnte. Der Physiker nennt diese Veränderung der Kräfte Umformung. Auch mit einem Hebel können Kräfte umgeformt werden. Ein Hebel besteht aus zwei Hebelarmen, die Kraftarm und Lastarm genannt werden. Beim **zweiseitigen Hebel**, wie er in der Abbildung dargestellt ist, liegen die beiden Hebelarme auf verschiedenen Seiten des Drehpunktes D.

Hebel sind Kraft umformende Einrichtungen.

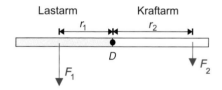

Wirkung der Kräfte am zweiseitigen Hebel

Für die an den Hebelarmen angreifenden Kräfte gilt dabei das **Hebelgesetz**:

$$F_1 \cdot r_1 = F_2 \cdot r_2$$

Durch Umstellen der Gleichung nach F_2 kann die Kraft berechnet werden, die aufgebracht werden muss, um bei der gegebenen Länge von Last- und Kraftarm einer Kraft F_1 entgegenzuwirken.

$$F_2 = F_1 \cdot \frac{r_1}{r_2}$$

Dabei ist das Verhältnis r_1/r_2 ein Maß für die Kraftverstärkung. Kann ein Mensch einen Steinquader mit einer

Mit Hebeln
lassen sich
Berge versetzen.

Masse von 1 Tonne anheben? In der folgenden Abbildung ist der Versuch skizziert. Die Versuchsperson hat eine Masse von 80 kg, das entspricht einer Gewichtskraft von $F_2 = 800$ N. Die Länge des Lastarmes beträgt $r_1 = 0,1$ m.

Hebelkräfte wirken an einem Körper

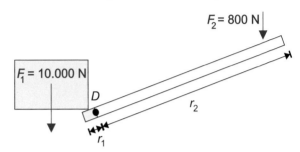

Die Gewichtskraft des Steinquaders beträgt $F_1 = 10\,000$ N. Setzen wir diese Werte in das Hebelgesetz ein und stellen nach r_2 um, folgt:

$$r_2 = \frac{F_1 \cdot r_1}{F_2} \qquad r_2 = \frac{10\,000 \text{ N} \cdot 0,1 \text{ m}}{800 \text{ N}} = 1,25 \text{ m}$$

Daraus ergibt sich: Wenn die Länge des Kraftarmes $r_2 = 1,25$ m beträgt, kann ein Mensch einen Steinquader mit einer Masse von einer Tonne anheben.

Liegen bei einem Hebel Lastarm und Kraftarm, vom Drehpunkt aus betrachtet, auf derselben Seite, handelt es sich um einen **einseitigen Hebel**.

Der Flaschenöffner als Beispiel für einen einseitigen Hebel

Das bekannteste Beispiel für einen einseitigen Hebel ist der Flaschenöffner, wie er in vorstehender Abbildung dargestellt ist. Das Hebelgesetz behält auch für diese Form des einseitigen Hebels seine Gültigkeit. Der Kronkorken einer Flasche wird mit einer Kraft von $F_1 = 90$ N gehalten. Mit einer Länge des Lastarms von $r_1 = 0,015$ m und des Kraftarms von $r_2 = 0,045$ m ergibt sich für die aufzubringende Kraft F_2:

$$F_2 = F_1 \cdot \frac{r_1}{r_2} = 90 \text{ N} \cdot \frac{0,015 \text{ m}}{0,045 \text{ m}} = 30 \text{ N}$$

3.7 Rolle und Flaschenzug

Mithilfe von Seilen und Stangen lässt sich der Angriffspunkt einer Kraft an einem Körper verändern. Dabei bleibt der Betrag der Kraft gleich: $F_1 = F_2$. Einfache Maschinen oder Kraft umformende Einrichtungen ändern den Betrag oder die Richtung der entsprechenden Kräfte.

Umlenkrolle, lose Rolle und Flaschenzug sind Kraft umformende Einrichtungen.

Durch eine Rolle, die an einem Träger befestigt ist und **feste Rolle** genannt wird, kann die Richtung der erforderlichen Zugkraft F_Z verändert werden.

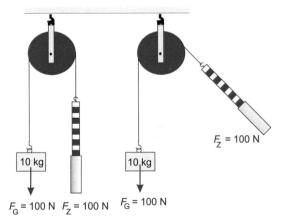

Die feste Rolle ändert die Richtung, aber nicht den Betrag der erforderlichen Zugkraft.

$F_Z = 100$ N

$F_G = 100$ N $F_Z = 100$ N $F_G = 100$ N

Die Kraft F_Z, die zum Heben des Körpers aufgewandt werden muss, ist gleich seiner Gewichtskraft F_G.

$$F_Z = F_G$$

Wird das Zugseil nicht durch eine feste Rolle geführt, sondern über eine Stange oder durch eine Öse, dann treten dabei Reibungskräfte F_R auf, die zur Gewichtskraft des Körpers addiert werden müssen.

$$F_Z = F_G + F_R$$

Wirken der Gewichtskraft zwei Kräfte entgegen, verteilen sich die Beträge der Zugkräfte gleichmäßig auf die Zugseile. In der Abbildung ist dies auf der linken Seite skizziert.

Verteilung der Kräfte auf zwei Seilstücke, das Prinzip der losen Rolle

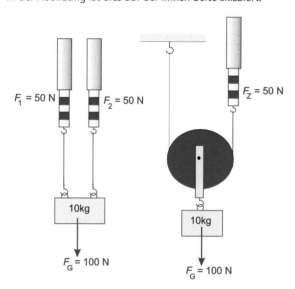

Die lose Rolle halbiert die Zugkraft.

Wird eine Rolle an einer Last befestigt, wird diese **lose Rolle** genannt. Durch sie wird der Betrag, aber nicht die Richtung der Zugkraft geändert. Die Gewichtskraft des zu hebenden Körpers wird gleichmäßig auf die zwei Seilstücke verteilt. Daraus resultiert eine Halbierung der Zugkraft.

$$F_Z = \frac{1}{2} F_G$$

Die Kombination aus fester Rolle und loser Rolle ist leicht zu realisieren und ermöglicht die Änderung von Richtung und

Betrag der Zugkraft F_Z. Ein **Flaschenzug** ist eine Kombination aus mehreren festen und losen Rollen, die in zwei Gruppen, die Flaschen genannt werden, angeordnet sind. Dadurch wird erreicht, dass die Gewichtskraft F_G des zu hebenden Körpers auf mehrere Seilstücke verteilt wird. Wenn n die Anzahl der tragenden Seilstücke ist, dann gilt für das Verhältnis von Gewichtskraft F_G des zu hebenden Körpers und der Zugkraft F_Z im Gleichgewicht:

Kombinationen aus festen und losen Rollen heißen Flaschenzug.

$$F_Z = \frac{F_G}{n}$$

Die Wirkung der Kräfte an einem Flaschenzug

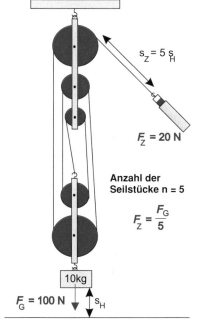

$s_Z = 5\ s_H$

$F_Z = 20\ N$

Anzahl der Seilstücke n = 5

$$F_Z = \frac{F_G}{5}$$

10kg

$F_G = 100\ N$ s_H

Dabei muss beachtet werden, dass die Gewichtskraft der unteren Flasche und die in der Praxis auftretende Reibung Einfluss auf die Zugkraft haben. Damit ein Körper um eine Strecke s_H angehoben werden kann, verlängert sich der Weg des Zugpunktes s_Z um die Anzahl n der im Flaschenzug verwendeten Seilstücke $s_Z = n \cdot s_H$.

Mit der Anzahl der Seilstücke verlängert sich der Weg des Zugpunktes.

3.8 Schiefe Ebene

Befindet sich ein Körper auf einer schiefen Ebene, z. B. einer Rampe, dann wirkt seine Gewichtskraft nicht senkrecht auf den Untergrund. Im Abschnitt Reibung wurde festgelegt, dass eine Kraft, die senkrecht auf die Unterlage wirkt, Normalkraft F_N heißt. Die dritte Kraft, die auf einen Körper auf

Die Gewichtskraft wird in Normalkraft und Hangabtriebskraft zerlegt.

einer schiefen Ebene wirkt, ist die **Hangabtriebskraft** F_H. F_N und F_H sind Kraftkomponenten, in die die Gewichtskraft auf einer schiefen Ebene zerlegt wird (s. 1.5 Kraft). Das bedeutet: Wenn ein Körper auf einer schiefen Ebene gezogen wird, dann wirken der Zugkraft F_Z nur die Hangabtriebskraft F_H und die Reibungskraft F_R entgegen. Beide Kräfte zusammen sind jedoch viel kleiner als die Gewichtskraft. Es gilt dabei für die schiefe Ebene:

$$F_H = F_G \cdot \frac{h}{s}$$

Kräfte an einem Körper auf einer schiefen Ebene

In der Abbildung ist ein Körper auf einer schiefen Ebene dargestellt. Die Höhe h, um die z. B. ein Fass mit einer Masse m

Die schiefe Ebene ist eine Kraft umformende Einrichtung.

von 40 kg gehoben werden soll, beträgt 1 m. Wenn dabei keine schiefe Ebene zum Einsatz käme, wäre die aufzubringende Zugkraft gleich der Gewichtskraft des Metallfasses $F_G = 400$ N. Wird jedoch eine schiefe Ebene mit der Länge $s = 2$ m benutzt, ergibt sich für die Hangabtriebskraft F_H:

$$F_H = F_G \cdot \frac{h}{s} = 400 \text{ N} \cdot \frac{1 \text{ m}}{2 \text{ m}} = 400 \text{ N} \cdot 0{,}5 = 200 \text{ N}$$

Wem diese Hangabtriebskraft von 200 N noch zu anstrengend ist, der kann sie durch eine Verlängerung des Weges s weiter verkleinern. Bei einer Länge s = 4 m beträgt die aufzubringende Kraft, um das Fass auf der schiefen Ebene zu halten, nur noch 100 N. Bei einer Länge s = 8 m beträgt F_H = 50 N.

Je länger der Weg auf einer schiefen Ebene, desto kleiner die aufzubringende Kraft.

3.9 Arbeit und Leistung

Die **Arbeit** ist eine abgeleitete physikalische Größe, die den Vorgang kennzeichnet, bei dem ein Körper längs eines Weges durch eine Kraft bewegt oder verformt wird. Dabei gilt: Je größer die Kraft ist, die aufgebracht werden muss, und je länger der Weg ist, der zurückgelegt werden muss, umso größer ist der Betrag der verrichteten Arbeit. Die Arbeit hat das Formelzeichen W und ist das Produkt aus in Wegrichtung wirkender Kraft F und dem Weg s.

$$W = F \cdot s$$

Die Maßeinheit der Arbeit ist 1 Joule (J); sie ergibt sich als das Produkt aus den Einheiten der Kraft und des Weges: 1 J = 1 N · 1 m. Als Beispiel für eine Arbeit soll die Reibungsarbeit dienen. Sie muss verrichtet werden, wenn der Bewegung eines Metallklotzes, wie in Abschnitt 3.4 beschrieben, eine Reibungskraft entgegenwirkt.

James Prescott Joule, 1818–1889, englischer Physiker

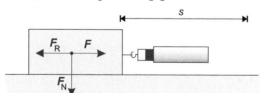

Reibungsarbeit beim Verschieben eines Metallklotzes auf einer Metallplatte

In der Abbildung ist ein Metallklotz mit einer Masse von m = 10 kg dargestellt, der über eine Metallplatte gezogen werden soll. Der Weg, der dabei zurückgelegt werden soll, beträgt s = 2 m. Die Gleitreibungszahl beträgt 0,09; damit ergibt sich für die Reibungskraft F_R:

$$F_R = \mu \cdot F_N = 0,09 \cdot 100 \text{ N} = 9 \text{ N}$$

Das bedeutet, dass der Klotz mit einer Kraft von 9 N über die Strecke von 2 m gezogen wird. Für die verrichtete Arbeit folgt:

$$W = F \cdot s = 9\,N \cdot 2\,m = 18\,N \cdot m = 18\,J$$

Im vorherigen Abschnitt wurden Kraft umformende Einrichtungen beschrieben. Es konnte dabei festgestellt werden, dass es mit ihnen nicht nur möglich ist, die Richtung der Kraftwirkung zu ändern, sondern auch den Betrag der Kraft. Was bedeutet dies für die zu verrichtende Arbeit? Zur Beantwortung der Frage wird noch einmal die schiefe Ebene untersucht.

Die zu verrichtende Arbeit an drei verschiedenen schiefen Ebenen

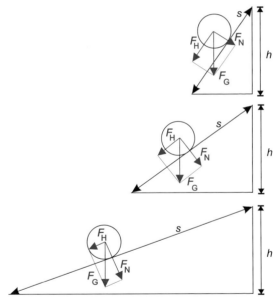

In der Abbildung sind drei schiefe Ebenen dargestellt, mit deren Hilfe ein Metallfass mit einer Masse von 40 kg auf eine Höhe von 1 m gebracht werden kann. Die erste schiefe Ebene hat dabei eine Länge von 2 m, die zweite von 4 m und die dritte ist 8 m lang. Im vorherigen Abschnitt wurde für diese drei verschiedenen schiefen Ebenen bereits die Kraft F_H ausgerechnet, die nötig ist, um das Metallfass zu halten.

In der folgenden Tabelle sind für die drei verschiedenen Fälle der Weg, die Kraft und die zu verrichtende Arbeit zusammengestellt.

Weg s	$F_H = F_G \cdot \dfrac{h}{s}$	$W = F_H \cdot s$
2 m	200 N	400 J
4 m	100 N	400 J
8 m	50 N	400 J

Das Resultat des Experimentes ist, dass die zu verrichtende Arbeit immer konstant bleibt. Das bedeutet: Im gleichen Maß, wie die Kraft verringert wird, wird der Weg vergrößert. Diese Feststellung gilt für alle Kraft umformenden Einrichtungen und besagt, dass die Arbeit, die diese verrichten, gleich der zugeführten Arbeit ist. Dieser Sachverhalt wird von den Physikern als **goldene Regel der Mechanik** bezeichnet.

Verringert sich die Kraft, verlängert sich der Weg, die Arbeit hat den gleichen Betrag.

Bei Verwendung von Kraft umformenden Einrichtungen ist die zugeführte mechanische Arbeit W_1 gleich der abgegebenen Arbeit W_2, wenn die auftretende Reibung vernachlässigt werden kann.

$$W_1 = W_2$$

Beim Stangenklettern im Sportunterricht verrichtet ein Schüler mit einer Masse von 60 kg und der entsprechenden Gewichtskraft $F_G = 600$ N, wenn er 5 m hochklettert, eine Arbeit von 3000 J. Von einer guten Leistung wird dabei gesprochen, wenn die Zeit, die der Schüler dafür benötigt, kurz ist. Die mechanische **Leistung** ist eine abgeleitete physikalische Größe, die beschreibt, wie schnell eine mechanische Arbeit verrichtet wird. Die Leistung hat das Formelzeichen P und ist der Quotient aus der verrichteten Arbeit W und dem dazugehörigen Zeitabschnitt t.

Die Leistung ist das Verhältnis von verrichteter Arbeit zu dafür benötigter Zeit.

$$P = \frac{W}{t}$$

Die Maßeinheit der Leistung wird nach dem britischen Ingenieur *James Watt* benannt, es gilt:

$$1 \text{ Watt} = 1 \text{ W} = \frac{1 \text{ N} \cdot 1 \text{ m}}{1 \text{ s}} = \frac{1 \text{ J}}{1 \text{ s}}$$

Welche Leistung verrichtet also der Schüler, der die 5 m hohe Stange in 10 s hochklettert?

$$P = \frac{600 \text{ N} \cdot 5 \text{ m}}{10 \text{ s}} = \frac{3000 \text{ J}}{10 \text{ s}} = 300 \text{ W}$$

In der Kinematik wurde die Geschwindigkeit als Quotient aus zurückgelegtem Weg und dafür benötigter Zeit definiert. Der Schüler, der die Stange in zehn Sekunden hochklettert, hat dabei eine Geschwindigkeit von

$$v = \frac{5 \text{ m}}{10 \text{ s}} = 0,5 \ \frac{\text{m}}{\text{s}}$$

Die Leistung kann auch durch das Produkt aus Kraft und Geschwindigkeit bestimmt werden.

Die Kraft, die der Schüler benötigt, um mit dieser Geschwindigkeit zu klettern, entspricht der schon berechneten Gewichtskraft von 600 N. Die Leistung, die der Schüler verrichtet, um mit der berechneten Gewichtskraft und mit einer Geschwindigkeit von 0,5 m/s zu klettern, ist ebenfalls $P = 300$ W. Mathematisch lässt sich der Zusammenhang wie folgt darstellen:

$$P = \frac{W}{t} = \frac{F \cdot s}{t} = F \cdot \frac{s}{t} = F \cdot v$$

Aus der Kraft F, die entlang eines Weges wirkt, und der Geschwindigkeit v kann die erbrachte Leistung errechnet werden.

$$P = F \cdot v$$

3.10 Energie

Energie kennzeichnet das Arbeitsvermögen eines mechanischen Systems.

Um Arbeit zu verrichten, wird **Energie** benötigt. Die mechanische Energie ist eine physikalische Größe, mit der das Arbeitsvermögen eines mechanischen Systems gekennzeichnet wird. Sie hat das Formelzeichen E, und die Maßeinheit der Energie ist die gleiche wie die der Arbeit, 1 J.

Als Beispiel wird eine Hantel aus dem Sportunterricht betrachtet. Liegt diese Hantel auf dem Boden, so beträgt ihre Energie am Anfang des Versuches $E_A = 0$ J. Jetzt verrichtet der Sportler an der Hantel Hubarbeit, denn er hebt die Hantel mit einer Gewichtskraft von $F_G = 100$ N genau um einen Meter hoch. Die Arbeit, die er dabei verrichtet, beträgt $W = 100$ J. Mit dieser Hubarbeit führt der Sportler der Hantel Höhenenergie oder Lageenergie zu. Der Betrag der Lageenergie ist dabei genauso groß wie der durch den Sportler erbrachte Betrag der Arbeit. Das heißt, am Ende des Versuches besitzt die Hantel eine Energie $E_E = 100$ J. Für die der Hantel zugeführten Energie gilt:

$$\Delta E = E_E - E_A = 100 \text{ J} - 0 \text{ J} = 100 \text{ J}$$

Der Betrag der einem mechanischem System zugeführten Energiemenge ΔE ist gleich dem Betrag der an diesem System verrichteten Arbeit W.

Die Energie, die in einem System enthalten ist, kann sich in verschiedene Energieformen umwandeln.

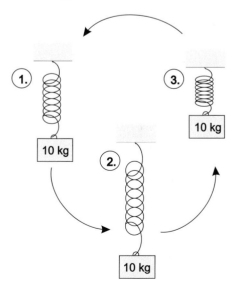

Energieumwandlung am Beispiel des Federschwingers

Der abgebildete Federschwinger soll diesen Sachverhalt verdeutlichen. Im ersten Schritt wird das Gewicht losgelassen. Die Erdanziehungskraft verrichtet jetzt Beschleunigungsarbeit und die Lageenergie des Gewichtes wird in Bewegungsenergie überführt. Die Bewegungsenergie wird auch **kinetische Energie** genannt. Sie wird im zweiten Schritt dazu verwendet, die Feder zu spannen. Dabei wird die Bewegungsenergie in Spannenergie der Feder umgewandelt. Diese Spannenergie bewirkt im dritten Schritt, dass eine Hubarbeit gegen die Erdanziehung verrichtet wird. Die Spannungsenergie wird komplett in Lageenergie umgewandelt und der Prozess beginnt von vorn. Spannenergie und Lageenergie werden in der Physik als **potenzielle** Energie bezeichnet.

Bewegungsenergie heißt kinetische Energie.

Lageenergie heißt potenzielle Energie.

Energie kann von einer Form in eine andere umgewandelt werden.

Wenn der beschriebene Energieumwandlungsprozess beim Federschwinger beobachtet wird, kann festgestellt werden, dass die Amplitude immer kleiner wird, bis der Prozess schließlich anhält. Diese Dämpfung der Schwingung erfolgt durch die Reibung mit der Luft, sodass ein Teil der Energie durch Reibungsarbeit in Wärme umgewandelt wird und verloren geht. Würde es diese Reibung nicht geben oder würde das mechanische System so gegen die Umgebung abgeschlossen werden, dass es zu keinen Energieverlusten durch Reibung käme, dann würde sich der beschriebene Prozess der Energieumwandlung immer fortsetzen. Das bedeutet: In einem abgeschlossenen reibungsfreien mechanischen System ist die mechanische Energie immer konstant. Das Resultat dieser Beobachtung ist der **Energieerhaltungssatz:**

Arbeit ist ein Prozess, bei dem Energie in verschiedene Energieformen umgewandelt wird.

Energie kann nicht erzeugt oder vernichtet werden, sondern nur auf andere Systeme übertragen und in andere Energieformen umgewandelt werden.

Die mechanische Energie kann somit auch in elektrische Energie oder in Wärmeenergie umgewandelt werden und umgekehrt. Geräte, die dazu benutzt werden, eine Energieform in eine andere umzuformen und dabei Arbeit zu verrichten, heißen Maschinen. Beim Auto wird die chemische Energie, die im Benzin gespeichert ist, in Bewegungsenergie umgewandelt. Allerdings werden durch den Motor nur etwa 17 % der im Benzin gespeicherten Energie in kinetische Energie überführt. Die restlichen 83 % gehen als Wärmeenergie in Form von Abwärme verloren. Die physikalische Größe **Wirkungsgrad** gibt das Verhältnis zwischen eingesetzter Energie und umgewandelter gewünschter Energie an. Der Wirkungsgrad hat das Formelzeichen η (eta) und es gilt:

Das Verhältnis aus eingesetzter Energie und umgewandelter gewünschter Energie heißt Wirkungsgrad.

$$\eta = \frac{\text{erzielte Nutzenergie}}{\text{zugeführte Energie}}$$

Der Wirkungsgrad des Autos beträgt deshalb nur 0,17 oder 17 %. Allgemein gilt bei Maschinen, dass die erzielte Energie aufgrund von Verlusten immer kleiner ist als die hineingesteckte Energie.

Der Wirkungsgrad von Maschinen ist immer kleiner als eins.

Trotzdem versuchen die Menschen seit langer Zeit Maschinen zu entwickeln, bei denen die erzielte Nutzenergie größer als die zugeführte Energie ist. Das bedeutet: Einmal in Bewegung gesetzt, würde sich diese Maschine für immer bewegen. Eine solche nur in der Vorstellung der Menschen existierende Maschine wird Perpetuum mobile (lat. perpetuus = ständig, ununterbrochen; mobilis = beweglich) genannt.

Ein Perpetuum mobile kann nicht gebaut werden.

Eine Maschine mit einem Wirkungsgrad größer als eins kann nicht gebaut werden. Ein Perpetuum mobile ist nicht möglich.

4 Flüssigkeiten und Gase

In diesem Kapitel werden physikalische Größen untersucht, die den Zustand und das Verhalten von flüssigen und gasförmigen Körpern beschreiben.

4.1 Kolbendruck und Schweredruck

In einer Glasspritze, wie sie in der ersten Abbildung skizziert ist, befindet sich Wasser. Die Spritze ist an der Kanüle verschlossen, und auf den Kolben mit einer Grundfläche A wirkt von außen eine Kraft F. Aus Abschnitt 1.8 ist bekannt, dass deshalb auf das Wasser ein Druck ausgeübt wird.

Der Kolbendruck in einer Glasspritze

Im Experiment kann festgestellt werden: Auch wenn die Kraft auf den Kolben erhöht wird, lässt sich die Flüssigkeit praktisch nicht zusammendrücken, denn die Stoffteilchen sind unregelmäßig, aber sehr eng angeordnet. Die gesamte Flüssigkeit gerät unter Druck. In einem nächsten Versuch wird an die Spritze ein Gefäß mit Löchern, die gleichmäßig verteilt sind, angeschlossen.

Versuch zur Illustration der Druckverteilung in einer Flüssigkeit

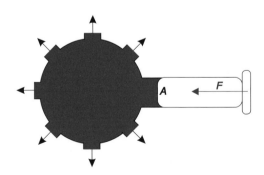

Sobald die Flüssigkeit mit dem Kolben unter Druck gesetzt wird, spritzt das Wasser nach allen Seiten gleichmäßig weg. Die Ursache für diese Beobachtung ist, dass die Flüssigkeitsteilchen leicht gegeneinander verschiebbar sind, sodass überall in der Flüssigkeit der gleiche Druck herrscht. Die Resultate aus beiden Experimenten werden im **Gesetz vom Kolbendruck** zusammengefasst.

Der Druck, der in einer eingeschlossenen Flüssigkeit herrscht, ist an jeder Stelle in der Flüssigkeit und an jeder Stelle der Begrenzungswand gleich groß.

Der Druck hat in einer Flüssigkeit keine bevorzugte Richtung, das bedeutet, er ist von der Lage und Stellung der Begrenzungsflächen unabhängig. Wird in einer Flüssigkeit mit einer Kraft F_1 und einer Fläche A_1 ein Druck p erzeugt, so tritt an jedem beliebigen Flächenstück A_2 eine zu ihm senkrechte Kraft F_2 auf (s. Abschnitt 1.8):

Der Druck ist überall in der Flüssigkeit gleich und hat keine bevorzugte Richtung.

$$\frac{F_1}{A_1} = p = \frac{F_2}{A_2}$$

Auf den Kolben der Glasspritze mit einer Fläche von $A_1 = 1 \text{ cm}^2$ wirkt eine Kraft von $F_1 = 100$ N. Die Fläche am Austrittshahn beträgt $A_2 = 0,1 \text{ cm}^2$. Für den Druck und die Kraft auf die Fläche F_2 gilt:

$$p = \frac{F_1}{A_1} = \frac{100 \text{ N}}{1 \text{ cm}^2} = 10 \text{ bar}$$

$$F_2 = p \cdot A_2 = 10 \text{ bar} \cdot 0,1 \text{ cm}^2 = 10 \text{ N}$$

Im nächsten Experiment werden zwei Glaszylinder mit unterschiedlichen Grundflächen A_1 und A_2 durch ein Rohr miteinander verbunden und mit Wasser gefüllt. Eine solche Anordnung, wie sie in der nächsten Abbildung dargestellt ist, wird **hydraulische Anlage** (griech. hydor = Wasser) genannt. Durch die Verbindung der beiden Zylinder ist der Druck in der Flüssigkeit im gesamten System gleich groß. Wird in jeden der beiden Zylinder ein Kolben mit einer Kraft F_1 bzw. F_2 hineingedrückt, kann festgestellt werden, dass eine kleine Gewichtskraft auf dem engen Kolben einer großen Gewichtskraft auf dem weiten Kolben das Gleichgewicht hält.

Zwei verbundene Zylinder mit Kolben, die eine Flüssigkeit unter Druck setzen, heißen hydraulische Anlage.

Mechanik

Kräfte und ihre Wirkung an einer hydraulischen Anlage

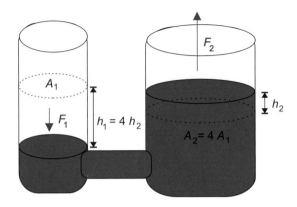

Bei der abgebildeten hydraulischen Anlage ist die Fläche A_2 viermal so groß wie die Fläche A_1. Da der Druck in beiden Zylindern den gleichen Betrag hat, folgt daraus:

$$\frac{F_1}{A_1} = p = \frac{F_2}{A_2}$$

$$\frac{F_1}{A_1} = \frac{F_2}{A_2} \quad \text{und} \quad \frac{F_1}{F_2} = \frac{A_1}{A_2}$$

Das bedeutet: Das Größenverhältnis der Kräfte entspricht dem Größenverhältnis der Flächen einer hydraulischen Anlage. Deshalb ist die Kraft F_2 viermal so groß wie die Kraft F_1.

Im hydraulischen System herrscht überall gleicher Druck. Daraus folgt: Große Kraft bei großer Fläche – kleine Kraft bei kleiner Fläche.

Was bedeutet das für die an der Hydraulik verrichtete Arbeit? Wird der Pumpenkolben des kleinen Zylinders mit einer Kraft $F_1 = 100$ N um $h_1 = 2$ m verschoben, dann wirkt am Arbeitskolben des großen Zylinders eine Kraft $F_2 = 400$ N und er steigt um eine Höhe von $h_2 = 0,5$ m. Die Arbeit am Pumpenkolben hat einen Betrag von:

$$W_1 = F_1 \cdot h_1 = 100 \text{ N} \cdot 2 \text{ m} = 200 \text{ J}$$

Eine Hydraulik ist eine Kraft umformende Einrichtung.

Am Arbeitskolben beträgt die verrichtete Arbeit:

$$W_2 = F_2 \cdot h_2 = 400 \text{ N} \cdot 0{,}5 \text{ m} = 200 \text{ J}$$

Die in das System hineingesteckte Arbeit W_1 ist gleich der durch das System verrichteten Arbeit W_2. Die hydraulische Anlage ist eine Kraft umformende Einrichtung. Mit dem Betrag einer Kraft, die auf einen Kolben mit einer bestimmten Fläche wirkt, konnte der Druck in einer Flüssigkeit berechnet werden. Mithilfe von Druckmessgeräten, die **Manometer** genannt werden, lässt sich der Druck von Flüssigkeiten und Gasen messen. In der folgenden Abbildung ist links ein Flüssigkeitsmanometer und rechts ein mechanisches Manometer dargestellt.

Druckmessgeräte werden Manometer genannt.

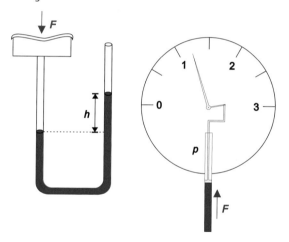

Flüssigkeitsmanometer und mechanisches Manometer zur Druckmessung

Der Druck der Flüssigkeit oder des Gases übt auf die Fläche des Probekolbens des mechanischen Manometers eine Kraft aus, die das Drehen eines Zeigers bewirkt. Beim Flüssigkeitsmanometer bewirkt die Verformung einer Membran durch eine Kraft F die Verschiebung einer Flüssigkeitssäule in einem U-Rohr. Beträgt z. B. der Höhenunterschied h bei einem wassergefüllten Manometer 1 cm, so wird ein Druck von $p \approx$ 1 mbar = 10 mm Wassersäule gemessen. Bei diesem Messprinzip wird die auf die Membran einwirkende Kraft F mit der Gewichtskraft der Flüssigkeitssäule F_G verglichen, die über der Querschnittsfläche des U-Rohres wie ein Kolben wirkt.

Die Gewichtskraft einer Flüssigkeit oder eines Gases verursacht den Schweredruck.

Allgemein verursacht die Gewichtskraft einer Flüssigkeit einen Druck, der mit zunehmender Tiefe ansteigt und bei gleicher Tiefe überall gleich ist. Dieser Druck wird in der Physik **Schweredruck** genannt, weil er von der Gewichtskraft der Flüssigkeit abhängt. So ist der Druck von einer 1 m hohen Quecksilbersäule $p = 1,33$ bar, während der Druck einer 1 m hohen Wassersäule $p = 0,1$ bar beträgt. Das bedeutet: In einem See mit 10 m Wassertiefe beträgt der Druck am Grund 1 bar und an der tiefsten Stelle im Ozean bei einer Tiefe von 11000 m liegt er bei 1100 bar. Die Wirkung des Schweredruckes auf die Flüssigkeiten selber lässt sich am besten in verbundenen Gefäßen beobachten.

Der Schweredruck sorgt in verbundenen Gefäßen für gleiche Füllstandshöhen.

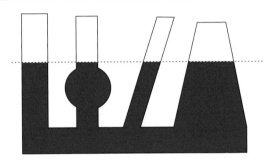

Wegen der leichten Verschiebbarkeit der Flüssigkeitsteilchen kommt es in verbundenen Gefäßen sofort zum Druckausgleich, wenn die Flüssigkeitssäulen nicht gleich hoch sind. Nur bei gleichen Höhen herrscht im Verbindungsteil kein Druckunterschied.

In verbundenen Gefäßen steht die Flüssigkeit gleich hoch.

In der Tabelle sind einige Drücke, die im Alltag auftreten, aufgezählt.

Einige im Alltag auftretende Drücke

Blutdruck des Menschen	ca. 0,16 bar
Druck in der Gasleitung	1,5 bar
Reifendruck im PKW	2 bis 3 bar
Druck in der Wasserleitung	4 bis 6 bar
Luftdruckkompressor	bis 1000 bar

4.2 Luftdruck

Die Erde ist von einer viele Kilometer dicken Luftschicht, der Atmosphäre, umgeben. Genau wie bei Flüssigkeiten erzeugt auch die Gewichtskraft eines Gases einen Schweredruck.

> Die Gewichtskraft der in der Atmosphäre befindlichen Luft bewirkt einen Schweredruck, der Luftdruck heißt.

Eine Luftsäule über einer Fläche von 1 cm² hat eine Masse von 1 kg. Daraus resultiert eine Gewichtskraft von 10 N. Daraus ergibt sich für den Luftdruck ein Betrag von 1 bar. Die Stärke des Luftdruckes lässt sich sehr einfach nachweisen. Nachdem das Ventil einer Glasspritze verschlossen wurde, wird der dicht schließende Kolben aus der Spritze gezogen. Dabei kann festgestellt werden: Je weiter der Kolben aus der Glasspritze gezogen wird, desto mehr Kraft F_1 muss dafür aufgewendet werden, um der aus dem Luftdruck resultierenden Kraft F entgegenzuwirken.

Der Luftdruck ist der Schweredruck der in der Atmosphäre befindlichen Luft.

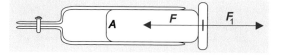

Nachweis des Luftdruckes mit einer Glasspritze

Viele Vorgänge in der Natur sind vom Luftdruck abhängig. Beim Atmen z.B. wird die Lunge durch das Anheben des Brustkorbes und Absenken des Zwerchfells erweitert. Dadurch steht der in der Lunge befindlichen Luft ein größerer Raum zur Verfügung. Der Luftdruck in der Lunge sinkt und es bildet sich ein **Unterdruck**. Der demgegenüber höhere Luftdruck der Außenluft bewirkt, dass die Luft in die Lunge strömt. Beim Ausatmen senkt sich der Brustkorb und das Zwerchfell drückt nach oben, sodass der Raum in der Lunge verkleinert wird. Dadurch steigt der Luftdruck im Inneren der Lunge und es bildet sich ein **Überdruck**. Da der Luftdruck der Außenluft jetzt kleiner ist, strömt die verbrauchte Atemluft nach außen.

4.3 Statischer Auftrieb

Die **Auftriebskraft** F_A greift an einem in einer Flüssigkeit befindlichen Körper an und ist der Gewichtskraft entgegengerichtet. Sie hat ihre Ursache darin, dass auf den Körper von unten ein größerer Schweredruck wirkt als von oben.

Kräfte an einem in einer Flüssigkeit befindlichen Körper

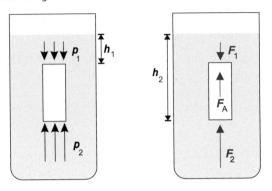

Der Schweredruck ist die Ursache der Auftriebskraft.

In der Abbildung ist ein Quader dargestellt, der in eine Flüssigkeit eingetaucht ist. Auf die obere Deckfläche wirkt die aus dem Schweredruck p_1 resultierende Kraft F_1. Die untere Deckfläche des Quaders befindet sich tiefer in der Flüssigkeit, deshalb wirkt auf sie ein größerer Schweredruck p_2 und somit eine größere Kraft F_2. Die Differenz aus beiden Kräften ergibt die Auftriebskraft $F_A = F_2 - F_1$. Die Auftriebskraft F_A hat den gleichen Betrag wie die Gewichtskraft der von einem Körper verdrängten Flüssigkeit. Dieses Ergebnis wird im **archimedischen Gesetz** verankert; dieses gilt auch für Körper, die sich in einem Gas befinden.

Die an einem in einer Flüssigkeit (bzw. in einem Gas) befindlichen Körper angreifende Auftriebskraft F_A ist gleich der Gewichtskraft F_G der verdrängten Flüssigkeit (bzw. des verdrängten Gases).

Auf einen Körper, der ganz in einer Flüssigkeit eingetaucht ist, wirkt neben der Auftriebskraft F_A auch seine eigene Gewichtskraft F_G. Beide Kräfte sind genau entgegengesetzt gerichtet. Wenn die Auftriebskraft kleiner als die Gewichtskraft ist, sinkt der Körper. Sind beide Kräfte gleich groß, schwebt der Körper in der Flüssigkeit. Ist F_A dagegen größer als F_G, steigt der Körper so lange auf, bis er die Oberfläche erreicht. Dort stellt sich ein Gleichgewicht der Kräfte ein. An dem Teil des Körpers, der sich noch in der Flüssigkeit befindet, wirkt die Auftriebskraft. Diese ist dann gerade so groß wie die Gewichtskraft des ganzen Körpers. Das bedeutet: Ein schwimmender Körper taucht so tief in die Flüssigkeit ein, bis die Gewichtskraft der dabei verdrängten Flüssigkeit genau so groß ist wie die Gewichtskraft des ganzen Körpers.

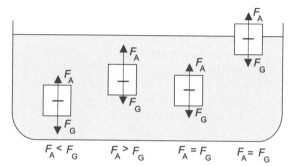

$$F_A < F_G \qquad F_A > F_G \qquad F_A = F_G \qquad F_A = F_G$$

Sinken, steigen, schweben, schwimmen, das Verhältnis zwischen Auftriebskraft und Gewichtskraft der verdrängten Flüssigkeit macht den Unterschied.

Genau wie in Flüssigkeiten wirkt der Auftrieb auch in Gasen. Als Beispiel soll ein Ballon betrachtet werden, der mit Wasserstoff gefüllt ist. Bei einem Volumen von $V = 100\ \text{m}^3$ verdrängt der Ballon 100 m³ Luft. Weil ein Kubikmeter Luft eine Masse von 1,3 kg hat, beträgt die Masse der gesamten verdrängten Luft 130 kg. Das bedeutet, der Ballon erfährt eine Auftriebskraft von $F_A = 1300\ \text{N}$. Da Wasserstoff 14-mal leichter als Luft ist, kann der Ballon eine Nutzlast tragen. Wenn die Gewichtskraft F_G, die am Ballon wirkt, etwas geringer ist als die Auftriebskraft F_A, dann beginnt der Ballon zu steigen. Der Satz des Archimedes gilt auch für Gase und die Lufthülle unserer Erde.

In einem Gas steigt ein Körper auf, wenn seine mittlere Dichte kleiner ist als die des Gases, die ihn umgibt.

Unter mittlerer Dichte wird hier der Quotient aus der gesamten Masse (Ballonhülle, Ballast, Korb und Gas) und ihrem Volumen verstanden.

Auch in Gasen wirkt die Auftriebskraft auf einen Körper.

5 Astronomie

Die Vorgänge in unserem Sonnensystem, wie etwa die Bewegung der Planeten, werden durch die Gesetze der Mechanik beschrieben. Deshalb soll in diesem Kapitel ein kleiner Einblick in die Wissenschaft der Planeten und Sterne gegeben werden. Die Astronomie ist streng genommen eine eigenständige Wissenschaft und kein Teilgebiet der Physik.

5.1 Gravitation

Alle Körper haben die Eigenschaft, sich gegenseitig anzuziehen. Die dabei auftretende Kraft heißt **Gravitationskraft** F_g. Diese Anziehungskraft ist bei Körpern, die uns im täglichen Leben umgeben, so klein, dass sie kaum nachweisbar ist. Wenn es sich aber bei den Körpern, die untersucht werden sollen, um Planeten handelt, spielt diese Kraft eine entscheidende Rolle. Die Gravitationskraft ist dabei umso größer, je größer die Massen m_1 und m_2 der beiden Körper sind, und sie wird mit zunehmendem Abstand r der Körper schnell kleiner. Dieser Zusammenhang wird durch das Gravitationsgesetz ausgedrückt.

Auf der Erdoberfläche ist die Gravitationskraft gleich der Gewichtskraft.

$$F_g = G \cdot \frac{m_1 \cdot m_2}{r^2}$$

Der Faktor G in dieser Formel wird Gravitationskonstante genannt; er hat den Wert $G = 6{,}67 \cdot 10^{-11}$ N · m²/kg². Es handelt sich dabei um eine sehr kleine Zahl, die überall im Weltraum gleich ist. Als Beispiel soll die Gravitationskraft, die zwischen Erde und Mond wirkt, berechnet werden.

Darstellung der Gravitationskraft zwischen Erde und Mond

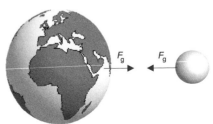

Die Entfernung zwischen Erde und Mond beträgt $r = 384\,400$ km. Die Masse der Erde beträgt $m_1 = 5{,}974 \cdot 10^{24}$ kg und die des Mondes $m_2 = 7{,}347 \cdot 10^{22}$ kg. Daraus ergibt sich für die Gravitationskraft zwischen beiden Himmelskörpern:

$$F_g = 6{,}67 \cdot 10^{-11} \text{ N} \cdot \frac{m^2}{kg^2} \cdot \frac{5{,}974 \cdot 10^{24} \text{ kg} \cdot 7{,}347 \cdot 10^{22} \text{ kg}}{(384\,400 \text{ km})^2}$$

$$F_g = 1{,}98 \cdot 10^{26} \text{ N}$$

Diese Kraft zwischen beiden Himmelskörpern bewirkt, dass sich der Mond auf einer Kreisbahn um die Erde bewegt. Umgekehrt bewirkt der Mond durch diese Kraft die Entstehung der Gezeiten, den Wechsel von Ebbe und Flut in den Weltmeeren. Neben dem natürlichen Erdtrabanten umkreisen auch künstliche Satelliten mit den verschiedensten Aufgaben die Erde. Um einen Satelliten in eine Erdumlaufbahn zu bringen, muss die Gravitationskraft der Erde überwunden werden. Dazu werden sie mithilfe von Raketen beschleunigt.

Die Gravitation bewirkt die Gezeiten und hält Satelliten auf ihrer Bahn.

5.2 Das Planetensystem

Unser Planetensystem besteht aus den neun Planeten Merkur, Venus, Erde, Mars, Jupiter, Saturn, Neptun, Uranus und Pluto. *Johannes Kepler* (1609) beschrieb die Bewegung der Planeten durch die folgenden drei Gesetze.

Die Erde gehört zu einem Planetensystem.

Johannes Kepler, 1571–1630, deutscher Astronom und Mathematiker

Alle Planeten bewegen sich auf Ellipsenbahnen, in deren einem Brennpunkt die Sonne steht.

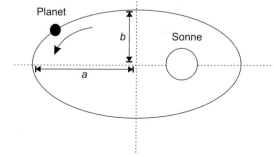

Darstellung der elliptischen Planetenbahn um die Sonne

Die Bahngeschwindig-
keit der Planeten
variiert mit dem
Abstand zur Sonne.

In der Abbildung ist die Bahn eines Planeten um die Sonne schematisch dargestellt. Die Strecke a wird große Halbachse und die Strecke b kleine Halbachse der Ellipse genannt. Die Planeten bewegen sich auf ihrem Weg um die Sonne nicht mit konstanter Bahngeschwindigkeit. Ihr Betrag ist am größten, wenn der Planet in Sonnennähe ist, und er ist am kleinsten, wenn der Planet am weitesten von der Sonne entfernt ist. Aus dieser Beobachtung resultiert das zweite Kepler'sche Gesetz:

> Ein von der Sonne zu einem Planeten gedachter Leitstrahl überstreicht in gleichen Zeiten gleiche Flächen.

In der folgenden Abbildung ist skizziert, was mit diesem Satz gemeint ist. Dabei ist die Zeitspanne Δt für alle drei eingezeichneten Fälle gleich, ebenso die vom Leitstrahl überstrichenen Flächen A_1, A_2 und A_3.

Darstellung der Geschwindigkeitsänderung der Planeten mithilfe der durch einen gedachten Leitstrahl überstrichenen Flächen

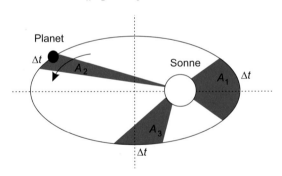

Die Beziehung
zwischen Bahnellipse
und Umlaufzeit wird im
dritten Kepler'schen
Gesetz verankert.

Deutlich wird sichtbar, dass der Planet in Sonnennähe im Zeitabschnitt Δt einen größeren Weg zurücklegen muss als in Sonnenferne. Im dritten Kepler'schen Gesetz werden die Größen der großen Halbachsen der Ellipsen, auf denen sich die Planeten bewegen, mit ihrer Umlaufzeit ins Verhältnis gesetzt. Aus Beobachtungen der Planeten ergab sich:

> Die Quadrate der Umlaufzeiten T zweier Planeten verhalten sich wie die dritten Potenzen der großen Halbachsen ihrer Bahnen. $T_1^2 : T_2^2 = a_1^3 : a_2^3$

Das bedeutet: Der Quotient aus T^2 und a^3 ist für alle Planeten des Sonnensystems konstant, er hat den Wert $2{,}95 \cdot 10^{-19}$ s²/m³.

Zum Abschluss sind alle Planeten unseres Sonnensystems in einer Tabelle zusammengestellt. Die Reihenfolge richtet sich dabei nach der Entfernung der Planeten zur Sonne.

Name des Planeten	Masse in kg	Entfernung zur Sonne in km	Umlaufzeit in Jahren
Merkur	$0{,}33 \cdot 10^{24}$	$57{,}9 \cdot 10^{6}$	0,24
Venus	$4{,}87 \cdot 10^{24}$	$108{,}2 \cdot 10^{6}$	0,62
Erde	$5{,}97 \cdot 10^{24}$	$149{,}6 \cdot 10^{6}$	1
Mars	$0{,}64 \cdot 10^{24}$	$227{,}9 \cdot 10^{6}$	1,88
Jupiter	$1899 \cdot 10^{24}$	$778{,}4 \cdot 10^{6}$	11,86
Saturn	$568 \cdot 10^{24}$	$1427 \cdot 10^{6}$	29,42
Uranus	$86{,}6 \cdot 10^{24}$	$2883 \cdot 10^{6}$	83,75
Neptun	$103 \cdot 10^{24}$	$4519 \cdot 10^{6}$	163,7
Pluto	$0{,}012 \cdot 10^{24}$	$5960 \cdot 10^{6}$	248,0

Die Planeten unseres Sonnensystems im Überblick

5.3 Sonne

Im Gegensatz zu den Planeten ist die Sonne, die das Zentrum des Planetensystems bildet, ein Stern. Sie hat eine Masse von $1{,}989 \cdot 10^{30}$ kg und ist damit 745-mal schwerer als alle Planeten zusammen. Im Inneren der Sonne, die vorwiegend aus Wasserstoff und Helium besteht, wird durch Kernfusion Energie freigesetzt und an den Weltraum abgegeben. An der Oberfläche der Sonne beträgt die Temperatur etwa 5500 °C. Ein Teil der durch die Sonne erzeugten Energie kann auf der Erde als Licht- und Wärmeenergie wahrgenommen werden und bildet die Grundlage für das Leben auf unserem Planeten. Unser Sonnensystem ist eingebettet in eine Ansammlung von Sternen, die unserer Sonne ähnlich sind. Diese Ansammlung wird von den Astronomen als Galaxis bezeichnet. Bei Beobachtung des Nachthimmels wird ein Teil von ihr als schwach leuchtendes Band sichtbar.

Die Sonne ist ein Stern, sie liefert die Energie, die das Leben auf der Erde ermöglicht.

Die Galaxis besteht aus unzähligen Sternen, sie wird auch Milchstraße genannt.

Auf einen Blick: Mechanik

▬Statik

● Alle **Körper** haben ein Volumen, eine Masse und bestehen aus Stoffen. Die **Stoffe** sind Anhäufungen von Teilchen und können sich im festen, flüssigen und gasförmigen Aggregatzustand befinden. Das **Volumen** ist der Rauminhalt, den ein Körper einnimmt. Maßeinheiten des Volumens sind das Kubikmeter (m^3) und das Liter (l).

● Die **Masse** kennzeichnet die Eigenschaft eines Körpers, träge und schwer zu sein. Sie hat die Einheit Kilogramm (kg).

$$m = \frac{F}{a}$$

m — Masse des Körpers
F — Kraft
a — Beschleunigung

● Die **Dichte** ist eine physikalische Größe, die das Verhältnis von Masse und Volumen eines Körpers charakterisiert. Sie ist eine Stoffkonstante und hat die Maßeinheit Kilogramm je Kubikmeter (kg/m^3).

$$\rho = \frac{m}{V}$$

ρ — Dichte
m — Masse
V — Volumen

● Die **Kraft** beschreibt die Wechselwirkung zwischen Körpern. Sie ist eine vektorielle Größe und kann durch einen Kraftpfeil dargestellt werden. Die Maßeinheit der Kraft ist das Newton (N). Kräfte, die auf einer Wirkungslinie angreifen, können addiert werden. Wirken sie aus unterschiedlichen Richtungen, können sie mithilfe eines Kräfteparallelogramms zusammengesetzt und zerlegt werden. Die **Gewichtskraft** ist die Kraft, die auf einen ruhenden Körper der Masse m an einem bestimmten Ort auf der Erde einwirkt.

$$F_G = m \cdot g$$

F_G — Gewichtskraft
m — Masse
g — Fallbeschleunigung

● Die Fallbeschleunigung ist vom Ort der Messung abhängig, sie beträgt bei uns 9,81 m/s^2. Der **Schwerpunkt** eines Körpers verhält sich so, als wäre in ihm die gesamte Masse des Körpers vereint. An ihm greifen die resultierenden Kräfte an.

● Der **Druck** ist eine physikalische Größe, die die Wirkung einer Kraft in Abhängigkeit von der Fläche beschreibt, auf die die Kraft wirkt. Maßeinheiten des Druckes sind das Pascal (Pa) und das Bar (bar).

$$p = \frac{F}{A}$$

p	Druck
F	Kraft
A	Fläche

Kinematik

● Die **Zeit** ist eine Basisgröße der Physik. Sie hat die Maßeinheit Sekunde (s). Die **Geschwindigkeit** charakterisiert den Bewegungszustand eines Körpers. Sie gibt das Verhältnis zwischen Ortsveränderung und der dafür benötigten Zeit an. Die Maßeinheit für die Geschwindigkeit ist Meter je Sekunde (m/s).

$$v = \frac{s}{t}$$

v	Geschwindigkeit
s	Weg
t	Zeit

● Bleibt die Bewegungsrichtung des Körpers gleich, wird dies **geradlinige gleichförmige Bewegung** genannt. Ändert sich während der Ortsveränderung die Richtung der Bewegung, wird sie **krummlinige gleichförmige Bewegung** genannt. Die Kreisbewegung ist ein Beispiel für diese Bewegungsart. Bei einer **mechanischen Schwingung** handelt es sich um eine periodische Bewegung, die ein Körper um einen Mittelpunkt ausführt. Die Auslenkung zwischen Mittelpunkt und Umkehrpunkt der Bewegung heißt **Amplitude**. Die **Periodendauer** T gibt an, wie viel Zeit der Körper für eine Schwingungsperiode benötigt. Die physikalische Größe **Frequenz** gibt an, wie viele Schwingungen ein schwingender Körper in der Zeiteinheit ausführt. Die Maßeinheit der Frequenz ist das Hertz (Hz).

$$f = \frac{n}{t}$$

f	Frequenz
n	Anzahl
t	Zeit

● Die **Beschleunigung** ist eine physikalische Größe, die die Geschwindigkeitsänderung eines Körpers in Abhängigkeit von der Zeit beschreibt. Die Beschleunigung hat die Maßeinheit Meter je Quadratsekunde (m/s^2).

Ist die Beschleunigung der Geschwindigkeit entgegengerichtet, hat sie ein negatives Vorzeichen und wird Verzögerung genannt.

$$a = \frac{v}{t}$$

a	Beschleunigung
v	Geschwindigkeit
t	Zeit

Dynamik

● Die Wirkung der Kräfte auf den Bewegungszustand eines Körpers werden durch die Newton'schen Gesetze beschrieben. Das **Newton'sche Grundgesetz** besagt, dass, wenn auf einen frei beweglichen Körper eine Kraft einwirkt, sich dessen Geschwindigkeit ändert. Die Beschleunigung ist der wirkenden Kraft proportional.

$$F = m \cdot a$$

F	Kraft
m	Masse
a	Beschleunigung

● Das **Wechselwirkungsgesetz** besagt, dass bei einer Wechselwirkung zwischen Körpern an jedem dieser Körper eine Kraft F_{an} bzw. F_{gegen} angreift, die gleiche Beträge haben, aber entgegengesetzt gerichtet sind.

$$F_{an} = -F_{gegen}$$ Kraft ist gleich Gegenkraft

● Das **Trägheitsgesetz** besagt, dass ein Körper in Ruhe oder geradliniger gleichförmiger Bewegung verharrt, solange keine Kraft auf ihn einwirkt. Die **Reibung** ist ein Vorgang, bei dem zwischen zwei sich berührenden Körpern Reibungskräfte auftreten, die der Bewegung entgegenwirken. Es wird zwischen **Haftreibung, Gleitreibung** und **Rollreibung** unterschieden. Das **Drehmoment** beschreibt die Wirkung einer Kraft auf einen um eine Achse drehbar gelagerten Körper. Die Wirkungslinie der Kraft und der Abstand zur Drehachse bilden dabei einen rechten Winkel.

$$M_D = F \cdot r$$

M_D	Drehmoment
F	Kraft
r	Abstand zur Drehachse

Die Maßeinheit des Drehmoments ist das Newtonmeter (N $\cdot$ m).

● Die **Arbeit** ist eine physikalische Größe, die auftritt, wenn ein Körper längs eines Weges durch eine Kraft bewegt oder verformt wird. Die Maßeinheit der Arbeit ist das Joule (J).

$$W = F \cdot s$$

W	Arbeit
F	Kraft
s	Weg

● **Kraft umformende Einrichtungen** wie Hebel, feste Rolle, lose Rolle, Flaschenzug und schiefe Ebene ändern die Richtung oder den Betrag einer angreifenden Kraft. Es gilt jedoch die **goldene Regel der Mechanik**.

$$W_1 = W_2$$

W_1	zugeführte Arbeit
W_2	abgegebene Arbeit

● Die mechanische **Leistung** gibt die je Zeiteinheit verrichtete Arbeit an. Die Maßeinheit der Leistung ist das Watt (W).

$$P = \frac{W}{t}$$

P	Leistung
W	Arbeit
t	Zeit

● Die mechanische **Energie** ist eine physikalische Größe, die das Arbeitsvermögen eines mechanischen Systems beschreibt. Die Einheit der Energie ist Joule (J).

Mechanik der Flüssigkeiten und Gase

● Der **Kolbendruck** entsteht, wenn von außen eine Kraft auf eine Flüssigkeit oder ein Gas wirkt. **Schweredruck** wird durch die Gewichtskraft einer Flüssigkeit oder eines Gases verursacht. **Hydraulische Anlagen** nutzen die allseitige und gleichmäßige Ausbreitung des Druckes aus. Solche Anlagen sind Kraft umformende Einrichtungen. Die **Auftriebskraft** greift an einem in einer Flüssigkeit oder in einem Gas befindlichen Körper an und wirkt der Gewichtskraft entgegen.

Astronomie

● Die **Gravitation** ist die Anziehungskraft, die zwischen den Himmelskörpern wirkt. Auf der Erdoberfläche ist sie gleich der Gewichtskraft. Die **Planeten** bewegen sich auf elliptischen Bahnen um die **Sonne**. Sie bewegen sich in Sonnennähe schneller als in Sonnenferne. Das Verhältnis ihrer Umlaufzeiten zur dritten Potenz der großen Halbachsen ihrer Bahnen ist für alle Planeten gleich groß.

Wellen

Im folgenden Kapitel werden sowohl die allgemeinen Eigenschaften von mechanischen Wellen als auch die speziellen Verhaltensweisen von Schallwellen näher betrachtet. Die Akustik ist der Bereich der Physik, welcher sich mit der Entstehung und dem Verhalten von Schallwellen beschäftigt. Zu den besonderen Phänomenen des Fachgebietes Akustik gehören so bekannte Effekte wie der Überschallknall eines Flugzeuges oder so erstaunliche wie der Doppler-Effekt, der dazu führt, dass sich die Tonlage der Sirene eines Polizeiautos bei der Vorbeifahrt des Fahrzeugs ändert.

1 Mechanische Wellen

1.1 Entstehung von Wellen

Transversalwellen Wellen kennt jeder, zumindest in ihrer einfachsten Form, den Wasserwellen. Was wir optisch von einer Welle wahrnehmen können, ist ein Wellenberg, der sich mit konstanter Geschwindigkeit in eine bestimmte Richtung bewegt. Aber auch mit einem Seil kann man sich fortbewegende Wellenberge erzeugen, indem man ein an einem Ende eingespanntes Seil mit einem kurzen Ruck auslenkt.

Der durch eine Auslenkung des Seils erzeugte Wellenberg bewegt sich mit konstanter Geschwindigkeit auf dem Seil weiter.

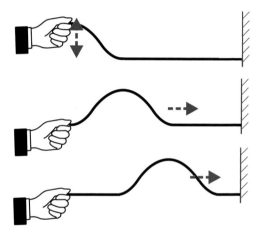

Betrachtet man einen einzelnen Punkt auf dem Seil, so stellt man fest, dass dieser Punkt durch die wandernde Welle zunächst zur Seite ausgelenkt wird. Nachdem die Welle den Punkt vollständig passiert hat, liegt dieser wieder in seiner Ruhelage. Eine solche Welle, die einen Materiepunkt *senkrecht* zur Ausbreitungsrichtung der Welle auslenkt, nennt man eine **Transversalwelle** oder auch **Querwelle**.

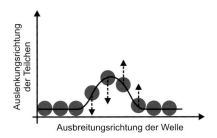

*Schematische
Darstellung einer
Transversalwelle*

Bei **Transversalwellen** (Querwellen) zeigt die Schwingungsrichtung senkrecht zur Fortbewegungsrichtung der Welle.

Als Modell für die Entstehung einer solchen Querwelle stellt man sich vor, dass die Materieteilchen (Atome, Ionen oder Moleküle) durch ein elastisches Band miteinander verbunden sind. In der Realität stellen die intermolekularen Kräfte dieses elastische Band dar.

Wird Teilchen 1 aus seiner Ruhelage nach oben ausgelenkt, so wirkt auf das benachbarte Teilchen 2 durch das elastische Band eine Kraft, welche das Teilchen ebenfalls nach oben zieht. Gleichzeitig zieht das Band aber auch Teilchen 1 wieder nach unten, sodass im zweiten Schritt Teilchen 1 wieder seine Ruhelage erreicht hat, während nun Teilchen 2 ausgelenkt ist.

Bewegt man das freie Ende eines an einem Ende befestigten Seiles kontinuierlich auf und ab, werden fortwährend neue Wellen gebildet. Wird das Seilende dabei sowohl nach oben wie auch nach unten ausgelenkt, so entstehen abwechselnd neben **Wellenbergen** auch **Wellentäler**.

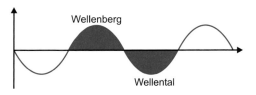

*Wellenberge und -täler
einer Transversalwelle*

Longitudinalwellen Die Auslenkung eines Materiepunkts kann aber auch *parallel* zur Ausbreitungsrichtung der Welle erfolgen. Hierbei entsteht keine sichtbare *Wellen*form, wie man sie von Wasserwellen her kennt. Der sich fortbewegende Wellenberg ist vielmehr an einer *Verdichtung* der Materie zu erkennen, die zu *Druck-* bzw. *Dichteunterschieden* führt. Diese Art der Wellen wird **Longitudinalwellen** oder **Längswellen** genannt.

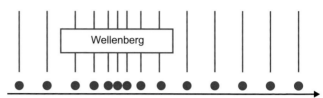

Ausbreitungsrichtung der Welle

Darstellung einer Longitudinalwelle: Je enger die Linien, desto höher die Dichte bzw. der Druck.

Am Beispiel einer Schraubenfeder sind die in einer Longitudinalwelle ablaufenden Vorgänge gut zu erklären: Die Welle wird dadurch erzeugt, dass der Anfang der Feder kurz in Längsrichtung zusammengestaucht wird. Der gestauchte Bereich bildet den Wellenberg der Längswelle, der sich dann entlang der Feder fortbewegt.

Die Schwingung einer **Longitudinalwelle** (Längswelle) erfolgt parallel zur Fortbewegungsrichtung der Welle.

Ein aus dem Alltag bekanntes Beispiel für solche Wellen sind *Schallwellen*. Longitudinalwellen können sich durch Festkörper, Flüssigkeiten und Gase in beliebiger Richtung fortbewegen, sofern das jeweilige Medium elastisch genug ist.

Bewegung von Longitudinalwellen durch eine Stahlfeder: Die wandernden »Wellenberge« sind an den verdichteten Stellen der Feder zu erkennen.

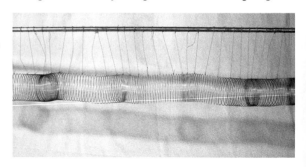

1.2 Kenngrößen von Wellen

Um das Verhalten von Wellen zu beschreiben, ist es notwendig, ihnen gemäß ihren verschiedenen Eigenschaften bestimmte physikalische Größen zuzuordnen.

Eine wichtige Eigenschaft einer Welle ist ihre **Fortbewegungsgeschwindigkeit** c. Diese wird in der Einheit Meter pro Sekunde angegeben.

c	Fortbewegungsgeschwindigkeit einer Welle (in m/s)

Oftmals bewegt sich nicht nur eine einzelne Welle auf einen Beobachter zu, sondern es folgen mehrere Wellenberge in einem bestimmten zeitlichen Abstand aufeinander. Die Anzahl der Wellenberge pro Zeiteinheit bezeichnet man als die **Frequenz** ν einer Welle. Die physikalische Einheit der Frequenz ist das Hertz (Hz): 1 Hz = 1/s.

Heinrich Hertz, 1857–1894, deutscher Physiker

ν	**Frequenz** einer Welle (in Hz)	$1\,\text{Hz} = \dfrac{1}{\text{s}}$

Die reziproke Größe der Frequenz ist die **Periodendauer** T. Sie gibt den Zeitraum zwischen zwei durchlaufenden Wellenbergen an:

T	**Periodendauer** (in s)	$T = \dfrac{1}{\nu}$

Aus den Größen Geschwindigkeit c und Frequenz ν ergibt sich zwangsläufig, dass zwischen zwei Wellenbergen nicht nur ein zeitlicher, sondern auch ein *räumlicher Abstand* bestehen muss: Passiert pro Zeiteinheit eine bestimmte Anzahl von Wellenbergen, die eine bestimmte Geschwindigkeit haben, einen Beobachter, so lässt sich daraus der Abstand zweier aufeinander folgender Wellenberge berechnen. Diesen Abstand bezeichnet man als die **Wellenlänge** λ einer Welle. Sie wird in Metern oder Bruchteilen von Metern (Zentimeter, Mikrometer usw.) angegeben.

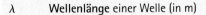

λ	**Wellenlänge** einer Welle (in m)

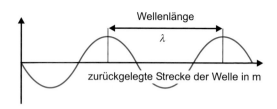

Bewegen sich mehrere Wellenberge hintereinander, so bezeichnet man den Abstand zweier Wellenberge als die Wellenlänge der Welle.

Es gilt der formelmäßige Zusammenhang:

$$c = \lambda \cdot \nu$$

c Fortbewegungsgeschwindigkeit der Welle (in m/s)

λ Wellenlänge (in m)

ν Frequenz der Welle (in Hz)

Da sich im Falle einer **Longitudinalwelle** (z. B. einer Schallwelle) die Wellenberge als Orte höheren Drucks bzw. höherer Materiedichte darstellen, ist die Wellenlänge hier als räumlicher Abstand der Druck- bzw. Dichtemaxima aufzufassen. Die Periodendauer ergibt sich analog als zeitlicher Abstand der Maxima.

Wellenlänge einer Longitudinalwelle

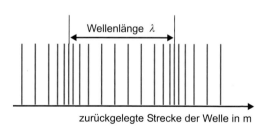

Beispiel:
Die Frequenz einer Schallwelle beträgt 6000 Hz. Sie bewegt sich in der Luft mit einer Geschwindigkeit von 340 m/s. Wie groß ist die Wellenlänge λ der Schallwelle?

Lösung:

$$\lambda = \frac{c}{\nu} = \frac{340 \text{ m/s}}{6000 \text{ 1/s}} = 0{,}057 \text{ m} = 5{,}7 \text{ cm}$$

Elektromagnetische Wellen

Eine weitere wichtige Wellenerscheinung der Natur sind neben den *mechanischen* Wellen die *elektromagnetischen* Wellen. Die meisten dieser Wellen, wie **Röntgenwellen** oder **Radiowellen**, sind für den Menschen nicht direkt wahrnehmbar. Eine Ausnahme bilden die Wellen des **Lichtes**, für die das menschliche Auge entsprechende Rezeptoren besitzt. Die verschiedenen Wellen des elektromagnetischen Spektrums unterscheiden sich in ihrer Wellenlänge bzw. Frequenz, sie breiten sich jedoch alle mit der **Lichtgeschwindigkeit** c aus ($c = 3 \cdot 10^8$ m/s).

Neben Frequenz und Wellenlänge ist der *Energiegehalt* der Wellen ein wichtiges Unterscheidungsmerkmal. Je höher die Frequenz der Strahlung ist, desto höher ist auch ihre Energie. Ultraviolette Strahlung, Röntgen- und Gammastrahlung transportieren so viel Energie, dass sie für den Menschen schädlich sind.

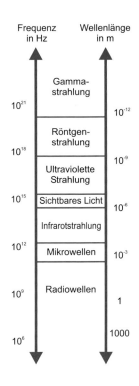

Amplitude

Betrachtet man eine Transversalwelle, z. B. eine Wasserwelle, so wird man auf den ersten Blick feststellen, dass sich die verschiedenen Wellen auch durch die *Höhe* ihrer Wellenberge unterscheiden. Die Wasserteilchen werden von den verschiedenen Wellen unterschiedlich hoch gehoben bzw. ausgelenkt. Die *maximale Auslenkung* bzw. Höhe, die ein Wellenberg erreicht, wird als **Amplitude A** der Welle bezeichnet.

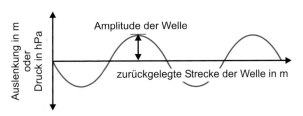

Grafische Darstellung der Amplitude einer Welle in Abhängigkeit vom Weg. Im Falle einer Transversalwelle wird auf der Ordinate die Auslenkung, bei einer Longitudinalwelle der Druck notiert.

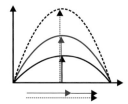

Durch die Interferenz der blauen mit der schwarzen Welle entsteht die gestrichelte Welle. Stellt man die Auslenkungen durch Pfeile dar, so ergibt sich die jeweilige Auslenkung der gestrichelten Welle durch Aneinanderreihung der Pfeile der interferierenden Wellen.

Bei einer Longitudinalwelle werden die Stoffteilchen in Richtung der Fortbewegungsrichtung der Welle ausgelenkt, was zu einem Druck- bzw. Dichteanstieg innerhalb der Materie führt. In diesem Fall stellt sich die Amplitude als Höhe des *maximalen Druck- bzw. Dichteanstiegs* dar (Druck- bzw Dichteamplitude).

1.3 Verhalten von Wellen

Überlagerung von Wellen (Interferenz)

Als **Interferenz** bezeichnet man die unabhängige Überlagerung von Wellen. Treffen zwei oder mehrere Wellen an einem Ort aufeinander, so addieren sich die durch die Wellenbewegung verursachten Auslenkungen der Massenpunkte. Dies gilt sowohl, wenn die Wellen die gleiche oder entgegengesetzte Ausbreitungsrichtung haben, als auch, wenn sich ihre Richtungen schneiden.

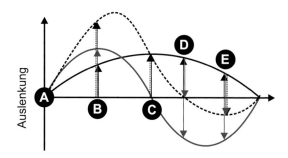

Zwei im Punkt A startende Wellen (blau, schwarz) interferieren und bilden die gestrichelte Welle. Im Punkt B sind die Auslenkungen beider Wellen positiv. Daher ist die Auslenkung der enstehenden Interferenzwelle ebenfalls positiv. Im Punkt D sind die Auslenkungen der beiden Wellen gleich, jedoch entgegengesetzt. Somit ergibt sich an diesem Punkt die Auslenkung der Interferenzwelle zu 0. Im Punkt E ist der Betrag der negativen Auslenkung der blauen Welle größer als der der positiven Auslenkung der schwarzen Welle: Die Auslenkung der Interferenzwelle ist daher negativ.

Zur Demonstration der Interferenz von Transversalwellen werden oftmals Wellenmaschinen eingesetzt. Die Auslenkung der Querstäbe simuliert hierbei die Auslenkung eines einzelnen Massenpunkts einer Welle.

Ausbreitung von Wellen

Tippt man mit einem Finger auf eine Wasseroberfläche, so breitet sich, ausgehend von der Eintauchstelle, eine Welle *kreisförmig* aus. Da die Eintauchstelle stets im Mittelpunkt der Wellenfront liegt, spricht man davon, dass sich die Welle *konzentrisch* ausbreitet. Die Eintauchstelle stellt die **Punktquelle** einer Welle dar.

Demonstration der Interferenz zweier aufeinander zulaufender Wellen mit einer Wellenmaschine

Die von der Punktquelle P ausgehenden Wellen liegen konzentrisch zueinander. Die blauen Kreise stellen die im Abstand einer Wellenlänge liegenden Wellenberge der Wellen dar.

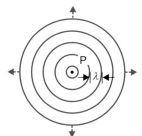

In großer Entfernung von der Quelle stellt sich die Welle aufgrund ihres sehr großen Radius nur noch als geradlinige **Wellenfront** dar. Trifft eine solche Wellenfront auf eine Wand, in der sich eine *kleine* Öffnung befindet, so breitet sich die Welle, von dieser Öffnung ausgehend, halbkreisförmig weiter aus. Die Öffnung stellt somit, in Ausbreitungsrichtung der Welle gesehen, eine neue Punktquelle der Welle dar. Die Breite d der Öffnung muss dazu kleiner sein als die Wellenlänge λ.

Bei einer Wellenwanne taucht ein Erregerstift mit einer bestimmten Frequenz in das Wasser ein. Die entstehenden Wellen liegen konzentrisch zueinander.

Die durch die Öffnung einer Wand gelangenden Wellen einer geradlinigen Wellenfront breiten sich halbkreisförmig aus, wenn die Breite d der Öffnung kleiner ist als die Wellenlänge λ.

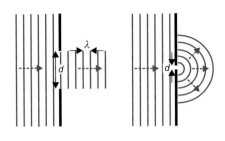

Die Wellenwanne dient zur Demonstration von Transversalwellen.

Eine geradlinige Wellenfront, die auf eine Wand mit vielen Öffnungen trifft, erzeugt auf der anderen Seite des Hindernisses wiederum eine Wellenfront. Jede Öffnung des Hindernisses bildet einen neuen Ausgangspunkt, von dem aus eine neue halbkreisförmige Welle, eine so genannte **Elementarwelle**, ausgeht. Die durch die Interferenz (Überlagerung) der einzelnen Elementarwellen erzeugte **Einhüllende** aller Elementarwellen stellt die Wellenfront zu einem späteren Zeitpunkt dar.

Von jeder Öffnung der Wand gehen neue Elementarwellen aus, deren Einhüllende die neue Wellenfront darstellt.

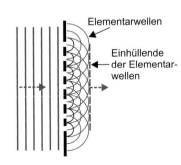

Die Demonstration des Auftreffens einer Wellenfront auf eine Wand mit vielen Öffnungen zeigt die Ausbildung der neuen Wellenfront.

Durch solche *Elementarwellen* kann auch das Fortschreiten einer Welle und die dabei auftretenden Effekte erklärt werden. Der holländische Physiker *Christiaan Huygens* entwickelte dazu im Jahre 1678 folgende Modellvorstellung, die heute als **Huygens'sches Prinzip** Anwendung findet:

Christiaan Huygens, 1629–1695, niederländischer Mathematiker, Physiker und Astronom

Jeder Punkt einer Wellenfront ist Ausgangspunkt einer neuen kreisförmigen Elementarwelle. Die Einhüllende aller Elementarwellen ergibt die Wellenfront zu einem späteren Zeitpunkt.

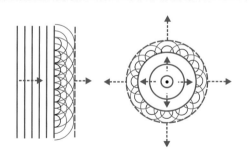

Die Einhüllende (gestrichelt) der von jedem Punkt einer Welle ausgehenden Elementarwellen stellt die weitergewanderte Welle dar.

Reflexion

Treffen Wellen auf eine feste Oberfläche, so entstehen an dieser Fläche neue Wellen, die sich von dort fortbewegen. Dieses Verhalten bezeichnet man als **Reflexion**, wobei auch hier, wie in der Optik, das Reflexionsgesetz gilt.

Einfallswinkel und **Ausfallswinkel** einer Welle sind identisch.

Wasserwellen werden wie Lichtwellen beim Auftreffen auf eine Oberfläche reflektiert.

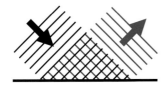

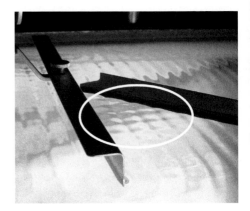

Das *Huygens'sche Prinzip* liefert für dieses Verhalten eine Erklärung: Betrachtet man eine geradlinige Wellenfront, die auf eine feste Oberfläche trifft, so berührt die Welle zunächst Punkt *A* der Fläche. Eine Sekunde später soll die Welle sich nun so weit bewegt haben, dass auch Punkt *B* der Fläche berührt wird. In dieser Sekunde breitet sich aber bereits vom Punkt *A* eine neue Elementarwelle aus (X). Da die Ausbreitungsgeschwindigkeit der Elementarwellen genauso groß ist wie die der ursprünglichen Welle, entspricht der Radius der von *A* ausgehenden Elementarwelle nach einer Sekunde der Wegstrecke *A'B*. Eine weitere Sekunde später erreicht diese Elementarwelle den doppelt so großen Radius (Y). Während dieser zweiten Sekunde geht aber auch vom Punkt *B* eine Elementarwelle aus, deren Radius ebenfalls der Wegstrecke *A'B* entspricht. Stellt man die durch die Refle-

Das Huygens'sche Prinzip liefert die Erklärung des Reflexionsgesetzes.

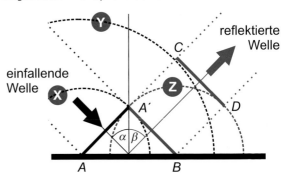

xion entstandene Wellenfront als Einhüllende der Elementarwellen zum gleichen Zeitpunkt dar, so ergibt sich eine neue Front *CD*. Da das Dreieck *AA'B* gleichschenklig ist, ergibt sich, dass Einfallswinkel α der ankommenden und Ausfallswinkel β der reflektierten Welle identisch sind.

1.4 Energietransport durch Wellen

Bewegt sich eine Welle durch ein Medium fort, so wird dabei keine Materie transportiert. Die einzelnen Materieteilchen des Mediums werden zwar beim Passieren der Welle je nach Wellenart transversal oder longitudinal ausgelenkt, verbleiben aber am Ort. Nachdem die Welle weitergewandert ist, nehmen die Teilchen ihre ursprüngliche Lage wieder ein. Das Auslenken der Materieteilchen erfordert jedoch Energie, woraus sich schließen lässt, dass eine Welle *Energie* überträgt.

Wellen transportieren **Energie.**

An einem gespannten Seil wird ein Gewichtsstück befestigt (siehe Abbildung). Nach kurzem Auslenken beginnt ein Wellenberg auf dem Seil entlangzuwandern. Erreicht er das Gewichtsstück, so wird dieses angehoben. Beim Auslenken des

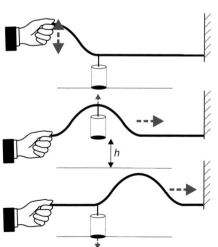

Die durch eine Welle transportierte Energie kann in potenzielle Energie umgewandelt werden.

Seils wurde diesem Energie zugeführt, welche nun in Form von Hubarbeit zum Anheben des Gewichtsstücks genutzt wird. Dabei wird von der Welle transportierte Energie in **Lageenergie** (potenzielle Energie) des Gewichtsstücks umgewandelt.

Nach dem Durchlaufen des Wellenberges sinkt das Gewichtsstück in seine Ausgangsposition zurück. Dabei gibt es die potenzielle Energie wieder an die Welle ab.

Der Energiegehalt einer Transversalwelle (Wasserwelle) ist von ihrer *Amplitude* (Höhe), der einer Longitudinalwelle (Schallwelle) von der Stärke der von ihr verursachten *Druckschwankungen* (Druckamplitude) abhängig.

2 Akustik

2.1 Entstehung von Schall

Periodische Luftdruckschwankungen nimmt das Ohr als *Schall* wahr. Solche Druckschwankungen entstehen überall dort, wo ein periodisch schwingender Körper Luftteilchen anstoßen und dadurch *Longitudinalwellen* erzeugen kann.

Als Schallerzeuger kommen Geräte wie Stimmgabel oder Lautsprecher infrage. Während bei der **Stimmgabel** ein Schlag mit einem Klöppel die Schwingungen auslöst, bewegt beim **Lautsprecher** ein mit Wechselstrom betriebener Elektromagnet die Lautsprechermembran.

Unter **Schall** versteht man die durch Longitudinalwellen vermittelten *Druckschwankungen* der Luft.

Auf der Zeichnung erkennt man, wie die schwingenden Hörner der Stimmgabel Schallschwingungen auslösen.

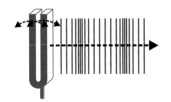

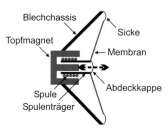

Blechchassis
Sicke
Topfmagnet
← Membran
Abdeckkappe
Spule
Spulenträger

Foto und Querschnitt durch einen Lautsprecher. Die vor- und zurückschwingende Membran des Lautsprechers führt zu Druckschwankungen, die wir als Schall wahrnehmen.

Stehende Wellen in Musikinstrumenten

Beim Anschlagen, Streichen oder Zupfen von **Saiteninstrumenten** wie Gitarre, Geige oder Klavier bilden sich auf der angeschlagenen Saite *Transversalwellen* aus. Da jede Saite nur eine begrenzte Länge hat, gilt hier jedoch eine Besonderheit: Die erzeugte Welle scheint sich nicht auf der Saite fortzubewegen, sondern an einem Ort stehen zu bleiben. Eine solche Welle nennt man daher eine **stehende Welle**. Die einzelnen Orte auf der Saite verändern allerdings periodisch ihre *Auslenkung*, wobei aus einem Wellenberg stets wieder ein Wellental wird und umgekehrt. Bestimmte Stellen der Saite bewegen sich dagegen gar nicht, sondern verharren in ihrem Ruhepunkt. Solche Orte einer schwingenden Saite bezeichnet man als **Knoten**. Die Stellen, an denen die Amplitude maximal wird, nennt man **Bäuche**.

Bei **Blasinstrumenten** wird zur Schallerzeugung eine Luftsäule innerhalb des Instrumentes in Schwingung versetzt. Dies geschieht durch Anblasen einer schmalen

Spaltöffnung, an der sich aufgrund der Luftbewegung Verwirbelungen bilden. Diese Luftwirbel üben einen periodischen Druck auf die Luft innerhalb des Instrumentes aus. Wie im Falle einer Saite bilden sich auch hier *stehende Wellen*, allerdings handelt es sich hierbei um *Longitudinalwellen*.

*Auf einer Saite können sich verschiedene Wellen ausbilden. Die Anzahl n der dabei entstehenden **Wellenbäuche** ist immer geradzahlig (n = 1, 2, 3, ...). Die Stellen der Welle, an denen die Auslenkung stets null ist, bezeichnet man als **Knoten**. Da die Bäuche und Knoten der Saite ortsfest sind, spricht man von **stehenden Wellen**.*

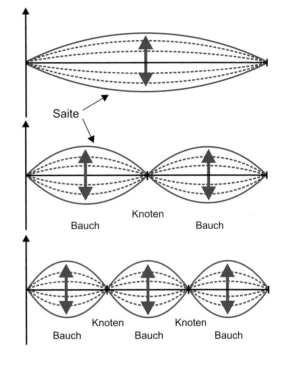

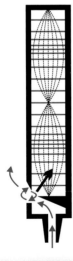

Bei einer Lippenpfeife bilden sich aufgrund der Luftverwirbelungen an der Lippe stehende Longitudinalwellen aus. Die Amplitudenverteilung dieser Wellen entspricht einer stehenden Transversalwelle.

Die transversalen Schwingungen, die eine **Saite** eines Musikinstrumentes ausführt, entsprechen den Schwingungen einer Lautsprechermembran. Die Resonanzkörper der Saiteninstrumente dienen zur Verstärkung der Lautstärke des angeschlagenen Tons.

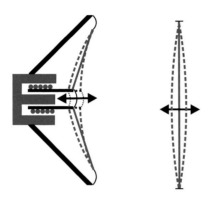

Lautsprecher (links) und Saite (rechts) führen die gleichen transversalen Schwingungen aus.

Die Funktion des **menschlichen Stimmorgans** entspricht der eines *Blasinstrumentes*. Die aus den Lungen gepresste Luft verwirbelt an den Stimmbändern und setzt die in der Luftröhre befindliche Luftsäule in Schwingung. Je nach Anspannung der Stimmbänder werden dabei hohe oder tiefe Töne erzeugt.

Stimme ▬

2.2 Schallausbreitung
Schall breitet sich als Longitudinalwelle durch alle festen, flüssigen und gasförmigen Medien aus. Die Fortbewegungsgeschwindigkeit der Welle, die **Schallgeschwindigkeit**, ist von verschiedenen Eigenschaften des durchwanderten Materials wie z. B. Härte und Dichte abhängig.
Im Allgemeinen steigt die Geschwindigkeit der Schallleitung in der Reihe Gas, Flüssigkeit, Festkörper.

Schallgeschwindigkeit ▬

Je leichter und härter ein Material ist, desto schneller kann sich eine Schallwelle hindurchbewegen.

Zwei durch eine feste Schnur verbundene Dosen funktionieren als »Dosentelefon«. Die Leitung des Schalls zwischen den Dosen übernimmt der Feststoff »Schnur«.

Da viele Materialeigenschaften temperaturabhängige Größen sind, muss beim Ermitteln der Schallgeschwindigkeit auch die Temperatur berücksichtigt werden.

Schallgeschwindigkeiten in m/s (bei 15 °C)					
Luft (0 °C)	333	Holz	3900	Benzin	1170
Luft (20 °C)	345	Glas	5100	Süßwasser	1440
Stadtgas	450	Eisen	5170	Salzwasser	1500

Schallleitung Auch die **Leitfähigkeit** verschiedener Medien für Schallwellen ist unterschiedlich. Wie die Schallgeschwindigkeit hängt auch die Schallleitfähigkeit von *Dichte* und *Elastizität* ab. Weiche, lockere und porige Materialien haben die geringste Leitfähigkeit für den Schall. Schallwellen haben in solchen Stoffen nur eine geringe Reichweite; der Schall wird von ihnen *gedämmt*. Aus diesem Grunde werden sie z. B. zur **Schalldämmung** in Gebäuden eingesetzt.
Die Leitfähigkeit von Flüssigkeiten ist allgemein besser als die von Gasen, da zwischen Flüssigkeitsteilchen stärkere Kräfte wirken. Flüssigkeiten verhalten sich bezüglich der Kompression härter als Gase, was die Weiterleitung des Schalls begünstigt.

Flüssigkeiten leiten den Schall besser als Luft.

Schallreflexion Die Schallleitfähigkeit beeinflusst auch das **Reflexionsvermögen** von Materialien. Weiche Oberflächen reflektieren den Schall sehr viel schlechter als harte, da ihre Schalldämpfung größer ist. Eine glatte Steinwand wirft mehr als 90 % des auftreffenden Schalls zurück, Stoffvorhänge nur etwa 20 %.

Die Reflexion von Schall erfolgt analog der Reflexion einer beliebigen Welle gemäß dem Huygens'schen Prinzip. Es gilt auch hier, dass Einfalls- und Ausfallswinkel, zum auf der Oberfläche stehenden Lot hin gemessen, gleich sind.

Schallwellen werden an Oberflächen reflektiert, wobei *Einfallswinkel* und *Ausfallswinkel* gleich sind.

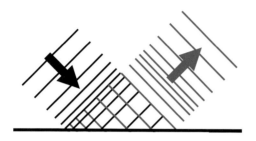

Die Reflexion von Schallwellen an Oberflächen erfolgt analog zu den Prinzipien der Lichtreflexion.

Orientierung durch Schallreflexion

Trifft Schall auf eine unebene Oberfläche, so wird der Schall nahezu in alle Raumrichtungen hin reflektiert. Dadurch gelangt er auch wieder an seinen Ausgangspunkt zurück. Dieses Prinzip wird beim **Echolot** angewandt. Zur Messung von Wassertiefen sendet das Gerät Schallwellen aus, die vom Meeresboden reflektiert werden. Aus der Laufzeit, die der Schall benötigt, um vom Schiff zum Meeresboden und zurück zu gelangen, lässt sich mithilfe der Schallgeschwindigkeit die Wassertiefe berechnen.

Das gleiche Prinzip benutzt auch die **Fledermaus**, um sich im Dunkeln zu orientieren. Die von den Tieren ausgesendeten Ultraschallwellen werden von Gegenständen zurückgeworfen und vom empfindlichen Gehör wieder aufgefangen. Fledermäuse können dadurch Richtung und Entfernung sowohl von Hindernissen als auch von Beutetieren ermitteln.

2.3 Wahrnehmung von Schallwellen

Das menschliche Ohr nimmt Schallwellen mit Frequenzen von 16 bis 20 000 Hz wahr. Das Frequenzspektrum der Sprache liegt zwischen 250 und 1500 Hz. Schall mit einer Frequenz unter 16 Hz bezeichnet man als **Infraschall**, während der Frequenzbereich über 20 000 Hz als **Ultraschall** bezeichnet wird.

Haben die unser Ohr erreichenden Schallwellen stets die gleiche Frequenz, so hören wir einen **Ton**. Schallschwingungen mit kleiner Frequenz nehmen wir als einen tiefen, Schwingungen mit großer Frequenz als einen hohen Ton wahr.

Die **Tonhöhe** eines Tons wird durch die *Frequenz* der Schallschwingung bestimmt. Der Ton ist umso höher, je größer die Frequenz ist.

Töne unterhalb der Hörschwelle von 16 Hz bezeichnet man als Infraschall. Oberhalb von 20 000 Hz beginnt der nicht mehr wahrnehmbare Ultraschall.

Infraschall | **Hörbarer Schall** | Ultraschall
‹tiefer Ton | hoher Ton›
0 16 | 20000 | Hz

Der in der **Musik** gebräuchliche **Kammerton A** (a') hat eine Normfrequenz von 440 Hz. Eine so genannte **Oktave** umfasst jeweils zwölf Töne. Dabei ist nicht der Frequenzabstand der Töne konstant, sondern das *Verhältnis ihrer Frequenzen*, das so genannte **Intervall**. So hat der auf den *Kammerton* a' folgende Ton ais' die 1,05946-fache Frequenz des Kammertons, der Ton h' wiederum hat die 1,05946-fache Frequenz des Tons ais' und so fort. Durch Division mit dem Faktor 1,05946 erhält man jeweils den nächst niedrigeren Ton. Das Frequenzverhältnis von 1,05946 ergibt sich dadurch, dass einerseits eine Oktave zwölf Töne umfasst und andererseits die Töne der nächsten, höheren Oktave genau die doppelte Frequenz aufweisen. Eine Halbierung der Frequenzen führt zu den Tönen der nächstniederen Oktave.

Frequenzen von Tönen

Ton	Frequenz in Hz	
c''	493,9 · 1,05946	= 523,2
h'	466,2 · 1,05946	= 493,9
ais'	440,0 · 1,05946	= 466,2
a'	**440**	
gis'	440,0 : 1,05946	= 415,3
g'	415,3 : 1,05946	= 392,0
fis'	392,0 : 1,05946	= 370,0
f'	370,0 : 1,05946	= 349,2
e'	349,2 : 1,05946	= 329,6
dis'	329,6 : 1,05946	= 311,1
d'	311,1 : 1,05946	= 293,7
cis'	293,7 : 1,05946	= 277,2
c'	277,2 : 1,05946	= 261,6

(links am Rand:) Halbtonintervall — Ganztonintervall

(rechts:) $261,6 \cdot 2 = 523,2$

Die chromatische Tonleiter enthält alle in Halbtonintervallen liegenden Töne einer Oktave. Man spricht von der chromatischen oder gleichmäßig temperierten Stimmung. Die zwölf zu einer Oktave gehörenden Töne sind umrandet. Das zweigestrichene C (c'') ist der Grundton der nächsthöheren Oktave.

Beispiel:

Der tiefste in der Musik verwendete Ton, Sub-kontra C, ist vier Oktaven tiefer als das c' (261,6 Hz). Welche Frequenz hat der Ton?

Lösung:

$$\nu \text{ (Subkontra C)} = \frac{261,6 \text{ Hz}}{2 \cdot 2 \cdot 2 \cdot 2}$$

$$\nu \text{ (Subkontra C)} = 16,4 \text{ Hz}$$

Der in der herkömmlichen musikalischen Praxis verwendete Tonraum von ca. 7$\frac{1}{2}$ Oktaven wird in die nebenstehenden Oktavbezirke eingeteilt.

Oktavbezirke
Subkontra-Oktave
Kontra-Oktave
große Oktave
kleine Oktave
eingestrichene Oktave
zweigestrichene Oktave
dreigestrichene Oktave
viergestrichene Oktave
fünfgestrichenes c

Da die Frequenzverhältnisse zwischen den Tönen identisch sind, hören wir stets die gleichen **Intervalle** zwischen den Tönen (1 Halbtonintervall). *Zwei Halbtonintervalle geben ein Ganztonintervall.*

Das **Intervall** zwischen zwei Tönen wird durch das Frequenzverhältnis der beiden Töne bestimmt. Gleiche Frequenzverhältnisse entsprechen dabei gleichen Intervallen zwischen den Tönen.

Der Ton auf der Leiter

Die in der Musik verwendeten **Tonleitern** umfassen nicht alle Töne der chromatischen Tonleiter. So besteht die C-Dur-Tonleiter nur aus den Tönen c, d, e, f, g, a, h, c. Zwischen e und f sowie h und c liegt jeweils ein Halbtonintervall (Halbtonschritt), während die restlichen Töne jeweils durch einen Ganztonschritt getrennt sind. Die Tonschrittfolge $1-1-\frac{1}{2}-1-1-1-\frac{1}{2}$ (1 für das Ganzton-, $\frac{1}{2}$ für das Halbtonintervall) ist charakteristisch für jede **Dur-Tonleiter**. Eine **Moll-Tonleiter** baut sich z. B. aus den Tonschritten $1-\frac{1}{2}-1-1-\frac{1}{2}-1-1$ auf. Der Ton, mit dem die jeweilige Tonleiter beginnt, wird vorangestellt.

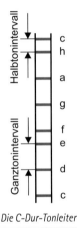

Die C-Dur-Tonleiter

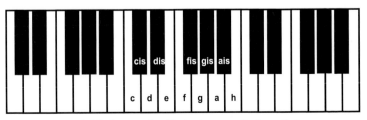

Auf der Tastatur eines Klaviers kann man die chromatische Tonleiter spielen.

Lautstärke und Schallintensität

Das menschliche Ohr kann verschiedene **Lautstärken** unterscheiden. Je lauter ein Ton ist, desto stärker sind die durch den Schall ausgelösten Druckschwankungen, die das Trommelfell des Ohres erfasst. Die Einheit der Lautstärke β ist das Dezibel (dB). Die *Hörschwelle* liegt bei 0 dB, die *Schmerzgrenze* bei 120 dB.

Alexander Graham Bell, 1847–1922, schottisch-amerikanischer Physiologe

> Die **Lautstärke** β ist keine physikalisch messbare Größe, sondern beschreibt nur den Sinnesreiz, den wir beim Hören eines bestimmten Tons empfinden.

Um zu beurteilen, wie »laut« eine Schallwelle tatsächlich ist, verwendet man die **Schallintensität** *I*. Dabei nutzt man die Tatsache, dass jede Welle die Energie, die zu ihrer Entstehung aufgebracht wurde, weitertransportiert. Da die aufgewandte Energie proportional zur entstandenen Druckschwankung der Schallwelle ist, kann man über die Größe *Schallintensität* die »Lautheit« einer Welle erfassen.

> Die **Schallintensität** *I* gibt an, wie viel Energie von einer Schallwelle pro Sekunde durch eine Flächenöffnung von 1 m² transportiert wird.

Die Einheit der Schallintensität ist $W/m^2 = J/(s \cdot m^2)$.

Das Ohr kann Schallintensitäten von $1 \cdot 10^{-12}$ W/m² (Hörschwelle) bis 1 W/m² (Schmerzgrenze) wahrnehmen. Da dies ein sehr großer Intensitätsbereich ist, erfolgt die Zuordnung der Lautstärke zur Schallintensität gemäß einer logarithmischen Skala.

$$\beta = 10 \cdot \lg \frac{I}{I_0} \text{ dB}$$

β Lautstärke (in dB)
I   Schallintensität (in W/m²)
I_0 Schallintensität einer
       Bezugsschallquelle (Hörschwelle)
       $I_0 = 1 \cdot 10^{-12}$ W/m²

Damit ergibt sich folgender Zusammenhang:

Verdoppelt sich die Schallintensität, so nimmt die Lautstärke um 3 dB zu.

Zusammenhang
zwischen Schall-
intensität und
Lautstärke

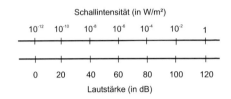

Die logarithmische Skalierung der Lautstärke führt dazu, dass bei einer Verzehnfachung der Schallintensität (Faktor $10 = 10^1$) die Lautstärke um 10 dB steigt. Bei einer Verhundertfachung (Faktor $100 = 10^2$) würde die Lautstärke um 20 dB, bei einer Vertausendfachung (Faktor $1000 = 10^3$) um 30 dB steigen usw.

Schallintensitäten I und Lautstärken β einiger bekannter Schallquellen			
Schallquelle	I (W/m²)	β (dB)	Beschreibung
	10^{-12}	0	Hörschwelle
normales Atmen, Uhrticken	10^{-11}	10	kaum hörbar
Blätterrascheln	10^{-10}	20	
Flüstern	10^{-9}	30	sehr leise
normale Unterhaltung	10^{-7}	50	leise
Schreibmaschine, Drucker, Büro	10^{-6}	60	
reger Straßenverkehr	10^{-5}	70	
Kompressor, Wasserfall	10^{-3}	90	Dauerbelastung führt zu Hörschäden
Rockkonzert (2 m Abstand)	1	120	Schmerzgrenze
Start eines Düsenjets (60 m entfernt), Presslufthammer	10	130	
Abheben eines Düsenflugzeugs (in direkter Nähe)	1000	150	
großes Raketentriebwerk	1 000 000	180	

Beispiel:

Ein Lautsprecher strahlt eine Schallintensität von $3,5 \cdot 10^{-6}$ W/m² ab. Welche Lautstärke nimmt ein Beobachter wahr?

Lösung:

$$\beta = 10 \cdot \lg \frac{3,5 \cdot 10^{-6} \text{ W/m}^2}{1 \cdot 10^{-12} \text{ W/m}^2} \text{ dB} = 10 \cdot \lg 3\,500\,000 \text{ dB}$$

$$\beta = 10 \cdot 6,54 \text{ dB} = 65,4 \text{ dB}$$

2.4 Resonanz

Anregung von Schwingungen

Stellt man eine mit einer bestimmten Frequenz schwingende Stimmgabel neben eine zweite Stimmgabel, die mit der gleichen Frequenz gestimmt ist, so fängt auch diese Stimmgabel an zu schwingen. Die von der ersten Stimmgabel ausgesendeten Schallschwingungen versetzen die andere Stimmgabel ebenfalls in Schwingung. Der Effekt ist jedoch nur zu beobachten, wenn beide Stimmgabeln auf die *gleiche* Schwingungsfrequenz gestimmt sind.

Wird ein Körper durch Schallschwingungen zum *Mitschwingen* angeregt, so bezeichnet man dies als **Resonanz**.
Eine Resonanz tritt nur ein, wenn die Schallwelle eine Frequenz aufweist, mit der der angeregte Körper zu schwingen vermag.

Aus diesem Grunde löst nicht jede Schallwelle, die auf ein Objekt trifft, bei diesem eine Resonanzschwingung aus.

Je höher die Druckschwankungen einer Schallwelle, desto mehr Energie wird vom Schall transportiert. Wir nehmen das Ausmaß der Luftdruckschwankungen als Lautstärke wahr. Je höher der Energiegehalt der Schallwelle, desto stärker sind auch die Schwingungen, die angeregt werden. Regt der Schall einen Körper zum Mitschwingen an, so können bei genügend hoher Schallenergie die Resonanzschwingungen so stark werden, dass der Gegenstand dabei zerstört wird. Diesen Effekt bezeichnet man als **Resonanzkatastrophe**.

Resonanzkatastrophe

Beispiele hierfür findet man im *Zerspringen von Fensterscheiben*, welche von einem hohen Ton angeregt werden, oder dem *Zersingen von Gläsern*. Berühmt ist auch die *Zerstörung der Hängebrücke von Tacoma Narrows* (USA) am 7. November 1940. Die Brücke wurde vier Monate nach ihrer Fertigstellung durch Windturbulenzen so stark zum Mitschwingen angeregt, dass sich die an Stahlseilen aufgehängte Fahrbahn verwarf und schließlich zerbrach.

Wir machen Musik: *Resonanzkörper*

Bringt man eine frei aufgespannte Saite zum Klingen, so stellt man fest, dass der entstehende Ton nur sehr leise ist. Das liegt daran, dass die schwingende Saite in *beide* Schwingungsrichtungen Schallwellen abstrahlt. Dabei ergibt sich auf der einen Seite eine *Verdünnung* (Luftdruckverminderung), auf der anderen eine *Verdichtung* (Luftdruckerhöhung). Da die Bereiche unterschiedlichen Drucks direkt aneinander grenzen, gleichen sich die Luftdruckschwankungen sofort aus und der Ton bleibt leise. Zur Verhinderung dieses spontanen und ungewollten Druckausgleichs haben Saiteninstrumente stets einen **Resonanzkörper**. Dieser nimmt die Schwingungen der Saite durch Resonanz auf und strahlt sie wieder ab. Da die Abstrahlung des Schalls von beiden Körperoberflächen erfolgt, sind die von dort ausgehenden Schallwellen durch den Resonanzkörper getrennt und können sich nicht mehr unabsichtlich ausgleichen.

Diese Stimmgabel steht auf einem einseitig offenen Kasten, der die Funktion eines Resonanzkörpers hat. Ohne diesen Kasten wäre der Ton der Stimmgabel nur sehr leise.

2.5 Doppler-Effekt

Fährt ein Fahrzeug mit eingeschaltetem Martinshorn an einem Beobachter vorbei, so nimmt dieser wahr, dass sich die *Tonlage* des Signalhorns im Moment des Vorbeifahrens ändert. Nähert sich das Fahrzeug dem Beobachter, so ist der Ton *höher* (große Tonfrequenz), entfernt es sich, so hört der Beobachter einen *tieferen* Ton (kleine Tonfrequenz). Da sich bei einem Stillstand des Fahrzeugs die Frequenz des Horns nicht verändert, muss die Ursache der wahrgenommenen Frequenzveränderung in der *Bewegung* des Fahrzeugs zu suchen sein.

Die Beobachtung, dass sich die Tonfrequenz einer sich nähernden (entfernenden) Schallquelle gegenüber der ausgesendeten Frequenz zu höheren (tieferen) Frequenzen hin verschiebt, bezeichnet man nach dem österreichischen Physiker *Doppler* als **Doppler-Effekt**.

Der Doppler-Effekt tritt stets auf, wenn sich Beobachter und Schallquelle relativ zueinander bewegen. Ist eine Schallquelle, welche einen 100-Hz-Ton aussendet, gegenüber einem Beobachter in Ruhe, so nimmt dieser den 100-Hz-Ton wahr. Die Schallwellen, die ihn erreichen, breiten sich mit der Geschwindigkeit des Schalls konzentrisch von der Schallquelle aus, d. h., die Wellen haben alle den gleichen Mittelpunkt.

Christian Doppler, 1803–1853, österreichischer Physiker und Mathematiker

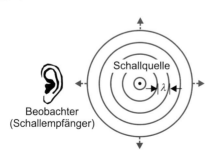

Bewegt sich die Schallquelle nicht, so haben die Schallwellen, die den Beobachter erreichen, alle den Abstand einer Wellenlänge.

Bewegt sich die Schallquelle jedoch, so liegen die Wellenberge der Schallwellen nicht mehr konzentrisch zueinander. In Bewegungsrichtung liegen die Wellenberge *dichter*, hinter der Schallquelle liegen die Wellenberge *weiter* voneinander entfernt.

Da die Wellenlänge einer Welle durch den Abstand ihrer Wellenberge gegeben ist, verändert sich somit die Wellenlänge der auf den Beobachter zulaufenden Schallwellen. Weil die Geschwindigkeit des Schalls jedoch unveränderlich ist (in Luft ca. 340 m/s), muss sich auch die Frequenz des Schalls verändern.

Eine Quelle sendet Schallwellen der Wellenlänge λ aus (t = 1 s) und nähert sich dabei Beobachter 1. Aufgrund dieser Fortbewegung fällt der Mittelpunkt der nächsten, von der Schallquelle ausgesendeten Welle nicht mit dem der ersten Welle zusammen (t = 2 s). In Bewegungsrichtung verringert sich dadurch der Abstand der Wellen und damit die Wellenlänge des Schalls: Der Ton wird höher. Beobachter 2 hört dagegen einen tieferen Ton, da die auf ihn zulaufenden Wellen einen größeren Abstand voneinander besitzen.

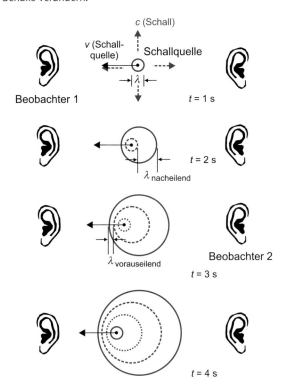

Die veränderte Wellenlänge einer sich nähernden Schallquelle lässt sich wie folgt berechnen:

Die Schallwellen bewegen sich mit c = 340 m/s von der Quelle fort, die sich selbst mit v = 10 m/s bewegen soll. Damit verringert sich die Relativgeschwindigkeit c' der vorauseilenden Welle in Bezug auf die Schallquelle auf

$c' = c - v$ = 340 m/s – 10 m/s = 330 m/s.

Damit ergibt sich die **Wellenlänge** λ_v der **vorauseilenden Schallwellen** zu:

$$\lambda_v = \frac{c - v}{\nu_0}$$

λ_v Wellenlänge der vorauseilenden Welle (in m)
c Geschwindigkeit der Welle (in m/s)
v Geschwindigkeit der bewegten Quelle (in m/s)
ν_0 Frequenz der von der Quelle ausgesendeten Welle (in Hz)

In unserem Beispiel berechnet sich die Wellenlänge somit wie folgt:

$$\lambda_v = \frac{c - v}{\nu_0} = \frac{c'}{\nu_0} = \frac{330 \text{ m/s}}{100 \text{ Hz}} = 3,3 \text{ m}$$

Die **Frequenz** ν_v **der vorauseilenden Welle** lässt sich dann unter Berücksichtigung der Schallgeschwindigkeit wie folgt angeben:

$$\nu_v = \frac{c}{\lambda_v}$$

ν_v Frequenz der vorauseilenden Welle (in Hz)
c Geschwindigkeit der Welle (in m/s)
λ_v Wellenlänge der vorauseilenden Welle (in m)

Für unser Beispiel ergibt sich ν_v zu

$$\nu_v = \frac{c}{\lambda_v} = \frac{340 \text{ m/s}}{3,3 \text{ m}} = 103 \text{ Hz}$$

Entfernt sich die Quelle, so bewegen sich die Schallwellen mit der Relativgeschwindigkeit $c' = c + v$ von der Quelle fort. Die **Wellenlänge** λ_n und die **Frequenz** ν_n des **nacheilenden Schalls** ergeben sich wie folgt:

$$\lambda_n = \frac{c + v}{\nu_0}$$

$$\nu_n = \frac{c}{\lambda_n}$$

λ_n Wellenlänge der nacheilenden Welle (in m)
c Geschwindigkeit der Welle (in m/s)
v Geschwindigkeit der bewegten Quelle (in m/s)
ν_0 Frequenz der von der Quelle ausgesendeten
        Welle (in Hz)
ν_n Frequenz der nacheilenden Welle (in Hz)

Für unser Beispiel ergeben sich folgende Werte:

$$\lambda_n = \frac{c + v}{\nu_0} = \frac{c'}{\nu_0} = \frac{350 \text{ m/s}}{100 \text{ Hz}} = 3,5 \text{ m}$$

$$\nu_n = \frac{c}{\lambda_n} = \frac{340 \text{ m/s}}{3,5 \text{ m}} = 97 \text{ Hz}$$

Radarfalle   Ein typisches Anwendungsgebiet des Doppler-Effekts ist die **Radarmessung** von Geschwindigkeiten. Die vom Radargerät ausgesendeten Wellen werden vom Fahrzeug reflektiert und kehren so wieder zum Messinstrument zurück. Da sich das Fahrzeug jedoch gegenüber der Messstation bewegt, haben die reflektierten Wellen eine andere Wellenlänge als die ausgesendeten. Aufgrund der auftretenden Frequenzdifferenz lässt sich die Geschwindigkeit des erfassten Fahrzeugs ermitteln.

Sterne erröten

Der Doppler-Effekt tritt nicht nur bei Schallwellen, sondern bei jeglichen Wellenarten auf. So beobachten Astronomen den Effekt auch bei dem von Sternen ausgesandten Licht. Bewegt sich ein Stern von unserer Erde fort, so *verlängert* sich aufgrund des Doppler-Effekts die Wellenlänge seines uns erreichenden Lichtes. In der Astronomie wird dieses Phänomen als **Rotverschiebung** bezeichnet, da eine Verschiebung zu *längeren* Lichtwellenlängen hin eine Verschiebung zum *roten Bereich* des Lichtspektrums bedeutet.

Ein gelb leuchtender Stern wie unsere Sonne wird von einem Beobachter also gelb-orange oder sogar orange wahrgenommen, wenn er sich von ihm fortbewegt. Aus der Stärke dieser Rotverschiebung können Astronomen berechnen, mit welcher *Geschwindigkeit* sich ein Stern oder eine ganze Galaxie von unserem Standpunkt entfernt. Da sich kosmische Objekte umso schneller bewegen, je weiter sie entfernt sind, lässt sich aus der Rotverschiebung auch die *Distanz* zum beobachteten Objekt ermitteln.

Bewegt sich eine Schallquelle mit einer Geschwindigkeit, die größer als die des Schalls ist *(Überschallgeschwindigkeit)*, so können die Schallwellen nicht mehr vor der Quelle herlaufen. Vom Moment der Entstehung an werden sie bereits von der Schallquelle überholt. Dies führt dazu, dass sich die Schallwellen überlagern und sich die von ihnen ausgelösten Druckschwankungen addieren. Insbesondere am Rand des entstehenden Schallkegels *(Mach-Kegel)* wird diese extrem starke Druckschwankung dann als Knall hörbar **(Überschallknall)**.

Überschallknall

Ernst Mach,
1838–1916,
österreichischer
Physiker und Philosoph

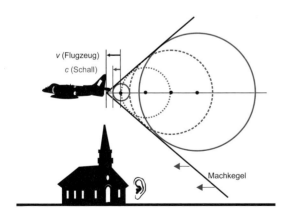

Trifft der Mach-Kegel auf einen Beobachter, so hört dieser einen Überschallknall. Die Geschwindigkeit des Flugzeugs in der Darstellung ist doppelt so groß wie die Schallgeschwindigkeit (entspricht der Überschallgeschwindigkeit Mach 2).

Auf einen Blick: Wellen

▰▰▰▰Mechanische Wellen

- Bei **Transversalwellen** (Querwellen) erfolgt die Schwingung senkrecht, bei **Longitudinalwellen** (Längswellen) parallel zur Fortbewegungsrichtung der Welle.
- Die wichtigen Kenngrößen einer Welle sind ihre **Fortbewegungsgeschwindigkeit** c (in m/s), die **Frequenz** ν (in Hz = 1/s) und die **Wellenlänge** λ (in m).

$$c = \nu \cdot \lambda$$

▰▰▰▰Verhalten von Wellen

- Unter **Interferenz** versteht man die *unabhängige Überlagerung* von Wellen.
- **Huygens'sches Prinzip:** Jeder Punkt einer Wellenfront ist Ausgangspunkt einer neuen kreisförmigen *Elementarwelle*. Die *Einhüllende* aller Elementarwellen ergibt die Wellenfront zu einem späteren Zeitpunkt.
- Wird eine Welle an einer Oberfläche reflektiert, so sind **Einfallswinkel** und **Ausfallswinkel** identisch.
- Wellen transportieren **Energie**.

▰▰▰▰Schallwellen

- Unter **Schall** versteht man die durch Longitudinalwellen vermittelten *Druckschwankungen* der Luft.
- Die Schallgeschwindigkeit nimmt in der Reihe Gas, Flüssigkeit, Festkörper zu.
- Das **menschliche Ohr** nimmt Schallwellen mit Frequenzen von **16 bis 20 000 Hz** wahr. Schall mit einer Frequenz unter 16 Hz bezeichnet man als **Infraschall**, während der Frequenzbereich über 20 000 Hz als **Ultraschall** bezeichnet wird.
- Die **Tonhöhe** eines Tons wird durch die *Frequenz* der Schallschwingung bestimmt.
- Der Ton ist umso höher, je größer die Schallfrequenz ist.
- Das menschliche Ohr kann rund **120** verschiedene **Lautstärken** unterscheiden. Die *Hörschwelle* liegt bei 0 dB, die *Schmerzgrenze* bei 120 dB.
- Wird ein Körper durch *Schallschwingungen* zum *Mitschwingen* angeregt, so bezeichnet man dieses Verhalten als **Resonanz**.
- Die Beobachtung, dass sich die Tonfrequenz einer sich nähernden (entfernenden) Schallquelle gegenüber der ausgesendeten Frequenz zu höheren (tieferen) Frequenzen hin verschiebt, bezeichnet man als **Doppler-Effekt**.

Wärmelehre

Die Wärmelehre beschreibt das Verhalten der Materie bei Temperaturveränderungen und die dabei zu beobachtenden Effekte. Der Begriff der Temperatur mit den damit zusammenhängenden Aggregatzuständen der Stoffe wird hierbei ebenso behandelt wie die abstrakte Größe der Wärmeenergie. In verschiedenen Beispielen (Wärmedämmung, Kühlschrank usw.) soll dabei die Anwendung der Wärmelehre im täglichen Leben herausgehoben werden.

1 Temperatur und Temperaturmessung

Die Frage, was Temperatur eigentlich ist, ist nicht so einfach zu beantworten. Zunächst begegnet man dem Begriff »Temperatur« in alltäglicher Weise, vermittelt durch die Sinneswahrnehmung. So empfinden wir manche Körper als »kalt«, andere wiederum als »warm«. Tatsächlich können wir jedoch nur feststellen, ob Körper *kälter* oder *wärmer* als wir selbst sind. Unsere Sinnesnerven registrieren somit nur Temperatur*differenzen*; dies geschieht, indem sie durch den Gegenstand, den wir berühren, abgekühlt oder erwärmt werden. Was wir also eigentlich fühlen, ist nicht die Temperatur eines Objekts, sondern die Wärme, die zwischen ihm und unserem eigenen Körper ausgetauscht wird. Wird unsere Haut abgekühlt, so geht Wärme von uns auf den Gegenstand über; im anderen Falle überträgt das Objekt einen Teil seiner Wärme auf uns. Ein solcher Wärmeaustausch erfolgt so lange, bis beide Körper die gleiche Temperatur angenommen haben.

Sinneswahrnehmung der Temperatur

Temperatur ist also nichts anderes als ein Begriff für einen *bestimmten Zustand* eines Körpers, der von seinem Wärmegehalt abhängig ist. Die eigentliche physikalische Größe, welche die Temperatur beschreibt, ist die **kinetische Energie** (»Bewegungsenergie«) der Teilchen (Moleküle, Atome oder Ionen), aus denen sich ein Körper zusammensetzt. Je mehr Wärme ein Körper aufnimmt,

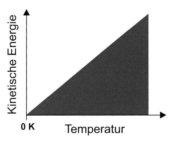

Die Temperatur eines Körpers (ausgedrückt in Kelvin) ist der kinetischen Energie (in Joule) seiner Teilchen direkt proportional: Doppelt so große Teilchenenergie bedeutet auch doppelt so hohe Temperatur.

desto schneller bewegen sich seine Teilchen und desto höher ist demzufolge auch die kinetische Energie der Teilchen.

Die **Temperatur** eines Körpers ist ein Maß für die **kinetische Energie** seiner Teilchen.

Ein herkömmliches *Thermometer* (»Wärmemesser«) enthält
eine Substanz, deren Volumen sich bei Temperaturabsenkung verringert bzw. bei Temperaturerhöhung vergrößert.
Bei elektronischen Thermometern verändern sich andere
temperaturabhängige physikalische Größen, z. B. der Widerstand eines elektrisch leitenden Stoffes.

Temperaturskalen

Anders Celsius, Professor der Astronomie in Uppsala, legte
1742 die nach ihm benannte **Celsius-Temperaturskala** fest.
Dazu unterteilte er die Temperaturdifferenz zwischen
schmelzendem Eis und kochendem Wasser in 100 gleiche   *1701–1744,*
Teile (»Grade«). Ein Gegenstand, der die gleiche Temperatur   *schwedischer Astronom*
wie siedendes Wasser hat (d. h. der keine Wärme mit diesem   *und Physiker*
austauschen würde), hat demzufolge eine Temperatur von
100 Grad Celsius (°C).

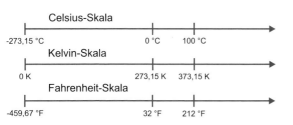

Die verschiedenen gebräuchlichen Temperaturskalen im Vergleich. Die Skala von Fahrenheit findet vor allem noch im angelsächsischen Raum Verwendung.

Bereits seit 1714 stellte der Danziger Glasbläser *Gabriel Fahrenheit* die ersten Quecksilberthermometer mit einer Grad-
Einteilung her. Der Nullpunkt seiner **Fahrenheit-Skala**   *Fahrenheit,*
(0 Grad Fahrenheit, °F) entspricht der Temperatur, die ein   *1686–1736,*
Gemisch von Salmiak und Eis beim Vermischen annimmt; sie   *deutscher Physiker*
entspricht –17,78 °C.

Umrechnungsformeln Celsius/Fahrenheit-Skala:

$$x\,°C = \left(\frac{9}{5}\,x + 32\right)°F \qquad y\,°F = \frac{5}{9}\,(y - 32)\,°C$$

Im Jahre 1848 erkannte *Sir William Thomson* (seit 1892 *Lord Kelvin of Largs*), Professor für Physik in Glasgow, den Zusammenhang zwischen der Temperatur eines Körpers und der kinetischen Energie seiner Teilchen:

> Die Temperatur, bei der die kinetische Energie der Teilchen gleich null ist, wird **absoluter Nullpunkt der Temperatur** genannt.

Auf der Celsius-Skala findet sich der absolute Nullpunkt bei −273,15 °C. Dieser Punkt ist zugleich Startpunkt der **Kelvin-Temperaturskala** und entspricht 0 Kelvin (0 K). Die Grad-Einteilung der Celsius-Skala wurde von Kelvin beibehalten, weswegen der Celsius-Temperatur von 0 °C die Kelvin-Temperatur von 273,15 K entspricht. Somit sind auch die Beträge der Temperaturdifferenzen beider Skalen identisch: Eine Differenz von 10 °C bedeutet auch gleichzeitig eine Differenz von 10 K.

> Die auf verschiedenen Skalen beruhenden Temperaturen werden zur Unterscheidung mit verschiedenen Symbolen abgekürzt:
>
> | Skala: | Temperatur-Symbol: | Einheiten-Symbol: |
> |---|---|---|
> | Celsius | ϑ | °C |
> | Kelvin | T | K |
>
> **Temperaturdifferenzen** werden immer in **Kelvin** angegeben, auch wenn das Formelzeichen $\Delta\vartheta$ lautet!

2 Aggregatzustände

2.1 Aggregatzustände der Materie

Als Aggregatzustände der Materie bezeichnet man die verschiedenen Erscheinungsformen ein und desselben Stoffes bei verschiedenen Temperaturen. So findet sich der Stoff

Wasser (H_2O) meist als **Flüssigkeit**. Eis stellt die **feste Form** des Wassers dar, während **gasförmiges** Wasser als Luftfeuchtigkeit vorkommt.

Gasförmige Materie, z. B. Luft, ist für uns nicht sichtbar, es sei denn sie ist – wie beispielsweise Chlorgas – farbig (das Gas Chlor hat eine grüngelbe Farbe).

Daher handelt es sich bei Wasserdampf auch *nicht* um gas-förmiges Wasser (dann wäre es nämlich nicht sichtbar), sondern um sehr kleine Wassertröpfchen, die das Licht stark streuen und so den Eindruck einer weißen Färbung erwecken.

Wasserdampf

Betrachtet man sich die Stoffe im **Teilchenmodell**, so erkennt man die Unterschiede zwischen den einzelnen Aggregatzuständen. Die einzelnen Teilchen, aus denen ein Stoff besteht (Moleküle, Atome oder Ionen), liegen in **fester Materie** dicht aneinander und »zittern« nur ganz geringfügig um ihre festen Position. Dieses Modell deckt sich mit der Erfahrung, dass feste Stoffe hart sind und sich im Allgemeinen nicht leicht verformen lassen.

Teilchenmodell der Aggregatzustände

Bei **flüssigen Stoffen** können sich die einzelnen Teilchen voneinander lösen und sind gegeneinander beweglich. Die Geschwindigkeit, mit der sich die Teilchen bewegen, nimmt zu. Da die Teilchen nur noch lose aneinander hängen, kann sich ein flüssiger Stoff beliebig verformen.

Im **gasförmigen Zustand** schließlich ist die Bewegung der Teilchen so schnell, dass sie als einzelne, ungebundene Teilchen durch den Raum fliegen; ein gasförmiger Stoff füllt daher den ihm zu Verfügung stehenden Raum vollständig aus.

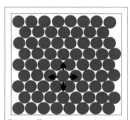

Feststoff:
Die Teilchen befinden sich auf festen Plätzen, um die sie mit geringer Geschwindigkeit schwingen.

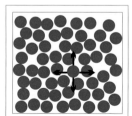

Flüssigkeit:
Die Teilchen sind verschiebbar; die Geschwindigkeit der Teilchen ist höher als in Feststoffen.

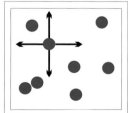

Gas:
Die Teilchen bewegen sich völlig unabhängig voneinander mit sehr hoher Geschwindigkeit.

Auch Stoffe, die wir nur als Gase kennen, werden bei tiefen Temperaturen zunächst flüssig und schließlich fest. Entsprechend gehen auch Feststoffe ab einer bestimmten Temperatur erst in den flüssigen und dann in den gasförmigen Zustand über.

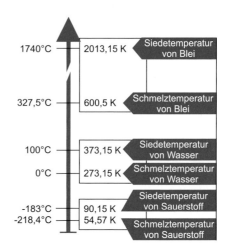

Brown'sche Teilchenbewegung

Die Temperaturabhängigkeit der Teilchenbewegung kann man wie folgt zusammenfassen:

Je höher die **Temperatur** eines Stoffes ist, desto höher ist die durchschnittliche **Geschwindigkeit** seiner Teilchen.

Robert Brown, 1773–1858, schottischer Botaniker

Die ständige Bewegung aller Teilchen eines Stoffes bezeichnet man nach ihrem Entdecker als **Brown'sche Teilchenbewegung** (auch **Brown'sche Molekularbewegung**).

Durchschnittliche Teilchengeschwindigkeiten verschiedener Gase in Abhängigkeit von der Temperatur

Teilchengeschwindigkeiten bei verschiedenen Temperaturen in m/s			
Stoff	**0 °C**	**100 °C**	**1000 °C**
Wasserstoff	1692	1980	3700
Sauerstoff	425	495	930
Chlor	285	330	620

Die Brown'sche Teilchenbewegung gibt auch eine Erklärung dafür, warum es einen **absoluten Nullpunkt der Temperatur** geben muss: Beim Absenken der Temperatur ist dieser dann erreicht, wenn sich die Teilchen des Stoffes nicht mehr bewegen. Dann ist sowohl die Temperatur (gemessen in Kelvin) als auch die Teilchengeschwindigkeit gleich null.

2.2 Aggregatzustandsänderungen

Wenn ein Stoff von einem Aggregatzustand in einen anderen übergeht, bezeichnet man dies als *Aggregatzustandsänderung*. Dabei ist es egal, ob der Übergang von fest zu flüssig, flüssig zu gasförmig oder fest zu gasförmig erfolgt.

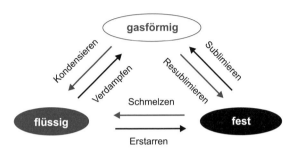

Jede Aggregatzustandsänderung kann in beide Richtungen erfolgen, woraus sich sechs verschiedene Übergänge ergeben.

Während die Aggregatzustandsänderungen *Schmelzen* bzw. *Erstarren* und *Sieden* bzw. *Kondensieren* im Alltag regelmäßig beobachtet werden können, findet man nur wenig Beispiele für die *Sublimation* bzw. *Resublimation* eines Stoffes:

Ein **sublimierender Stoff** geht direkt vom festen in den gasförmigen Zustand über, ohne dabei zu schmelzen. Dies hat seine Ursache darin, dass der Stoff bei den jeweiligen Druck- und Temperaturbedingungen nicht in flüssiger Form existieren kann.

Zu beobachten ist dieser Effekt beispielsweise beim festen Kohlenstoffdioxid (»Trockeneis«), das bereits bei $-78,5\,°C$

Sublimation

Trockeneis

gasförmig wird. *Flüssiges* CO_2 ist unter normalem Luftdruck nicht zu gewinnen. Man kann es nur erhalten, wenn man den Druck ausreichend erhöht; daher kommt flüssiges CO_2 in Druckflaschen in den Handel (z. B. als »Kohlensäure« für die Zapfanlagen von Gaststätten).

Flüssiger Stickstoff siedet bei $-210\,°C$. Wie bei festem Kohlenstoffdioxid besteht der aufsteigende Nebel aus sehr kleinen Eiskristallen, die sich durch Ausfrieren der Luftfeuchtigkeit bilden.

Verdunstung

Lässt man ein gefülltes Wasserglas längere Zeit stehen, so beobachtet man, dass nach einiger Zeit die Wassermenge im Glas deutlich abgenommen hat. Es muss also Wasser in den gasförmigen Zustand übergegangen sein, ohne zu sieden. Den Effekt, das flüssige Stoffe bereits vor Erreichen der Siedetemperatur in den gasförmigen Zustand übergehen, nennt man **Verdunstung**. Die Ursache für das Verdunsten von Stoffen ist darin zu suchen, dass sich nicht alle Flüssigkeitsteilchen mit der gleichen Geschwindigkeit bewegen; viele bewegen sich schneller als der Durchschnitt aller Teilchen, viele auch langsamer. Die schnelleren Moleküle können von der Flüssigkeitsoberfläche direkt in die umgebende Luft entweichen, wo sie neue Gasteilchen bilden. Dies geschieht umso häufiger, je höher die Temperatur des Stoffes ist. Im Laufe der Zeit »entkommen« so nach und nach alle Moleküle, ohne dass der Stoff die Siedetemperatur erreicht hätte.

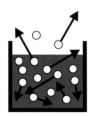

Schnellere Teilchen können von der Oberfläche der Flüssigkeit an die Luft entweichen.

Maximaler Wassergehalt der Luft bei verschiedenen Temperaturen						
Lufttemperatur	−10	0	10	20	30	°C
Massenanteil (Wasser)	1,6	3,8	7,6	14,6	26,7	g (Wasser)/kg (Luft)
Absolute Luftfeuchte	2,1	4,8	9,4	17,3	30,3	g (Wasser)/m³ (Luft)

Absolute Luftfeuchte: Masse Wasser pro 1 m³ trockener Luft
Relative Luftfeuchte: Verhältnis der Masse des in der Luft vorhandenen Wassers zu der maximal von der Luft aufnehmbaren Wassermasse

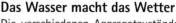

Die Tabelle veranschaulicht den jeweiligen Wassergehalt der Luft bei einer relativen Luftfeuchte von 100 %.

Das Wasser macht das Wetter

Die verschiedenen Aggregatzustände und Aggregatzustandsübergänge des Wassers bilden zusammen mit der Sonne als Wärmequelle die Grundlage unseres Wetters. Die Sonneneinstrahlung führt zunächst dazu, dass Wasser an der Oberfläche verstärkt verdunstet. Das in der Luft enthaltene gasförmige Wasser bezeichnet man als **Luftfeuchtigkeit**. Die Aufnahmefähigkeit der Luft für gasförmiges Wasser hängt stark von der Temperatur ab. Je höher die Temperatur, desto mehr Wasser kann von der Luft aufgenommen werden.

Zugleich erwärmt die Sonne natürlich auch die Luft selbst, was dazu führt, dass die erwärmte, feuchte Luft nach oben steigt.

Da die nach oben steigende feuchtwarme Luft sich in der Höhe immer mehr abkühlt, muss sie die Wassermenge, die sie aufgrund der gesunkenen Temperatur nicht mehr aufnehmen kann, wieder abgeben. Die Luftfeuchtigkeit *kondensiert* dann in Form kleiner Tröpfchen, wodurch sich **Wolken** bilden. Erreichen die Tropfen eine bestimmte Größe, so fallen sie als Regen zu Boden.

Die Luftfeuchtigkeit kann aber auch nahe der Erdoberfläche kondensieren, wenn sich z. B. feuchte Luft nachts stark abkühlt. In diesem Falle bildet sich **Nebel**.

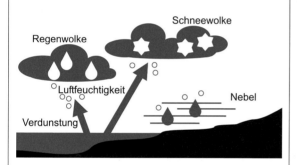

Das in der Luft vorhandene gasförmige Wasser (»Luftfeuchtigkeit«) bildet beim Kondensieren Wolken aus. Nahe der Erdoberfläche entsteht durch die Kondensation in kalten Nächten Nebel.

Wird die feuchte Luft sehr schnell und stark abgekühlt, so bilden sich nicht erst Wassertröpfchen, sondern – in Umkehrung der Verdunstung (Resublimation) – sofort kleine Kristalle in Form von **Schnee**.

Hagel dagegen entsteht, wenn Regentropfen durch eine sehr kalte Luftschicht fallen und dort gefrieren.

Temperaturverlauf beim Erhitzen eines Stoffes

Erhitzt man einen Stoff und misst dabei in regelmäßigen Zeitabständen seine Temperatur, so wird man feststellen, dass seine Temperatur zunächst gleichmäßig (»linear«) ansteigt.

Beim Erreichen der Schmelztemperatur beginnt der feste Stoff zu schmelzen. Auch wenn nun weiter Wärme zugeführt wird, erhöht sich die Temperatur vorerst nicht, sondern bleibt bei der Schmelztemperatur stehen. Erst wenn sich der Stoff vollständig verflüssigt hat, steigt die Temperatur wieder weiter an.

Die Ursache für dieses Verhalten liegt darin begründet, dass der Stoff für das Schmelzen zusätzliche Energie (Wärme) benötigt. Die ganze Wärmeenergie, die dem Stoff während des Schmelzvorganges zugeführt wird, ist nicht zum weiteren Erhitzen des Stoffes erforderlich, sondern zum Überwinden der Kräfte, die die einzelnen Stoffteilchen im festen Zustand zusammenhalten.

Die Temperatur eines Stoffes bleibt während einer Aggregatzustandsänderung konstant.

Trotz ständiger Wärmezufuhr bleibt die Temperatur während des Schmelzvorganges konstant, bis der Stoff (hier: Eis) vollständig geschmolzen ist. die geringe Abweichung der Temperatur von 0 °C ist durch die Messungenauigkeit des Thermometers bedingt.

Dieses Prinzip gilt auch, wenn der Stoff erstarrt: Von dem Moment an, in dem sich die ersten Eiskristalle bilden, bleibt die Temperatur des Eis-Wasser-Gemisches bei der Schmelz- bzw. Erstarrungstemperatur und sinkt erst dann weiter ab, wenn die Flüssigkeit vollständig erstarrt ist. Das folgende Diagramm stellt diese Beobachtungen grafisch dar:

Temperatur/Zeit-Diagramm: Verlauf der Temperatur beim Erhitzen eines Stoffes in Abhängigkeit von der Zeit

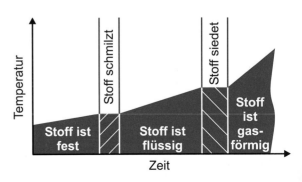

Abhängigkeit der Schmelz- und Siedetemperaturen vom Druck

Der Druck, der auf einen Stoff wirkt, beeinflusst auch die Lage seines Schmelz- und Siedepunktes: Beim Übergang in den flüssigen bzw. gasförmigen Aggregatzustand müssen sich die Stoffe ausdehnen. Dies ist umso schwerer, je mehr Widerstand ihnen von außen in Form des äußeren Drucks, z. B. des Luftdrucks, entgegensteht. Um sich gegen einen höheren Druck ausdehnen zu können, müssen sich die Stoffteilchen schneller bewegen, also eine höhere kinetische Energie besitzen. Demzufolge muss sich die Temperatur, bei der der Aggregatzustandsübergang stattfindet, erhöhen. Im umgekehrten Fall sinkt die Temperatur bei vermindertem Druck.

Nimmt der Druck auf einen Stoff zu, so steigt dessen Schmelz- und Siedetemperatur.

Bei der Angabe von Schmelz- bzw. Siedetemperaturen ist es daher immer notwendig, den Druck anzugeben, für den diese Temperaturen gelten.

Druckabhängigkeit der Siedetempertatur von Wasser			
Druck in hPa	940	960	980	1000
Siedetemperatur in °C	97,9	98,5	99,1	99,6
Druck in hPa	1013	1020	1040	1060
Siedetemperatur in °C	100	100,2	100,7	101,3

Abhängigkeit der Siedetemperatur von Wasser vom äußeren Druck

3 Wärmeausdehnung von Feststoffen und Flüssigkeiten

Wie bereits in den Abschnitten »Aggregatzustände« und »Aggregatzustandsänderungen« gezeigt, bewegen sich die Teilchen eines Stoffes mit zunehmender Temperatur immer schneller und nehmen dadurch auch einen größeren Raum in Anspruch. Dies gilt für alle Aggregatzustände und führt zu einer Vergrößerung des jeweiligen Körpers.

Alle Körper dehnen sich bei Erwärmung aus.

Die Ausdehnung eines Körpers bei Wärmezufuhr nimmt dabei vom festen über den flüssigen zum gasförmigen Zustand zu; Gase dehnen sich somit bei einer Temperaturerhöhung am stärksten aus.

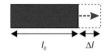

l_0 Δl

Bei einer Temperaturerhöhung um $\Delta\vartheta$ dehnt sich ein Körper um die Länge Δl aus.

3.1 Längenausdehnung von festen Körpern

Obwohl sich ein Festkörper bei einer Temperaturerhöhung selbstverständlich gleichmäßig in alle drei Raumrichtungen ausdehnt (also sein Volumen vergrößert), genügt es oftmals, nur die Änderung der Länge eines Körpers zu betrachten. Ein typischer Fall ist z. B. die Längenveränderung einer Stahlbrücke, einer Eisenbahnschiene oder einer Rohrleitung.

Längenausdehnungs-koeffizient

Der Betrag der **Längenveränderung** Δl eines Körpers ist umso größer, je größer die ursprüngliche Länge l_0 des Körpers, die Temperaturveränderung $\Delta\vartheta$ und eine stoffspezifischen Kenngröße, der Längenausdehnungskoeffizient α, sind. Daraus ergibt sich die folgende Gleichung:

$$\Delta l = l_0 \cdot \alpha \cdot \Delta\vartheta$$

Δl Längenänderung (in m)
       (Δl ist negativ bei Längenverkürzung)
l_0 ursprüngliche Länge des Körpers (in m)
$\Delta\vartheta$ Temperaturdifferenz (in K)
       ($\Delta\vartheta$ ist negativ bei Temperaturerniedrigung)
α Längenausdehnungskoeffizient (in K^{-1})

Der **Längenausdehnungskoeffizient** α gibt an, um wie viel Meter sich ein 1 m langer Gegenstand beim Erwärmen um 1 °C (= 1 K) ausdehnt.

Längenausdehnungskoeffizienten von Feststoffen			
Feststoff	α in 10^{-5} K^{-1}	Feststoff	α in 10^{-5} K^{-1}
Aluminium	2,4	Kupfer	1,7
Blei	2,9	Glas	0,34 bis 0,9
Eisen/Stahl	0,95 bis 1,65	Quarzglas	0,05
Porzellan	0,4	Kunststoffe	5 bis 22

Beispiel:

Laut Tabelle beträgt der Längenausdehnungskoeffizient α von Kupfer $1{,}7 \cdot 10^{-5}$ K^{-1}. Auf welche Länge dehnt sich ein Kupferrohr aus, dessen Gesamtlänge bei 20 °C 8,5 m beträgt, wenn es von 50 °C heißem Wasser durchflossen wird?

Lösung:

Die Längenzunahme Δl des Rohres beim Erhitzen beträgt:

$\Delta l = 8{,}500 \text{ m} \cdot 1{,}7 \cdot 10^{-5} \text{ K}^{-1} \cdot 30 \text{ K}$

$\Delta l = 0{,}004 \text{ m} = 4 \text{ mm}$

Die Gesamtlänge l des heißen Rohres ergibt sich somit zu:

$l = l_0 + \Delta l = 8{,}500 \text{ m} + 0{,}004 \text{ m} = 8{,}504 \text{ m}$

Bimetallschalter als Kurzschlusssicherung: Ein um das Bimetall gewickelter stromdurchflossener Widerstandsdraht erwärmt den Schalter.

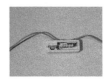

Warm und krumm: Bimetall

Hinter der Bezeichnung Bimetall verbirgt sich ein aus zwei Metalllegierungen mit unterschiedlichen Längenausdehnungskoeffizienten zusammengesetzter Körper, meist in der Form eines Streifens. Aufgrund der unterschiedlichen Längenausdehnungskoeffizienten dehnen sich die beiden Metallsorten unterschiedlich stark aus, wenn sie erwärmt werden. Dies führt dazu, dass sich der Streifen krümmt, da sich die eine Seite mehr verlängert als die andere.

Technische Anwendung findet dieses Prinzip in **temperaturabhängigen Schaltern**, die ab einer bestimmten Temperatur schließen:

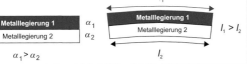

Bimetall besteht aus zwei Metallen, die unterschiedliche Längenausdehnungskoeffizienten besitzen.

3.2 Volumenausdehnung von festen Körpern

Festkörper dehnen sich bei Erwärmung gleichmäßig in alle drei Raumrichtungen aus. Dies gilt sowohl für massive Körper wie auch für Hohlkörper, z. B. Behälter (Fässer etc.), Zylinder und Kolben eines Verbrennungsmotors, Volumenmessgeräte und viele andere.

Wie bereits bei der Längenausdehnung gezeigt, ist auch hier die eintretende Volumenänderung ΔV proportional zur Ursprungsgröße des Gegenstandes, zur Temperaturänderung und zu einer stoffspezifischen Kenngröße, dem Volumen-

Volumenaus-
dehnungskoeffizient

ausdehnungskoeffizienten γ. Der Volumenausdehnungskoeffizient γ lässt sich näherungsweise aus dem Längenausdehnungskoeffizienten α berechnen:

Der **Volumenausdehnungskoeffizient** γ gibt an, um wie
viel Kubikmeter sich ein 1 m^3 großer Gegenstand beim
Erwärmen um 1 °C (= 1 K) ausdehnt.

$$\gamma \approx 3 \cdot \alpha$$

Damit ergibt sich eine Volumenänderung ΔV von:

$$\Delta V = V_0 \cdot \gamma \cdot \Delta\vartheta$$

ΔV Volumenänderung (in m^3)
 (ΔV ist negativ bei Volumenverringerung)
V_0 ursprüngliches Volumen des Körpers (in m^3)
$\Delta\vartheta$ Temperaturdifferenz (in K)
 ($\Delta\vartheta$ ist negativ bei Temperaturerniedrigung)
γ Volumenausdehnungskoeffizient (in K^{-1})
α Längenausdehnungskoeffizient (in K^{-1})

Beispiel:
Um welches Volumen dehnt sich ein mit 80 °C warmem Lö-
sungsmittel befüllter Edelstahltank aus, wenn dieser bei
20 °C genau 5 m^3 fasst? Der Längenausdehnungskoeffizient
von Edelstahl beträgt 16 · 10^{-6} K^{-1}.
Lösung:
Der Volumenausdehnungskoeffizient berechnet sich ange-
nähert zu: $\gamma = 3 \cdot 16 \cdot 10^{-6}$ K^{-1} = 4,8 · 10^{-5} K^{-1}
Die Volumenzunahme ΔV des Tanks berechnet sich dann:
$\Delta V = 5$ m^3 · 4,8 · 10^{-5} K^{-1} · 60 K = 1,44 · 10^{-2} m^3 = 14,4 l

*Aufgrund der großen
Länge von Stahlbrücken
ist ihre Wärmeausdeh-
nung beachtlich (oben).
Daher muss zwischen
Brückenträger und
Widerlager stets
ein Luftspalt als
Dehnungsfuge verbaut
werden (unten).*

3.3 Volumenausdehnung von Flüssigkeiten

Flüssigkeiten dehnen sich im Vergleich zu Festkörpern bei
gleicher Temperaturänderung rund zehn- bis hundertmal
stärker aus. Dieses Verhalten erklärt sich dadurch, dass die
Kräfte zwischen den Teilchen bei Flüssigkeiten nicht so stark
sind wie in festen Körpern. Somit kann sich durch Zufuhr ei-

ner bestimmten Wärmemenge die kinetische Energie der Teilchen und damit deren Geschwindigkeit viel stärker erhöhen als beim Festkörper. Je höher die Teilchengeschwindigkeit ist, desto größer ist auch der Raum, den der Körper einnimmt. Analog zur Längen- und Volumenänderung von Feststoffen ergibt sich folgender Zusammenhang für Flüssigkeiten:

$$\Delta V = V_0 \cdot \gamma_{fl} \cdot \Delta\vartheta$$

Quecksilberthermometer sind typische Anwendungen, die die Volumenausdehnung von flüssigen Stoffen nutzen.

ΔV Volumenänderung (in m^3)
      (ΔV ist negativ bei Volumenverringerung)
V_0 ursprüngliches Volumen des Körpers (in m^3)
$\Delta\vartheta$ Temperaturdifferenz (in K)
      ($\Delta\vartheta$ ist negativ bei Temperaturerniedrigung)
γ_{fl} Volumenausdehnungskoeffizient
      von Flüssigkeiten (in K^{-1})

Volumenausdehnungskoeffizienten von Flüssigkeiten			
Flüssigkeit	γ_{fl} in 10^{-3} K^{-1}	Flüssigkeit	γ_{fl} in 10^{-3} K^{-1}
Benzin	1,00	Maschinenöl	0,93
Ethanol	1,10	Wasser, 20 °C	0,20
Quecksilber	0,18	Wasser, 30 °C	0,30
Diethylether	1,62	Wasser, 70 °C	0,60

Beispiel:
Der Abstand h zwischen zwei Grad-Strichen einer Quecksilberthermometer-Skala soll 1 mm betragen. Wie groß ist die im Thermometer enthaltene Quecksilbermenge V_{Hg} zu wählen, wenn die Steigkapillare einen Innendurchmesser d von 0,2 mm aufweisen soll?

Lösung:
Die Volumenzunahme des Quecksilbers ΔV pro 1 °C bzw. Kelvin berechnet sich aus dem für diese Temperaturdifferenz benötigten Kapillarvolumen $V_{Kapillare}$ zwischen den beiden Grad-Strichen zu: $\Delta V = V_{Kapillare} = A_{Kapillare} \cdot h$
$\Delta V = \pi/4 \cdot d^2 \cdot h = \pi/4 \cdot (0,2 \text{ mm})^2 \cdot 1 \text{ mm} = 0,0314 \text{ mm}^3$
Damit ergibt sich das notwendige Quecksilbervolumen zu:
$V_0 = \Delta V/(\gamma_{fl} \cdot \Delta\vartheta) = 0,0314 \text{ mm}^3/(0,18 \cdot 10^{-3} \text{ K}^{-1} \cdot 1 \text{ K})$
$V_0 = 174,4 \text{ mm}^3 \approx 0,17 \text{ cm}^3$

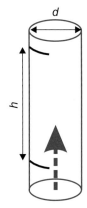

Erläuterung zum Rechenbeispiel

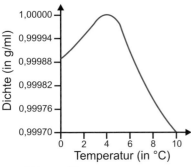

Dichte von Wasser in Abhängigkeit von der Temperatur:
Die Anomalie des Wasser zeigt sich darin, dass beim Erwärmen die Dichte zunächst zunimmt, anstatt sofort kontinuierlich abzufallen.

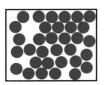

Unterhalb von 4 °C verbleiben aufgrund einer verminderten Molekülbeweglichkeit Hohlräume zwischen den einzelnen Teilchen.

Das 4 °C kalte Wasser am Seegrund gewährt der Wasserfauna einen Überlebensraum, auch wenn sich eine geschlossene Eisdecke gebildet hat.

Anomalie des Wassers

Die Eigenschaft, dass sich mit steigender Temperatur das Volumen ausdehnt, zeigen fast alle Stoffe. Die Ausnahme hiervon stellt das Wasser dar: Erwärmt man 0 °C kaltes destilliertes Wasser, so nimmt dessen Volumen bis zu einer Temperatur von 4 °C zunächst kontinuierlich ab. Führt man dem Wasser weiter Wärmeenergie zu, so dehnt sich die Flüssigkeit oberhalb dieser Temperatur wieder aus. Dieses Verhalten bezeichnet man als die *Anomalie des Wassers*. Daraus resultiert auch, dass Wasser seine größte Dichte von 1,00000 g/ml bei 4 °C hat.

Die Ursache für diese Anomalie ist in den außerordentlich starken Kräften zwischen den Wassermolekülen zu suchen. Bei einer Temperatur unterhalb von 4 °C ist die Wärmebewegung der Teilchen so gering, dass die Moleküle sich nicht ausreichend gegeneinander verschieben können um alle Lücken zwischen den einzelnen Wassermolekülen zu schließen; es bleiben Hohlräume zurück, die die Dichte des Stoffes verringern. Erst oberhalb 4 °C ist die kinetische Energie der Teilchen so groß, dass sie die zwischenmolekularen Anziehungskräfte überwinden und somit alle verbliebenen Hohlräume auffüllen können. Die Tatsache, dass Wasser seine größte Dichte bei 4 °C besitzt, ist auch für die Tierwelt sehr wichtig. Wenn sich im Winter das Wasser der Seen abkühlt, sinkt das dichtere, kalte Wasser auf den Grund. Dies geschieht so lange, bis die Temperatur unter 4 °C gefallen ist, da dann die Dichte des Wassers wieder abnimmt. Im See kommt es somit zu einem *umgekehrten* Temperaturgefälle: Unten sammelt sich das dichte, 4 °C »warme« Wasser, während sich das weniger dichte, aber kältere Wasser an der Oberfläche immer mehr abkühlt, bis es schließlich gefriert.

Fische und andere Wasserlebewesen haben sich an diese Gegebenheiten angepasst und senken ihren

Stoffwechsel auf einen Winterschlaf-ähnlichen Pegel herab, um in dem rund 4 °C kalten Bodenwasser zu überleben. Erst in sehr langen Frostperioden kommt es dazu, dass Seen und Teiche bis zum Grund durchfrieren.

Der Golfstrom:
Die Wärmepumpe des Nordatlantiks

In den Meeren unseres Planeten führt die von der Sonne eingestrahlte Wärmeenergie in bestimmten Regionen zu einer starken **Aufheizung des Wassers.** Dadurch dehnt es sich aus, wobei sich gleichzeitig seine Dichte verringert, da nun die gleiche Anzahl von Teilchen in einem größeren Volumen verteilt ist. Dies führt dazu, dass das erwärmte Wasser nach oben steigt. Eine solche Bewegung von Materie bezeichnet man als **Konvektion** (Wärmeströmung).

In den Meeren bilden sich dadurch großräumige *Konvektionsströme* aus: In der Äquatorregion des atlantischen Ozeans wird das *Oberflächenwasser* stark erhitzt und dehnt sich dabei aus. Da es nicht weiter nach oben steigen kann, fließt es »zur Seite« hin ab und bildet eine warme Oberflächenströmung Richtung Norden, den **Golfstrom.** Im Nordatlantik kühlt sich das Wasser des Golfstroms wieder ab, verdichtet sich dabei und sinkt dadurch zum Meeresgrund, auf welchem es dann als kaltes *Tiefenwasser* zur Äquatorregion zurückfließt. Der Golfstrom stellt somit eine gigantische »Wärmepumpe« dar, die Wärme von der Äquatorregion nach Europa »pumpt«.

Der Golfstrom transportiert warmes Wasser aus der Äquatorregion in den Nordatlantik.

Norden   **Äquator**

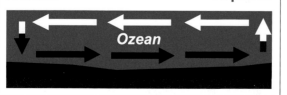

4 Zustandsänderungen von Gasen

4.1 Messung von Gasdrücken

Blaise Pascal, 1623–1662, französischer Mathematiker, Physiker, Theologe und Philosoph

Allgemein betrachtet ist ein Druck p eine Kraft F, die auf eine bestimmte Fläche A wirkt. Die physikalische Einheit des Drucks ist das Pascal (Pa), welches sich aus der Größengleichung wie folgt herleitet:

$$1\ Pa = 1\ N/m^2$$

$$p = \frac{F}{A}$$

p Druck (in Pa)
F Kraft (in N)
A Fläche (in m^2)

Manometer

Die Messung von Drücken in Gasen geht auf die Erfindung des **Quecksilber-Manometers** durch *Evangelista Torricelli* im Jahre 1643 zurück. Um den Luftdruck zu messen, stellte *Torricelli* ein einseitig offenes und mit Quecksilber gefülltes, dünnes Glasrohr in eine ebenfalls mit Quecksilber gefüllte Wanne. Dabei stellte sich heraus, dass die sich im Glasrohr einstellende Höhe h der Quecksilbersäule stets proportional zum äußeren Luftdruck p_{Luft} war.

Evangelista Torricelli, 1608–1647, italienischer Physiker und Mathematiker

Das Torricelli-Manometer ist eine einfache, aber sinnvolle Konstruktion zur Ermittlung des Luftdrucks.

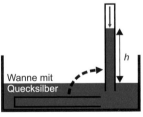

Wanne mit Quecksilber

Beim Aufstellen der Säule ist deren Druck p_{Hg} zunächst größer als der Luftdruck, der ebenfalls auf die Oberfläche des Quecksilbers in der Wanne wirkt, weshalb Quecksilber aus der Glassäule in die Wanne fließt. Dadurch verringert sich die Gewichtskraft des Quecksilbers in der Säule. Der Quecksilberstand in der Säule nimmt nun so lange ab, bis der durch die Gewichtskraft erzeugte Druck der Quecksilbersäule im Glasrohr p_{Hg} genauso groß ist wie der äußere Luftdruck p_{Luft}.

Erhöht sich der Luftdruck, dann drückt er das Quecksilber aus der Wanne in das Glasrohr hinein; die Quecksilbersäule steigt wieder an. Es gilt folgender Zusammenhang:

Die Höhe der Quecksilbersäule im Manometer ist direkt proportional zum äußeren Druck.

Quecksilber-Säule der Masse m_{Hg}

p_{Luft} p_{Hg} h

Quecksilber

Der Druck, den die Quecksilbersäule auf die Oberfläche ausübt, ist genauso groß wie der durch die Atmosphäre verursachte Luftdruck.

$$p_{Luft} = p_{Hg}$$

$$p_{Luft} = \frac{F_g}{A}$$

$$p_{Luft} = \frac{m_{Hg} \cdot g}{A}$$

$$p_{Luft} = \frac{\rho_{Hg} \cdot V_{Hg} \cdot g}{A}$$

$$p_{Luft} = \frac{\rho_{Hg} \cdot (A \cdot h) \cdot g}{A}$$

$$p_{Luft} = \rho_{Hg} \cdot h \cdot g$$

Aufgrund dieses Zusammenhanges gab man lange Zeit die jeweilige Höhe der Quecksilbersäule in Millimetern als Maß für den Luftdruck an. Von dieser Angabe leitete sich auch die alte physikalische Einheit des Drucks, das Torr, ab. 1 Torr entspricht dabei 1 Millimeter-Quecksilbersäule (mmHg).

Einheiten des Drucks

Druckmessung im Wandel der Zeit

Seit *Torricelli* hat sich die jeweils gebräuchliche Einheit des Drucks oft gewandelt. So waren bis 1977 noch die Einheiten **physikalische Atmosphäre** und **technische Atmosphäre** gebräuchlich:

- 1 physikalische Atmosphäre (atm) = 760 Torr
  = 1,013 bar
- 1 technische Atmosphäre (at) = 735,559 Torr
  = 0,981 bar

Die in technischen Abhandlungen oft verwendete Einheit **Atmosphäre Überdruck** (atü) gibt die Druckdifferenz zum Druck 1 at an:

- 1 atü ≙ 2 at; 1,5 atü ≙ 2,5 at; 2 atü ≙ 3 at usw.

Die SI-Einheit des Drucks ist das **Pascal** (Pa):

- $1\ Pa = 1\ N/(1\ m^2)$

Die Einheiten **Bar** bzw. Millibar sind jedoch weiterhin allgemein zulässig. Für *Millibar* (mbar) ist nun *Hektopascal* (hPa) zu schreiben:

- $1\ bar = 10^5\ Pa = 750,06\ Torr = 1,01972\ at$
- $1\ mbar = 100\ Pa = 1\ hPa$

Ausschließlich in der Medizin darf auch weiterhin die Druckeinheit **Millimeter-Quecksilbersäule** (mmHg) verwendet werden:

- 1 mmHg = 1 Torr

4.2 Die Gasgesetze

Erwärmt man verschiedene Gase, so dehnen sich diese stets um das gleiche Volumen aus, wenn man die Temperatur um 1 °C erwärmt. Füllt man ein Gas vor der Erwärmung in ein festes Gefäß, so nimmt statt des Volumens der Druck des Gases zu. Diese verschiedenen Zusammenhänge zwischen Druck, Volumen und Temperatur eines Gases bezeichnet man als die **Gasgesetze**.

Druck-Volumen-Gesetz

Gesetz von Boyle–Mariotte

Zunächst untersuchten Forscher die Beziehung zwischen dem Volumen *V* eines Gases und dem in ihm herrschenden Druck *p*.

Robert Boyle, 1627–1691, britischer Physiker und Chemiker

Im Jahre 1662 fand der englische Naturforscher *Robert Boyle* heraus, dass sich bei konstanter Temperatur das Volumen einer Gasmenge halbiert, wenn man den auf das Gas ausgeübten Druck verdoppelt. Aus dieser Beobachtung ergibt sich folgender Zusammenhang:

Das Volumen *V* einer Gasmenge ist umgekehrt proportional zu ihrem Druck *p*:

$$p \sim 1/V$$

Verdoppelt man den Druck auf das eingeschlossene Gas, indem man die Höhe der Flüssigkeitssäule verdoppelt, so halbiert sich das vom Gas eingenommene Volumen.

Edme Mariotte bestätigte *Boyles* Forschungen 1676. Ihre Ergebnisse wurden im **Gesetz von Boyle-Mariotte** zusammengefasst:

Edmé Mariotte, um 1620–1684, französischer Physiker

Wird der einem Gas zur Verfügung stehende Raum verändert, so verändert sich gleichzeitig der Gasdruck so, dass das Produkt aus beiden konstant bleibt:

$$p \cdot V = \text{konstant} \quad \text{oder} \quad p_1 \cdot V_1 = p_2 \cdot V_2$$

p Gasdruck (in Pa) V Volumen des Gases (in m^3)
Die Indizes verweisen auf die unterschiedlichen Zustände des Gases: p_1 und V_1 sind Ausgangsdruck und -volumen, p_2 und V_2 sind Druck und Volumen des Gases, nachdem eine Druck- oder Volumenänderung stattgefunden hat.

Beispiel:
Ein Gas hat ein Volumen von 5 m^3 und dabei einen Druck von 2500 hPa. Auf wie viel Hektopascal muss man den auf das Gas wirkenden Druck erhöhen, damit sich das Volumen auf 2 m^3 verringert?

Lösung:
Vor der Kompression hat das Gas den Druck p_1 = 2500 hPa und ein Volumen V_1 = 5 m^3. Nach der Kompression auf das Volumen V_2 = 2 m^3 hat das Gas den Druck p_2. Laut dem Boyle-Mariotte'schen Gesetz gilt:

$$p_2 = p_1 \cdot V_1/V_2 = 2500 \text{ hPa} \cdot 5 \text{ m}^3/(2 \text{ m}^3) = 6250 \text{ hPa}$$

Gesetz von Gay-Lussac

Der französische Chemiker und Physiker *Louis-Joseph Gay-Lussac* beschäftigte sich Anfang des 19. Jahrhunderts mit

Louis-Joseph Gay-Lussac, 1778–1850

der Messung des temperaturabhängigen Volumens von Gasen. Dabei stellte er fest:

Das Volumen eines Gases V ist stets proportional zu seiner Temperatur T:

$$V \sim T$$

Beim Erwärmen dehnt sich das im Glasgefäß befindliche Gas proportional zur Temperaturänderung aus.

Volumen-Temperatur-Gesetz

Erhöht man die Temperatur (in Kelvin) auf das Doppelte, so verdoppelt sich somit auch das Volumen des Gases. Daraus ergibt sich das **Gesetz von Gay-Lussac** (1802):

Der Quotient aus Volumen und Temperatur eines Gases bleibt bei einer Temperatur- oder Volumenveränderung stets konstant:

$$\frac{V}{T} = \text{konstant} \quad \text{bzw.} \quad \frac{V_1}{T_1} = \frac{V_2}{T_2}$$

V Volumen des Gases (in m^3)
T Temperatur des Gases (in K)

Beispiel:
Ein Gas hat bei $T_1 = 50\,°C$ ein Volumen V_1 von 500 cm^3. Wie groß ist das Volumen V_2 des Gases bei einer Temperatur T_2 von 20 °C?
Lösung:
$T_1 = 50\,°C \triangleq (273 + 50)\,K = 323\,K$
$T_2 = 20\,°C \triangleq (273 + 20)\,K = 293\,K$
$V_2 = V_1 \cdot T_2/T_1 = 500\,cm^3 \cdot 293\,K/(323\,K)$
$V_2 = 453{,}6\,cm^3$

Volumenausdehnung von Gasen
Im Gegensatz zu Festkörpern oder Flüssigkeiten gibt es bei Gasen keinen stoffabhängigen **Ausdehnungskoeffizienten**.

Dieses Verhalten ist darauf zurückzuführen, dass zwischen den einzelnen Teilchen eines Gases nur sehr schwache Kohäsionskräfte wirken und sich die Gasmoleküle daher völlig unabhängig voneinander bewegen können. 1811 formulierte *Gay-Lussac* das **Volumengesetz für Gase:**

Volumengesetz

Alle Gase dehnen sich bei einer Erhöhung der Temperatur um 1 K um **1/273stel** ihres Volumens aus, welches sie bei 0 °C einnehmen:

$$\Delta V = \frac{1}{273\ \text{K}} \cdot V_0 \cdot \Delta\vartheta$$

ΔV Volumenausdehnung eines Gases (in m^3)
(ΔV ist negativ bei Volumenverringerung)
V_0 Volumen des Gases bei 0 °C (in m^3)
$\Delta\vartheta$ Temperaturänderung (in K)
($\Delta\vartheta$ ist negativ bei Temperaturerniedrigung)

Beispiel:
Ein Gas hat ein Volumen V von 1,5 l, eine Temperatur von 273 K und dehne sich bei einer Temperaturerhöhung um 200 cm^3 aus. Um wie viel Kelvin wurde das Gas erwärmt?
Lösung:
Gegeben ist V_0 und ΔV, gesucht wird $\Delta\vartheta$:
$\Delta\vartheta = \Delta V \cdot 273\ \text{K}/V_0 = 0,2\ \text{l} \cdot 273\ \text{K}/(1,5\ \text{l}) = 36,4\ \text{K}$

Allgemeine Gasgleichung

Fasst man die Gesetze von *Gay-Lussac* und *Boyle-Mariotte* zusammen, so ergibt sich die **Zustandsgleichung der Gase:**

Zustandsgleichung
der Gase

$$\frac{p_1 \cdot V_1}{T_1} = \frac{p_2 \cdot V_2}{T_2} = \text{Konstante}$$

p_1, V_1, T_1 und p_2, V_2, T_2: Druck p (in Pa), Volumen V (in m^3) und Temperatur T (in K) eines Gases im Anfangs- und im Endzustand. Bei bekannten Ausgangswerten für Druck, Volumen und Temperatur lassen sich somit alle anderen Zustände eines Gases berechnen.

Beispiel:

Ein Gas nimmt bei einem Druck von $p = 2150$ hPa und einer Temperatur von 41,85 °C ein Volumen V von 250 l ein. Wie groß ist der Gasdruck, wenn man das Gas unter gleichzeitiger Temperaturerhöhung um 12 K auf 200 l komprimiert?

Lösung:

Druck p_1, Volumen V_1 und Temperatur T_1 des Ausgangszustandes sowie Temperatur T_2 und Volumen V_2 im komprimierten Zustand sind gegeben. Gesucht ist der Druck p_2 des Gases im komprimierten Zustand:

$$p_2 = \frac{p_1 \cdot V_1 \cdot T_2}{T_1 \cdot V_2} = \frac{2150 \text{ hPa} \cdot 0,250 \text{ m}^3 \cdot 327 \text{ K}}{315 \text{ K} \cdot 0,2 \text{ m}^3}$$

$$p_2 = 2789,9 \text{ hPa}$$

Teilt man die für eine bestimmte Portion eines Gases errechnete Konstante durch die vorliegende Anzahl an Teilchen (»Stoffmenge«), so erhält man stets den gleichen Zahlenwert. Die physikalische Größe **Stoffmenge** kommt aus der Chemie und wird mit dem Symbol n abgekürzt. Die Einheit der Stoffmenge ist das **Mol**, das wie folgt definiert ist:

1 mol eines Stoffes enthält $6,022 \cdot 10^{23}$ Teilchen.

Allgemeine Gaskonstante Die auf 1 mol eines Gases bezogene Konstante nennt man **allgemeine Gaskonstante** R:

$$\frac{\frac{pV}{T}}{n} = \frac{\text{Konstante}}{n} = R$$

Die **allgemeine Gaskonstante** R gibt den universellen Zusammenhang zwischen Druck, Temperatur und Volumen aller Gase für eine Stoffmenge von 1 mol an:

$$R = 8,314\,510 \text{ J/(mol} \cdot \text{K)}$$

Unter Umformung der obigen Beziehung ergibt sich damit die **allgemeine Gasgleichung**, die für jede beliebige Gasportion Druck, Volumen und Temperatur über eine Formel verknüpft:

Allgemeine Gasgleichung

$$p \cdot V = n \cdot R \cdot T$$

p	Druck des Gases (in Pa)
V	Volumen des Gases (in m³)
n	Stoffmenge der Gasportion (in mol)
R	universelle Gaskonstante
	$R = 8{,}314\,510\ \text{J/(mol} \cdot \text{K)}$
T	Temperatur des Gases (in K)

Die allgemeine Gasgleichung gilt streng genommen nur für Gase, deren Teilchen untereinander keinerlei Wechselwirkung ausüben; solche Gase bezeichnet man als **ideale Gase**. In der Realität erfüllt jedoch kein Gas diese Voraussetzung. **Reale Gase** zeigen daher geringfügige Abweichungen vom Gasgesetz, da sich ihre Stoffteilchen gegenseitig anziehen und es so zu einer Volumenverringerung kommt. Bei exakten Berechnungen ist dieses Verhalten mit Korrekturtermen in der Gasgleichung zu berücksichtigen.

Ideale Gase

Von Tornados und Heißluftballons

Dass sich Gase bei einer Temperaturerhöhung stark ausdehnen – also ihr Volumen vergrößern –, führt zu vielen interessanten Effekten. Dadurch, dass sich nun die gleiche Anzahl Teilchen in einem größeren Volumen befinden, nimmt die Dichte des Gases zwangsläufig ab. Stoffe, die eine geringere Dichte als die sie umgebende flüssige oder gasförmige Materie haben, steigen nach oben.

Dies führt beispielsweise dazu, dass warme Luft über einem Lagerfeuer nach oben steigt (und dabei die Funken des Feuers mit sich reißt). Auch das Aufsteigen des am Boden eines Topfes erhitzten Wassers fällt in die gleiche Kategorie. Man bezeichnet solche Vorgänge als **Konvektion** (Wärmeströmung). Konvektion ist beispielsweise die Ursache für die Entstehung von **Wind**:

Erwärmte Luft steigt nach oben, was dazu führt, dass frische Kaltluft am Boden nachfließt; so entstehen z. B. anlandige Winde während des Tages, wenn die Sonne das Festland stark erhitzt. In der Nacht kehrt sich die Windrichtung um und der Wind weht dann auf das Meer hinaus, da das Wasser nachts nicht so stark abkühlt wie das Festland.

In der leicht beweglichen Atmosphäre kann es aber auch zu dramatischeren Erscheinungen kommen: Wird Luft in den tropischen Äquatorregionen sehr schnell und sehr stark aufgeheizt, so steigt diese Luft vehement nach oben. Es bildet sich ein Tiefdruckgebiet aus, welches Luft der Umgebung »ansaugt«; je nach Gegebenheit kann sich so ein **Hurrikan** oder auch **Tornado** bilden.

Auch ein **Heißluftballon** nutzt das Prinzip, dass Körper geringerer Dichte aufsteigen: In diesem Falle zählt sowohl die Luftfüllung des Ballons wie auch der Ballon selber zum Körper. Daher muss die Luft im Ballon so stark erhitzt werden, dass die Gesamtmasse von erhitzter Luft und Ballon geringer ist als die Masse an Luft, welche in dem Volumen, das der Heißluftballon verdrängt, enthalten ist.

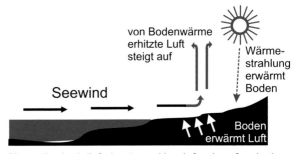

Die tagsüber durch die Bodenwärme erhitzte Luft steigt auf, wodurch kühlere Luft vom Meer nachfließt.

5 Wärmeenergie

Möchte man die Temperatur eines Stoffes erhöhen, so muss man ihm Wärme zuführen. Die dem Stoff zugeführte Wärme geht jedoch nicht verloren, sondern bleibt in ihm als **Wärmeenergie** Q gespeichert. Wie alle anderen Energieformen wird auch die Wärmeenergie in der Einheit Joule (J) angegeben.

Beim **Erwärmen** eines Stoffes erhöht sich die Geschwindigkeit und damit die kinetische Energie seiner Teilchen, was bedeutet, dass die Wärmeenergie im Körper als **kinetische Energie der Stoffteilchen** gespeichert wird. Da die Teilchen sich nicht alle mit exakt der gleichen Geschwindigkeit bewegen, bildet man das arithmetische Mittel der Bewegungsenergien:

Erwärmen und ∎
Abkühlen

> Die Menge der in einem Stoff gespeicherten **Wärmeenergie** entspricht der **mittleren kinetischen Energie** seiner Teilchen:
> $$Q = N \cdot \frac{1}{2} m v_m^2$$

Q Wärmemenge (in J)
N Teilchenzahl
m Masse eines Teilchens (in kg)
v_m Mittlere Geschwindigkeit der Teilchen (in m/s)

Beim **Abkühlen** gibt der Stoff die gespeicherte Wärme wieder ab; die kinetische Energie der Teilchen – und damit deren Geschwindigkeit – verringert sich wieder.

Der **Übergang von Wärmeenergie** erfolgt immer vom wärmeren auf den kälteren Körper. Man kann sich dies so vorstellen, dass die »schnelleren« Teilchen des warmen Stoffes die »langsameren« des kalten Stoffes »anstoßen« und dabei

Richtung der ∎
Wärmeübertragung

Körper 1
T_1

Q

Körper 2
T_2

$T_1 > T_2$

Wärme wird immer nur vom wärmeren auf den kälteren Körper übertragen.

Wärmelehre

kinetische Energie übertragen. Die Teilchen des warmen Gegenstands verlieren dabei von ihrer eigenen kinetischen Energie; ihre Geschwindigkeit nimmt ab.

Wärmemenge im abgeschlossenen System

Bringt man zwei oder mehr Körper in ein nach außen abgeschlossenes System, das keine Wärme von außen aufnimmt oder nach außen abgibt, zusammen, so bleibt die Summe ihrer Wärmeenergien konstant:

$$Q_1 + Q_2 + Q_3 + \ldots = \text{konstant}$$

Die Energiemenge ΔQ, die der wärmere Körper abgibt, entspricht der Energiemenge ΔQ, die der kältere Gegenstand aufnimmt:

Die vom wärmeren Körper abgegebene Wärme ΔQ_{ab} ist gleich der vom kälteren Körper aufgenommenen Wärme ΔQ_{auf}:
$$\Delta Q_{ab} = \Delta Q_{auf}$$

Der Austausch von Wärmeenergie zwischen zwei Körpern erfolgt so lange, bis die Teilchen beider Körper die gleiche mittlere kinetische Energie besitzen.

Der **Gesamtwärmegehalt** eines abgeschlossenen Systems bleibt immer **konstant**, auch wenn innerhalb des Systems Wärme von einem zum anderen Körper übergeht.

Ein geschlossenes System tauscht keine Wärme mit der Umgebung aus. Innerhalb des Systems kann Wärme fließen; die Gesamtmenge der im System enthaltenen Wärmeenergie verändert sich dabei jedoch nicht.

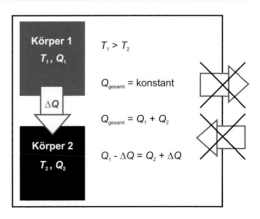

5.1 Transport von Wärmeenergie

Es gibt mehrere Übertragungsmöglichkeiten für Wärme zwischen verschiedenen Orten:

- Innerhalb eines Körpers oder beim Berühren zweier Körper kann Wärme direkt durch **Wärmeleitung** übertragen werden
- **Konvektion** führt zu einer Bewegung von Materie und damit verbundenem Austausch von Wärmeenergie
- Schließlich kann Wärme auch durch **Wärmestrahlung** **(Infrarotstrahlung, IR)** übertragen werden.

Ein Körper überträgt Wärme durch Infrarotstrahlung an eine Gefäßwand, die die Wärme durch Wärmeleitung an die Flüssigkeit im Gefäßinneren abgibt. Die erwärmte Flüssigkeit steigt im Gefäß entlang der warmen Wand nach oben (Konvektion) und sinkt auf der anderen Gefäßseite wieder nach unten, nachdem sie an der Flüssigkeitsoberfläche ihre Wärme an die umgebende Luft abgegeben hat. Innerhalb der Flüssigkeit bildet sich so ein Temperaturgefälle von oben nach unten aus.

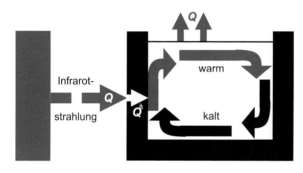

Wärmeleitung

Die einfachste Möglichkeit, Wärmeenergie zu transportieren, stellt die *Wärmeleitung* dar: Sie findet beispielsweise innerhalb eines Körpers statt, wenn ein Ende des Gegenstandes erhitzt wird und sich die Wärme dann gleichmäßig im Körper verteilt.

Bringt man zwei Körper unterschiedlicher Temperatur in direkten Kontakt, so kann auch zwischen ihnen mittels Wärmeleitung Wärmeenergie ausgetauscht werden.

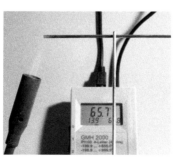

Der an einem Ende erhitzte Metallstab leitet die Wärme durch Wärmeleitung weiter.

Der Weitergabe der Wärmeenergie erfolgt derart, dass die Stoffteilchen eines Körpers oder verschiedener Körper miteinander in Kontakt kommen. Die schnelleren Teilchen stoßen dabei die langsameren Teilchen an und übertragen so einen Teil der in ihnen enthaltenen kinetischen Energie. Dadurch sinkt der Energiegehalt der schnelleren Teilchen und sie verlangsamen sich.

Wärmeleitung erfolgt durch Teilchenstöße.

Auf diese Art und Weise vollzieht sich z. B. die Wärmeübertragung bei einem Elektroherd. Selbst geringste Spalten zwischen den Körpern verringern jedoch die Effektivität der Wärmeübertragung, weshalb alte Töpfe mit ausgebeulten Topfböden sich nur sehr langsam erhitzen.

Wärmeleitung und Aggregatzustand

Wärmeenergie kann auch zwischen Stoffen, die in verschiedenen Aggregatzuständen vorliegen, durch Wärmeleitung übertragen werden: So geben beispielsweise heiße Rauchgase beim Zurückkühlen in einem Wärmeaustauscher ihre Wärme zunächst an eine Rohrwandung ab, von wo aus die Wärme in das im Rohr fließende Kühlmittel (meist Wasser) übertritt. Der Wärmeübergang erfolgt hier also zunächst von einem Gas zu einem Festkörper und dann weiter zu einer Flüssigkeit.

Wärmeleitfähigkeit

Die Wärmeleitung eines Stoffes ist abhängig von einer Stoffkonstanten, der **Wärmeleitfähigkeit** λ.

Die **Wärmeleitfähigkeit** λ eines Stoffes gibt an, wie gut dieser Wärme zu leiten vermag.

Metalle stellen sehr gute Wärmeleiter dar, während Glas und Keramik nur sehr niedrige λ-Werte besitzen.

Wärmeleitfähigkeiten von Feststoffen			
Stoff	λ in W/(m · K)	Stoff	λ in W/(m · K)
Asbest	0,17	Porzellan	0,80 ... 1,90
Kiefernholz	0,14	Stahlguss	52
Glas	0,60 ... 0,90	Kupfer	372 (rein 395)
Quarzglas	1,09	Silber	418

Die Weiterleitung von Wärme durch ein Material ist von verschiedenen Faktoren abhängig. Meist betrachtet man hierbei die pro Zeiteinheit übertragene Wärmemenge, den so genannten **Wärmestrom** Q/t. Wie viel Wärme pro Zeiteinheit ein Material passieren lässt, ist abhängig von

- der **Materialdicke** s,
- der **Fläche** A des Materials, die die Wärme leitet,
- von der **Wärmeleitfähigkeit** λ des Materials
- und vom **Temperaturunterschied** $\Delta\vartheta$ zwischen den beiden Seiten des Materials.

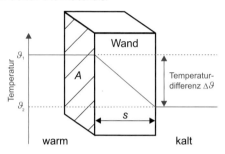

Ausgehend von der Temperatur der warmen Wandseite nimmt die Temperatur innerhalb der Wand linear bis zur Temperatur der kalten Wandseite ab.

Der **Wärmestrom** durch eine Wand ist umso größer,

- je **dünner** die *Wand* und
- je **größer**
  - *Wandfläche,*
  - *Wärmeleitfähigkeit* des Wandmaterials und
  - *Temperaturunterschied* beider Wandseiten

ist.

Daraus ergibt sich folgender Zusammenhang:

$$\frac{Q}{t} = \frac{\lambda}{s} \cdot A \cdot \Delta\vartheta$$

Q/t	Wärmestrom (in J/s = W)
λ	Wärmeleitfähigkeit des Wandmaterials (in J/(s · m · K))
s	Wanddicke (in m)
A	Wandfläche (in m²)
$\Delta\vartheta$	Temperaturdifferenz beider Wandseiten (in K)

Konvektorheizkörper

Sowohl ein offener Kamin (a) wie auch ein moderner Konvektorheizkörper (b) arbeiten beide nach dem Konvektionsprinzip.

Wärmeströmung

Wird Materie aufgeheizt, so verringert sich ihre Dichte, da sie aufgrund der Volumenausdehnung einen größeren Raum beansprucht, die Anzahl der Teilchen aber konstant bleibt. Hat ein Stoff eine geringere Dichte als das ihn umgebende Fluid (Flüssigkeit oder Gas), so steigt er in diesem auf. Diesen Vorgang bezeichnet man als Wärmeströmung oder auch **Konvektion**.

Die strömende Materie enthält viel Wärmeenergie, die sie mit dem umgebenden Stoff austauscht. Der Wärmetransport – oder auch die Verteilung von Wärme – erfolgt also durch die **Bewegung von Materie**. Der eigentliche Übergang der Wärmeenergie von der warmen auf die umgebende kalte Materie erfolgt dann in Form von *Wärmeleitung* oder gegebenenfalls *Wärmestrahlung*.

Konvektoren

Moderne Heizkörper sind als so genannte Konvektoren konstruiert: Die Raumluft wird zwischen den beiden Platten des Heizkörpers stark erwärmt und steigt nach oben; gleichzeitig fließt frische Kaltluft von unten nach. Einen solchen Vorgang, bei dem nach oben entweichende Warmluft Frischluft von unten ansaugt, bezeichnet man als Kamineffekt.

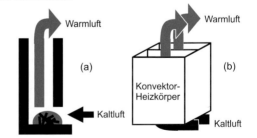

Wärmestrahlung

Wärme ist in Form von Bewegungsenergie in den Teilchen eines Körpers gespeichert. Die Bewegung von Atomen, Molekülen oder Ionen eines Körpers führt zu einer Aussendung von *Wärmestrahlung* (Infrarotstrahlung, IR).

Wärmestrahlung gehört zum nicht sichtbaren, **infraroten Teil des elektromagnetischen Spektrums**. Für uns ist sie als »Wärmeempfinden« wahrnehmbar. Wärmestrahlung wird von jedem Körper gemäß seiner Temperatur ausgesendet, von einem 50 °C warmen Heizkörper genauso wie von einem glühenden, mehrere hundert Grad heißen Metallstück.

Jeder Körper sendet stets eine seiner Temperatur entsprechende, unsichtbare **Wärmestrahlung** (Infrarotstrahlung, IR) aus.
Je wärmer der Körper, desto energiereicher ist seine Infrarotstrahlung.

Neben der infraroten Wärmestrahlung mit einer Wellenlänge größer als 800 nm sendet ein heißer Körper auch einen geringen Anteil an sichtbarem Licht aus, welches wir als rotes Glühen, das mit zunehmender Temperatur immer heller und gelber wird, wahrnehmen können.

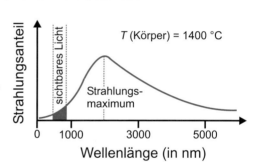

Materie, auf die infrarote Strahlung fällt, absorbiert diese und erwärmt sich dabei. Daher kann Wärmestrahlung nur im Vakuum verlustfrei weitergeleitet werden. Im Gegensatz zur Wärmeleitung müssen sich zwei Gegenstände, die Wärme mittels Infrarotstrahlung austauschen, also nicht berühren.

Wärmestrahlung verhält sich wie jede andere elektromagnetische Strahlung: Sie bewegt sich im Vakuum mit Lichtgeschwindigkeit, wird beim Übergang in ein Medium anderer optischer Dichte gebrochen und an verspiegelten Oberflächen reflektiert. Letzteres Prinzip wird bei der Konstruktion von **Dewar-Gefäßen** (»Thermosflasche«) zur *Wärmedämmung* verwendet. Die von einer heißen Flüssigkeit ausge-

Eigenschaften von
Wärmestrahlung

sendete Infrarotstrahlung wird dabei durch eine Spiegel-
schicht zurückgehalten.

Manche Körper absorbieren elektromagnetische Strahlung
besonders gut. Da keine Reflexion und damit Rücksendung
der auftreffenden Strahlung erfolgt, erscheinen diese Körper
schwarz. Daher werden beispielsweise die Rohre von **Sonnenkollektoren**, die ja möglichst viel vom Licht der Sonne
einfangen sollen, geschwärzt.

5.2 Wärmedurchgang

In der Technik ist die Übertragung von Wärme zwischen verschiedenen *Medien*, die durch eine Wand getrennt sind, von
großer Bedeutung; man bezeichnet diesen Vorgang als *Wärmedurchgang*. Wärmedurchgänge spielen sowohl bei Geräten wie Wärmetauschern, die möglichst schnell möglichst
viel Wärmeenergie passieren lassen sollen, als auch z. B. bei
Hauswänden, bei denen genau das Gegenteil von Interesse
ist, eine große Rolle.

Das Maß für den Wärmedurchgang durch eine Wand stellt
der **Wärmedurchgangskoeffizient** k dar.

Der **Wärmedurchgangskoeffizient** k gibt an, welche
Wärmemenge in einem bestimmten System pro Sekunde
durch eine Wandfläche von 1 m² bei einem Temperaturunterschied von 1 K hindurch transportiert wird.

Nicht nur die Art des Wandmaterials (und damit die Wärmeleitfähigkeit λ) und die Wanddicke spielen für den
Wärmedurchgangskoeffizienten k eine Rolle, sondern
auch die Beschaffenheit und der Aggregatzustand der
Materie, von der die Wärme aufgenommen bzw. an die sie
abgegeben wird. Liegt auf beiden Seiten der Wand ein
Gas vor (z. B. bei einem Fenster), so ist k sehr niedrig
($k = 1...5$ W /(m² · K)); in einem Wärmetauscher, bei dem
sich auf beiden Seiten der Wand eine Flüssigkeit befindet,
kann k Werte bis zu 4000 W/(m² · K) annehmen.

Betrachtet man eine Wand, durch die Wärme hindurchtritt, d. h., die auf beiden Seiten eine unterschiedliche Temperatur hat, so ist die **pro Zeiteinheit durchtretende Wärmemenge** umso größer,

- je größer die zur Verfügung stehende **Wandfläche**,
- je größer die **Temperaturdifferenz** auf beiden Seiten der Wand und
- je größer der **Wärmedurchgangskoeffizient** k

ist.

Es ergibt sich folgende Gleichung für den Wärmedurchgang:

$$Q = k \cdot A \cdot \Delta\vartheta \cdot t$$

Q Wärmemenge (in J)
k Wärmedurchgangskoeffizient (in J/(s · m^2 · K)
     oder in W/(m^2 · K))
A Wandfläche (in m^2)
$\Delta\vartheta$ Temperaturdifferenz zwischen beiden
     Wandoberflächen (in K)
t Zeitdauer der Wärmeübertragung (in s)

Wärmedämmung

Wärmedämmung bedeutet, eine Wand so zu gestalten, dass möglichst wenig Wärme hindurchtreten kann. Im Falle eines Hauses bedeutet dies z. B., dass im Winter die Wärme im Hausinneren nicht nach außen abgegeben werden soll, d. h., der k-Wert muss möglichst klein werden. Bei geeignetem Aufbau schützt eine Wärmedämmung nicht nur vor dem *Verlust*, sondern auch der *Zufuhr* von Wärme, wie bei der Thermoskanne: Diese hält sowohl den Kaffee warm als auch den Eistee kalt.

Die **Funktion einer Wärmedämmung** ist, möglichst jeglichen *Wärmetransport zu unterbinden*. Die Isolationsschicht muss daher möglichst wenig *wärmeleitend* sein, einen Wärmeaustausch durch *Konvektion* (z. B. von Luft) unterbinden und zugleich *Wärmestrahlung* zurückhalten.

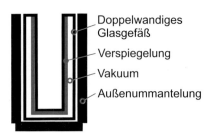

Doppelwandiges
Glasgefäß

Verspiegelung

Vakuum

Außenummantelung

Da kein Stoff alle diese Fähigkeiten zugleich besitzt, ist eine Wärmedämmung meist aus *mehreren Schichten* aufgebaut, von denen jede ein Hindernis für eine oder mehrere Arten des Wärmetransports darstellt.

Ein nahezu perfekte Wärmedämmung stellen **Dewar-Gefäße** dar, die der schottische Chemiker *James Dewar* im Jahre 1892 zur Aufbewahrung von flüssiger Luft entwickelte:

James Dewar, 1842–1923, britischer Physiker und Chemiker

Dewar-Gefäße

Dewar-Gefäße sind mit Innenverspiegelung versehene doppelwandige Glasgefäße mit evakuiertem Zwischenraum ($p < 10^{-5}$ mbar) zur Aufbewahrung von Flüssigkeiten oder Gasen, die gegen Wärmeaufnahme oder -abgabe geschützt werden sollen.

Durch die Evakuierung des Glasgefäßes wird sowohl die Wärmeleitung als auch die Konvektion unterbunden, während die Wärmestrahlung an der verspiegelten Oberfläche des Gefäßes reflektiert wird und so weder von innen nach außen noch umgekehrt gelangen kann.

Warmhalteflaschen sind Dewar-Gefäße: Für das Foto wurde der verspiegelte, doppelwandige Glasbehälter aus der Ummantelung herausgenommen.

Auch **handelsübliche Wärmedämmstoffe** wie Hartschaumplatten kombinieren mehrere Wirkungsmethoden: Einerseits unterdrückt der Feststoff die Wärmestrahlung, andererseits behindern die Luftbläschen im Schaumstoff die Wärmeleitung (Luft ist ein schlechter Wärmeleiter) und unterbinden zugleich eine mögliche Luft-Konvektion, da die Bläschen nicht miteinander verbunden sind. Aber auch solche Dämmstoffe nehmen immer noch eine – relativ geringe – Wärmestrahlung auf bzw. senden Wärmestrahlung aus.

Dämmstoffe

5.3 Wärmekapazität

Fügt man einem Stoff Wärmeenergie zu, indem man ihn erhitzt, so erhöht sich die Temperatur des Stoffes. Die zugefügte Wärmeenergie wird als *Bewegungsenergie* (kinetische Energie) der Teilchen gespeichert; je schneller sich die Teilchen eines Körpers bewegen, desto höher ist deren kinetische Energie und damit die Temperatur des Körpers.

Die Teilchensorten verschiedener Stoffe unterscheiden sich darin, wie viel Energie sie aufnehmen müssen, um ihre Geschwindigkeit zu erhöhen. Die Folge davon ist, dass jeder Stoff eine bestimmte Energiemenge benötigt, um sich um eine bestimmte Temperaturdifferenz zu erwärmen. Die Größe, die diese Energiemenge beschreibt, nennt man die **Wärmekapazität**.

Wärmekapazität C eines Körpers

Unter der **Wärmekapazität C** eines Körpers versteht man diejenige Wärmemenge, die ein Körper benötigt, um sich um 1 K zu erwärmen.

Die Wärmekapazität kann sich aber auch auf die *Masse m* (in kg) oder die *Stoffmenge n* (in mol) eines Stoffes beziehen:

Spezifische und molare Wärmekapazität c

Die **spezifische Wärmekapazität c** ist eine stoffspezifische Größe, die angibt, wie viel Wärmeenergie 1 kg eines Stoffes zugeführt werden muss, damit sich dieser um 1 K erwärmt.

Die **molare Wärmekapazität** c_m gibt an, welche Energie-menge notwendig ist, um 1 mol eines Stoffes um 1 K zu erwärmen.
Anmerkung: 1 mol = 6,022 · 10²³ Teilchen

Die Wärmekapazitäten der verschiedenen Stoffe unter-scheiden sich zum Teil stark voneinander. Zudem sind die Wärmekapazitäten auch vom augenblicklichen Aggregat-zustand eines Stoffes, von seinem Druck und seiner Tempe-ratur abhängig. Die folgende Tabelle gibt dazu einen Über-blick:

Spezifische Wärmekapazitäten					
Feststoffe	c in kJ/(kg · K)	Flüssig-keiten	c in kJ/(kg · K)	Gase (bei kons-tantem Druck)	c in kJ/(kg · K)
Zinn	0,23	Quecksilber	0,14	Argon	0,54
Zink	0,38	Benzin	2,02	Luft	1,00
Kupfer	0,39	Ethylether	2,28	Methan	2,19
V2A-Stahl	0,50	Glycerin	2,37	Helium	5,20
Glas	0,84	Ethanol	2,40	Wasserstoff	14,24
Aluminium	0,92	Wasser	4,19	Wasserdampf, 100 °C	2,03

Berechnung von Wärmemengen Die für die Temperaturerhöhung einer bestimmten **Masse** m bzw. einer **Stoffmenge** n eines Stoffes notwendige Wärme-menge Q lässt sich mithilfe der Wärmekapazitäten c und c_m wie folgt berechnen:

$$Q = m \cdot c \cdot \Delta\vartheta$$

$$Q = n \cdot c_m \cdot \Delta\vartheta$$

Q Wärmemenge (in J)
m erwärmte bzw. abgekühlte Stoffmasse (in kg)
n erwärmte bzw. abgekühlte Stoffmenge (in mol)
c spezifische Wärmekapazität (in J/(kg · K))
c_m molare Wärmekapazität (in J/(mol · K))
$\Delta\vartheta$ Temperaturdifferenz (in K)

Beispiel:
Welche Wärmemenge muss 0,5 l Wasser von 20 °C in einem
Wasserkocher zugeführt werden, damit das Wasser zu sieden beginnt?

Lösung:
$Q = m \cdot c \cdot \Delta\vartheta$ mit $m = \rho \cdot V$ und ρ (Wasser) = 1 g/ml:
$Q = \rho \cdot V \cdot c \cdot \Delta\vartheta$ = 1 kg/l · 0,5 l · 4,19 kJ/(kg · K) · 80 K
Q = 167,6 kJ

Die **Wärmekapazität** C eines Körpers kann aus der spezifischen Wärmekapazität c wie folgt errechnet werden:

$$C = c \cdot m_{\text{Körper}}$$

C Wärmekapazität des Körpers (in J/K)
m Masse des Körpers (in kg)
c spezifische Wärmekapazität (in J/(kg · K))

Kalorimeter

Geräte, mit denen man die Wärmekapazität von Stoffen
bestimmen kann, nennt man Kalorimeter. Im Prinzip
handelt es sich dabei um eine Thermosflasche (»Dewar-
Gefäß«), in der der zu untersuchende Stoff erhitzt werden kann. Dabei werden die zugeführte Wärmeenergie
und die Temperaturerhöhung des Stoffes erfasst und daraus wird die Wärmekapazität bestimmt. Die gute Isolierung des Kalorimeters verhindert einen Wärmeverlust an
die Umgebung; die Wärmemenge, die das Kalorimeter
selbst aufnimmt (der so genannte »Wasserwert«), muss
allerdings bekannt sein und bei der Rechnung berücksichtigt werden.

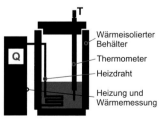

Wärmeisolierter
Behälter

Thermometer

Heizdraht

Heizung und
Wärmemessung

*Schematischer
Querschnitt durch
ein Kalorimeter*

Mischungsregel

Werden zwei Flüssigkeitsportionen unterschiedlicher Temperatur gemischt, so geht Wärme von der wärmeren zur kälteren Flüssigkeit über. Da die abgegebene Wärmemenge der aufgenommenen entspricht, ergibt sich die folgende Gleichung:

$$Q_{abgegeben} = Q_{aufgenommen}$$
$$m_1 \cdot c_1 \cdot (\vartheta_1 - \vartheta_m) = m_2 \cdot c_2 \cdot (\vartheta_m - \vartheta_2)$$

m_1, m_2	Massen der Flüssigkeiten (in kg)
c_1, c_2	spezifische Wärmekapazitäten (in kJ/(kg · K))
ϑ_1	Temperatur des wärmeren Stoffes (in °C)
ϑ_2	Temperatur des kälteren Stoffes (in °C)
ϑ_m	Temperatur der Mischung (in °C)

Beispiel:
Berechnen Sie die Temperatur einer Mischung von 100 g 20 °C und 350 g 50 °C warmem Wasser.
Lösung:
Umstellen der Mischungsgleichung nach ϑ_m ergibt:

$$\vartheta_m = \frac{m_1 \cdot c_1 \cdot \vartheta_1 + m_2 \cdot c_2 \cdot \vartheta_2}{m_1 \cdot c_1 + m_2 \cdot c_2}$$

Mit $c_1 = c_2$ gilt: $\vartheta_m = \dfrac{m_1 \cdot \vartheta_1 + m_2 \cdot \vartheta_2}{m_1 + m_2}$

$$\vartheta_m = \frac{0{,}1\ kg \cdot 20\ °C + 0{,}35\ kg \cdot 50\ °C}{0{,}1\ kg + 0{,}35\ kg} = 43{,}3\ °C$$

5.4 Schmelzwärme und Verdampfungswärme

Während des Schmelzens bzw. Verdampfens von Stoffen müssen die Stoffteilchen die starken **zwischenmolekularen Kräfte** überwinden, um sich weiter voneinander entfernen zu können. Dies macht eine zusätzliche Zufuhr von Wärmeenergie notwendig, die man als **Schmelzwärme** bzw. **Verdampfungswärme** bezeichnet. Die Menge der jeweils aufzuwendenden Energien ist abhängig von der Stärke der zu überwindenden zwischenmolekularen Kräfte des jeweiligen Stoffes. Trotz Wärmezufuhr findet jedoch während des Aggregatzustandsüberganges *keine* Temperaturveränderung statt, da die ganze zugeführte Wärmeenergie für den Aggregatzustandsübergang aufgewendet wird.

> Die während des Schmelz- bzw. Verdampfungsvorganges aufgenommene Wärme wird beim Erstarren bzw. Kondensieren in Form von **Erstarrungswärme** bzw. **Kondensationswärme** wieder abgegeben.

Spezifische und molare Schmelzwärme

Die für einen Schmelzvorgang benötigte Wärmemenge ist abhängig von einer stoffspezifischen Größe, der spezifischen oder der molaren Schmelzwärme:

> Die **spezifische** Schmelzwärme q bzw. die **molare** Schmelzwärme q_m gibt an, welche Wärmemenge erforderlich ist, um 1 kg bzw. 1 mol eines Stoffes zu schmelzen.
> *Anmerkung: 1 mol $\triangleq$ 6,022 · 10²³ Teilchen*

Schmelzwärme Q_S

Die Gesamtmenge der beim Aggregatzustandsübergang aufzuwendenden bzw. freigesetzten Wärmeenergie bezeichnet man als **Schmelzwärme** Q_S. Sie errechnet sich aus der *Masse* bzw. *Stoffmenge* des beteiligten Stoffes und seiner spezifischen bzw. molaren Schmelzwärme wie folgt:

$$Q_S = q \cdot m \qquad\qquad Q_S = q_m \cdot n$$

Q_S Wärmemenge (in J)
m Masse des Stoffes (in kg)
n Stoffmenge (in mol)
q spezifische Schmelzwärme (in J/kg)
q_m molare Schmelzwärme (in J/mol)

Beispiel:
Ein Eisbereiter produziert pro Stunde 7 kg Eis. Welche Wärmemenge muss dem 0 °C kalten Wasser dafür entzogen werden?
Lösung:
$Q_S = q \cdot m = 335$ kJ/kg · 7 kg = 2345 kJ

Spezifische und molare Verdampfungswärme

Die für einen Siedevorgang benötigte Wärmemenge ist analog zur Schmelzwärme abhängig von einer stoffspezifischen Größe, der spezifischen oder der molaren Verdampfungswärme:

Die **spezifische Verdampfungswärme** r bzw. die **molare Verdampfungswärme** r_m gibt an, welche Wärmemenge benötigt wird, um 1 kg bzw. 1 mol eines Stoffes zu verdampfen.

Anmerkung: 1 mol = 6,022 · 10^{23} Teilchen

Verdampfungswärme Q_V

Die Gesamtmenge der beim Sieden bzw. Kondensieren aufzuwendenden bzw. freigesetzten Wärmeenergie bezeichnet man als **Verdampfungswärme Q_V**. Sie errechnet sich aus der Masse bzw. Stoffmenge des beteiligten Stoffes und seiner spezifischen bzw. molaren Verdampfungswärme wie folgt:

$$Q_V = r \cdot m \qquad\qquad Q_V = r_m \cdot n$$

Q_V Wärmemenge (in J)
m Masse des Stoffes (in kg)
n Stoffmenge (in mol)
r spezifische Verdampfungswärme (in J/kg)
r_m molare Verdampfungswärme (in J/mol)

Beispiel:

Wie viel Energie wird benötigt, um 1,5 kg Wasser mit einer Temperatur von 12 °C vollständig zu verdampfen?

Lösung:

Die benötigte Energie berechnet sich aus der Wärmemenge, die zum Erhitzen des Wassers auf 100 °C notwendig ist, sowie der Verdampfungswärme des Wassers:

$Q_{gesamt} = Q_{(12\,°C \rightarrow 100\,°C)} + Q_V$

$Q_{gesamt} = (m_{Wasser} \cdot c_{Wasser} \cdot \Delta\vartheta) + (m_{Wasser} \cdot r_{Wasser})$

$\qquad = (1{,}5\ kg \cdot 4{,}19\ kJ/(kg \cdot K) \cdot 88\ K) + 1{,}5\ kg \cdot 2256\ kJ/kg$

$\qquad = 553{,}08\ kJ + 3384\ kJ = 3937{,}08\ kJ$

Spezifische Schmelzwärmen q und Verdampungswärmen r			
Stoff	q in kJ/kg	Stoff	r in kJ/kg
Quecksilber	11,8	Brom	183
Blei	23	Quecksilber	285
Schwefel	50	Aceton	525
Kupfer	213	Ethanol	840
Wasser	335	Wasser	2256

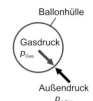

Der in einem Luftballon vorhandene Gasdruck ist stets genauso groß wie der von außen wirkende Druck.

6 Ausdehnungsarbeit und erster Hauptsatz der Wärmelehre

Wird ein Gas in einem Luftballon erwärmt, so erhöht sich der Druck des Gases. Da der im Balloninneren vorhandene Gasdruck nun höher ist als der Druck, der von außen auf die Ballonhülle wirkt, dehnt sich der Ballon aus. Dies geschieht so lange, bis der Gasdruck, der aufgrund des sich vergrößernden Ballonvolumens wieder abnimmt, genauso groß ist wie der äußere Druck. Beim Ausdehnen der Ballonhülle wird diese vom Gas gegen den Außendruck *gepresst*.

Da die vom Gas auszuübende Kraft F in Richtung der sich ausdehnenden Hülle wirkt, verrichtet das Gas eine **Arbeit** W, die **Ausdehnungsarbeit**. Die für die Verrichtung dieser Arbeit notwendige Energie wird vom Gas selbst aufgebracht. Es handelt sich dabei z. B. um die *Wärmeenergie* des Gases, die bei der Ausdehnung in *mechanische Arbeit* (Ausdehnungsarbeit) umgewandelt wird. Die Summe der in einem Gas – bzw. allgemein in einem Stoff – gespeicherten Energien bezeichnet man als die **innere Energie** U des Stoffes. Sie setzt sich zusammen aus der *kinetischen* und der *potenziellen Energie* seiner Stoffteilchen. Ein Stoff kann seine innere Energie in mechanische Energie oder Wärmeenergie umwandeln. Durch Zufuhr von Wärme oder mechanischer Arbeit kann andererseits die innere Energie eines Stoffes wieder erhöht werden.

Beim Ausdehnen der Hülle verrichtet das im Ballon befindliche Gas Ausdehnungsarbeit.

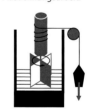

Umwandlung von mechanischer Energie in innere Energie: Beim Herunterfallen des Massenstücks dreht sich das Schaufelrad und erwärmt das Wasser.

Dies führt zum **1. Hauptsatz der Thermodynamik:**

Die innere Energie eines Stoffes ergibt sich aus der Wärmeenergie und der mechanischen Arbeit, welche dem Stoff zugeführt bzw. von ihm abgegeben wurde:

$$\Delta U = Q + W$$

7 Wärmekraftmaschinen

Wärmekraftmaschinen (Dampfmaschinen, Verbrennungsmotoren, Kraftwerksturbinen) wandeln die in heißen Gasen vorhandene Wärmeenergie in mechanische Energie um. Dabei kühlen sich die Gase ab. Wandelt eine Maschine umgekehrt mechanische Energie in Wärmeenergie um, so bezeichnet man sie als eine **Kraftwärmemaschine** (Kühlschrank, Klimaanlage, Wärmepumpe). Hier erfolgen die gleichen Vorgänge wie in einer Wärmekraftmaschine, nur in umgekehrter Reihenfolge.

In einer Wärmekraftmaschine erzeugt man – oft durch einen Verbrennungsvorgang – zunächst Wärme und heizt damit die Arbeitssubstanz auf die Temperatur T_1 auf; man »führt« damit der Arbeitssubstanz quasi einen Wärmebetrag ΔQ »zu«. Die Arbeitssubstanz, die nun die Wärmemenge Q_1 enthält, leistet in einem Zylinder oder einer Turbine *Ausdehnungsarbeit*. Die dazu nötige Energie entspricht dem Energiebetrag ΔQ, der ihrer Wärmeenergie Q_1 entnommen wird. Dadurch sinkt der Betrag der im Stoff enthaltenen Wärmeenergie auf Q_2. Die Temperatur fällt gleichzeitig auf T_2 ab.

Wirkungsgrad Der **Wirkungsgrad** η einer Wärmekraftmaschine berechnet sich aus dem Verhältnis der erzeugten mechanischen Energie W zur zugeführten Wärmeenergie ΔQ zu:

$$\eta = \frac{W}{\Delta Q}$$

η Wirkungsgrad
ΔQ zugeführte Wärmeenergie (in J)
W erzeugte mechanische Energie (in J)

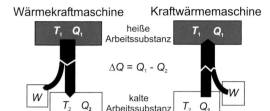

Wärmekraftmaschine   Kraftwärmemaschine

Der heißen Arbeitssubstanz wird bei der Wärmekraftmaschine Wärme entzogen, wodurch sich die Wärmeenergie um ΔQ verringert. In Abhängigkeit vom Wirkungsgrad der Maschine wird dabei die mechanische Energie W frei. Bei den Kraftwärmemaschinen wird unter Aufwendung mechanischer Energie die Temperatur des Arbeitsmediums und damit dessen Wärmeenergie erhöht.

Kühlen durch Heizen: Der Kühlschrank

Der Kühlschrank ist ein typisches Beispiel für die praktische Anwendung der Verdampfungswärme. In den Kühlschlangen, die man im Inneren eines Kühlschranks sieht, wird nämlich ein Kühlmittel, das einen niedrigen Siedepunkt hat, verdampft (1). Die für diesen Aggregatzustandsübergang notwendige Wärmeenergie wird dabei dem Kühlschrankinneren entzogen und so die Temperatur dort gesenkt.

Um eine permanente Kühlung zu erzielen, muss das Kühlmittel in einem Kreislauf geführt werden, in dem es die im Kühlschrankinneren aufgenommene Wärme immer wieder abgeben kann. Dieses Ziel wird mit folgender Verfahrensweise erreicht:

Zunächst gelangt das gasförmige Kühlmittel (2) aus dem Kühlschrankinneren zu einem Kompressor (3), der das Kühlmittel komprimiert, d. h. den Druck erhöht. Die Druckerhöhung muss so groß sein, dass das Kühlmittel wieder flüssig wird, wobei die bei dieser erzwungenen Kondensation frei werdende Wärme das Kühlmittel auf eine Temperatur oberhalb der normalen Raumtemperatur erhitzt. Das flüssige und heiße Kühlmittel (4) fließt darauf durch den an der Rückwand des Kühlschranks angebrachten Wärmeaustauscher (5), wo es seine Wärme an die Raumluft abgibt (was natürlich nur dann funktioniert, solange die Raumtemperatur geringer ist als die Temperatur des erhitzten Kühlmittels!). Auf diese Weise wird die im Kühlschrank aufgenommene Wärme in die Umgebung abgeführt: Der Kühlschrank wirkt nach außen als »Heizung«. Dabei geht keine Wärme verloren; der Energieerhaltungssatz ist erfüllt.

Das abgekühlte, jedoch noch unter einem hohen Druck stehende flüssige Kühlmittel (6) gelangt dann wieder in den Kühlschrank und dort zunächst an ein Druckminderungsventil (7). Beim Durchgang durch dieses Ventil wird der Druck so stark verringert, dass das Kühlmittel verdampft. Dabei wird die Tatsache ausgenutzt, dass die Siede- bzw. Kondensationstemperatur eines Stoffes druckabhängig ist: Je geringer der Druck, desto niedriger der Siedepunkt. So siedet das entspannte Kühlmittel schon unterhalb von Temperaturen, die im Kühlschrank erreicht werden. Umgekehrt führt eine Erhöhung des Drucks zu einer Erhöhung der Siedetemperatur, weshalb sich das Kühlmittel bei der Kompression verflüssigt.

Um zu verdampfen, muss ein Stoff jedoch die Verdampfungswärme aufnehmen, womit wir wieder bei der Abkühlung des Kühlschrankinneren (1) angekommen wären; der Kreisprozess kann wieder von neuem beginnen.

Schematischer Querschnitt durch einen Kühlschrank mit Kompressor und Wärmeaustauscher (siehe Text). Warmes Kühlmittel im Kühlkreislauf ist blau, kaltes schwarz dargestellt.

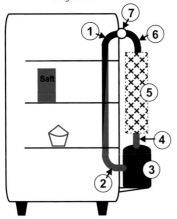

Auf einen Blick: Wärmelehre

▬▬▬Temperatur und Temperaturmessung

- Je höher die **Temperatur** eines Körpers, desto größer ist die **kinetische Energie** seiner Teilchen.
- Die Temperatur, bei der alle Teilchen zur Ruhe kommen, d. h. die kinetische Energie der Teilchen gleich null ist, wird **absoluter Nullpunkt der Temperatur** genannt; er liegt bei **0 K** bzw. **−273,15 °C**.

▬▬▬Aggregatzustände

- **Feste Materie:** Die Teilchen liegen dicht nebeneinander und »zittern« nur geringfügig um ihre Gleichgewichtsposition.
- **Flüssigkeiten:** Die einzelnen Teilchen können sich voneinander lösen und sind gegeneinander beweglich.
- **Gasförmige Stoffe:** Die Teilchen sind vollständig voneinander getrennt und unabhängig voneinander.
- Während einer **Aggregatzustandsänderung** bleibt die Temperatur eines Stoffes konstant.

Wärmeausdehnung
▬▬▬von Festkörpern und Flüssigkeiten

- Die **Längenausdehnung** eines Stoffes ist abhängig vom Längenausdehnungskoeffizienten α des Festkörpers: $\Delta l = l_0 \cdot \alpha \cdot \Delta\vartheta$
- Die **Volumenausdehnung eines Festkörpers** ist abhängig von seinem Volumenausdehnungskoeffizienten γ: $\Delta V = V_0 \cdot \gamma \cdot \Delta\vartheta$ mit $\gamma \approx 3\,\alpha$
- Die **Volumenausdehnung von Flüssigkeiten** ist abhängig vom Volumenausdehnungskoeffizienten γ_fl der jeweiligen Flüssigkeit: $\Delta V = V_0 \cdot \gamma_\text{fl} \cdot \Delta\vartheta$
- **Anomalie des Wassers:** Flüssiges Wasser besitzt seine größte Dichte nicht am Gefrierpunkt, sondern erst bei 4 °C.

▬▬▬Zustandsänderungen von Gasen

- Verringert man durch Kompression das Volumen eines Gases auf die Hälfte, so steigt der Druck im Gas auf das Doppelte an (Gesetz v. **Boyle–Mariotte**): $p \cdot V$ = konstant
- Verdoppelt man die Temperatur eines Gases, so dehnt sich das Gas auf das Doppelte seines Volumens aus (Gesetz von **Gay-Lussac**): $\dfrac{V}{T}$ = konstant

● Aus der Kombination der Gesetze von Boyle-Mariotte und Gay-Lussac ergibt sich

die **Zustandsgleichung** der Gase: $\dfrac{p \cdot V}{T}$ = konstant

● **Volumengesetz** der Gase: Alle Gase dehnen sich bei einer Temperaturerhöhung von 1 K um 1/273stel ihres Volumens bei 0 °C aus.

$$\Delta V = \frac{1}{273 \text{ K}} \cdot V_0 \cdot \Delta \vartheta$$

● **Allgemeine Gasgleichung:** Für *ideale Gase*, deren Teilchen angenommenermaßen keine Wechselwirkungen untereinander ausüben, gilt: $p \cdot V = n \cdot R \cdot T$

Wärmeenergie

● Die **Wärmeenergie** entspricht der **kinetischen Energie** der Teilchen eines Stoffes.
● Der **Gesamtwärmegehalt** eines abgeschlossenen Systems bleibt immer **konstant**, auch wenn innerhalb des Systems Wärme von einem zum anderen Körper übergeht.
● Wärmetransport kann durch
- **Wärmeleitung,**
- **Konvektion** oder
- **Wärmestrahlung**
erfolgen.
● Die spezifische **Wärmekapazität** c ist eine stoffspezifische Größe, die angibt, wie viel Wärmeenergie einem Stoff zugeführt werden muss, damit sich dieser um 1 K erwärmt:
$$Q = m \cdot c \cdot \Delta \vartheta$$
● Für einen Aggregatszustandswechsel muss einem Stoff zusätzliche Energie zugeführt werden:
- Schmelzwärme Q_S: $Q_S = q \cdot m$
- Verdampfungswärme Q_V: $Q_V = r \cdot m$

Ausdehnungsarbeit und erster Hauptsatz

● Die **Arbeit**, die ein Stoff beim Ausdehnen gegen den äußeren Luftdruck verrichtet, bezeichnet man als **Ausdehnungsarbeit.**
● Die Summe aus der *kinetischen* und der *potenziellen Energie* seiner Stoffteilchen bezeichnet man als die **innere Energie** U des Stoffes.
● Der **erste Hauptsatz der Thermodynamik** besagt, dass sich die Änderung der inneren Energie eines Stoffes aus der ihm *zu-* oder *abgeführten Wärmeenergie* und der *am* oder *vom* Stoff verrichteten *mechanischen Arbeit* ergibt:
$$\Delta U = Q + W$$

Elektrizitätslehre

Seit der Antike schon sind verschiedene Erscheinungen der Elektrostatik bekannt, jedoch fehlte eine wissenschaftliche Deutung dieser Phänomene. Die Elektrizitätslehre, wie wir sie heute kennen, gründet sich u. a. auf den Beobachtungen von *Gilbert, von Guericke* und *Franklin*, die durch *Galvani* und *Volta* erste praktische Anwendungen erfuhren. Wissenschaftlich ergründet wurden die Gesetze der Elektrizitätslehre dann von *Ampère, Coulomb, Faraday* und vor allem *Maxwell*. Heute ist sie einer der wichtigsten Grundpfeiler unserer technikgeprägten Gesellschaft.

1 Ladung, Stromstärke, Spannung

1.1 Ladungsmenge

Elektrische Ladungen Die elektrische Ladung Q ist eine Mengengröße. Sie ist eine Eigenschaft von Materie und kann weder erzeugt noch vernichtet werden. Man unterscheidet negative elektrische Ladungen und positive elektrische Ladungen.

Gleiche Mengen elektrischer Ladungen mit unterschiedlichen Vorzeichen heben sich in der Wirkung auf.

In der Natur kommen beide Ladungen gleich häufig vor. Trennt man jedoch die Ladungen voneinander, kann man Folgendes beobachten:

Gleichnamige elektrische Ladungen stoßen sich ab, ungleichnamige Ladungen ziehen sich an.

Elektroskop Die abstoßende Wirkung wird z. B. dazu verwendet, Ladungen sichtbar zu machen. In einem Elektroskop wird ein dünner metallischer Zeiger drehbar an einem Stab befestigt. Der leitende Stab ist zudem von seiner Umgebung elektrisch isoliert. Werden Ladungen auf Stab und Zeiger aufgebracht, führt die elektrostatische Abstoßung zwischen Stab und Zeiger zu einem Ausschlag des Zeigers.

Gleichnamige elektrische Ladungen stoßen sich ab, ungleichnamige ziehen sich an. Auch das Elektroskop beruht auf diesem Prinzip.

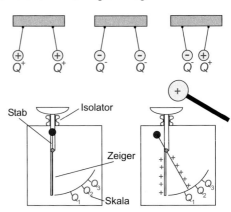

Dieser Ausschlag wächst mit der aufgebrachten Ladungsmenge. Die abstoßende Wirkung gleichnamiger Ladungen führt auch dazu, dass die Ladungsträger versuchen, immer die größtmögliche Entfernung zueinander einzunehmen.

> Das Innere eines geladenen metallischen Körpers ist ladungsfrei, d. h. elektrisch neutral.

In einem mit Metall umschlossenen Raum (z. B. Auto, Flugzeug etc.) – solche Räume werden nach dem englischen Physiker *Michael Faraday* auch *Faraday*-Käfige genannt – ist man also vor den Einwirkungen elektrischer Phänomene geschützt (selbst ein Blitz kann keine Ladungen eindringen lassen).

Faraday-Käfig ■

Michael Faraday. ■
1791–1867,
englischer Physiker
und Chemiker

1.2 Elektrischer Strom

Fließen Ladungen von einem Punkt zu einem anderen, nennt man dies einen elektrischen Strom. Die Ladungsmenge, die pro Sekunde fließt, heißt Stromstärke. Es gilt:

Elektrischer Strom ■
ist Ladungstransport.

$$I = \frac{Q}{t}$$

Die elektrische Stromstärke I besitzt die Einheit Ampere (A). Das Ampere ist eine Basiseinheit im internationalen Einheitensystem (SI) und wurde nach dem französischen Physiker *André M. Ampère* benannt.

André Marie Ampère, ■
1775–1836,
französischer Mathematiker und Physiker

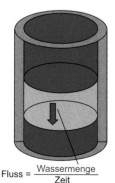

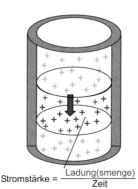

$$\text{Fluss} = \frac{\text{Wassermenge}}{\text{Zeit}} \qquad \text{Stromstärke} = \frac{\text{Ladung(smenge)}}{\text{Zeit}}$$

Ähnlich einem Fluss von Wasser fließen beim elektrischen Strom Ladungen.

Elektrizitätslehre

Charles Augustin de Coulomb, 1736–1806, französischer Physiker und Ingenieur

Aus der Einheit der Stromstärke I ist die Einheit der Ladung Q abgeleitet. Die Ladung von einem Coulomb (C), benannt nach dem französischen Physiker *Charles A. de Coulomb*, ist definiert als die Ladungsmenge, die in einer Sekunde bei einer Stromstärke von einem Ampere fließt:

$$1\,C = 1\,A \cdot 1\,s = 1\,A \cdot s$$

1.3 Elektrische Spannung

Reibungselektrizität

Werden Ladungen unterschiedlichen Vorzeichens getrennt, ziehen sich die Ladungen an. Diese elektrische Anziehung nennt man elektrische Spannung U. Sie kann z. B. beobachtet werden, wenn man sich bei trockenem Wetter mit einem nicht leitenden Kamm durch die Haare streicht. Durch die gleitende Berührung zwischen den Haaren und dem Kamm werden Ladungen verschoben und es entsteht ein Ladungsungleichgewicht zwischen dem Kamm und den Haaren. Dadurch ziehen sich Kamm und Haare gegenseitig an. Gelegentlich kann sich die Spannung durch einen Funken (ähnlich einem Blitz) entladen. Diese Art der Ladungstrennung war schon in der Antike bekannt. Beim intensiven Reiben (daher auch der Name Reibungselektrizität) von Wolle an Bernstein kann sie ebenfalls beobachtet werden. Gleiches gilt auch für Gummi, Glas und andere Isolatoren. Die Elektrizitätslehre hat daher ihren Namen.

griech. Elektron = Bernstein

Ähnlich einer Wassermenge m, die um die Höhe h gehoben wird, muss auch die Ladungsmenge Q um die Spannung U »gehoben« werden.

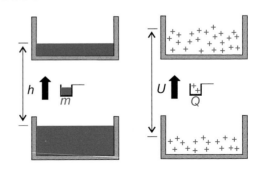

Da sich Ladungen unterschiedlichen Vorzeichens anziehen, ist zu ihrer Trennung die Arbeit W notwendig. Diese Arbeit ist gespeichert und kann wieder zurückgewonnen werden. Die elektrische Spannung ist definiert als die Arbeit, die pro Ampere und Sekunde verrichtet wird.

$$U = \frac{W}{I \cdot t} = \frac{W}{Q}$$

Die Einheit für die Spannung wurde nach dem italienischen Physiker *Alessandro Volta* Volt (V) genannt.

Alessandro Volta, 1745–1827, italienischer Physiker

$$1\,V = \frac{1\,J}{1\,A \cdot 1\,s}$$

Verwendet man wieder das Bild eines Flusses von Wasser, so kann die elektrische Spannung anschaulich als die Höhe, die das Wasser hinunterfließt, betrachtet werden.

1.4 Elementarladung

Wenn die elektrische Ladung eine mengenartige Größe ist, so stellt sich die Frage, ob es eine kleinste »Menge« an Ladung gibt und wie groß diese ist. *M. Faraday* untersuchte um 1833 die Eigenschaft des elektrischen Stromes, dass, wenn er durch eine Flüssigkeit geleitet wird, an den Elektroden Metalle und Gase abgeschieden werden.

Elektrolyse

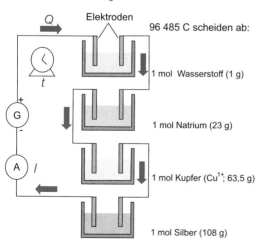

96 485 C scheiden ab:

1 mol Wasserstoff (1 g)

1 mol Natrium (23 g)

1 mol Kupfer (Cu^{1+}; 63,5 g)

1 mol Silber (108 g)

Beim Stromtransport durch Flüssigkeiten wird an den Elektroden Material abgeschieden. Die Materialmenge ist abhängig von der geflossenen Ladungsmenge.

Elektrizitätslehre

Er stellte fest:

> Die abgeschiedene Stoffmenge ν (und damit die Teilchenzahl N eines bestimmten Stoffes) ist proportional zur geflossenen Ladung.

Bestimmt man die Teilchenzahl N, die je geflossener Ladung Q abgeschieden wurde, kann man daraus die Elementarladung e berechnen. Um 107,87 g Silber abzuscheiden, ist die Ladungsmenge von 96 487 C notwendig. Da diese Silbermenge gerade 1 mol ($= 6,023 \cdot 10^{23}$ Teilchen) entspricht, ist die Elementarladung:

$$e = \frac{Q}{N} = \frac{96\,485\ \text{C}}{6,022 \cdot 10^{23}} = 1,6022 \cdot 10^{-19}\ \text{C}$$

Diese Ladungsmenge ist ungeheuer klein, man braucht $6,24 \cdot 10^{18}$ Elementarladungen, um ein Coulomb zu bilden. Erst der amerikanische Physiker *R. A. Millikan* konnte 1909 zeigen, dass dieser Wert kein Mittelwert ist, sondern dass in der freien Natur nur ganze Vielfache der Elementarladung auftreten.

Robert Andrews Millikan, 1868–1953, amerikanischer Physiker

1.5 Coulomb'sches Gesetz

Zwei Körper, die Ladungen tragen, ziehen sich an oder stoßen sich (je nach Vorzeichen) ab. Wie groß diese Kraft ist, hängt von der Entfernung der Ladungen zueinander, deren Größe und der genauen Ladungsverteilung ab.

Die Kraft, die zwischen zwei Punktladungen wirkt, wird durch das Coulomb'sche Gesetz beschrieben.

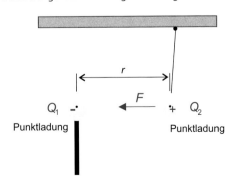

Für den einfachsten Fall, in dem die Ladungen jeweils auf einen einzigen Punkt konzentriert sind (man spricht auch von Punktladung), kann man diese Kraft leicht berechnen. Nehmen wir an, die eine Punktladung trägt die Ladung Q_1 und die zweite Q_2, der Abstand zwischen den beiden Punkten beträgt r, dann gilt für die Kraft F dazwischen:

Kraft zwischen Punktladungen

$$F = k \cdot \frac{Q_1 \cdot Q_2}{r^2}$$

Dabei ist k eine Konstante, die vom Material zwischen den Ladungen (z. B. Luft, Öl oder auch Vakuum) abhängig ist. Diese Beziehung wird auch Coulomb'sches Gesetz (zu Ehren des französischen Physikers *C. A. de Coulomb*) genannt. Für die Konstante gilt:

$$k = \frac{1}{4 \cdot \pi \cdot \varepsilon}$$

Dabei ist π die Kreiskonstante und ε die so genannte Permittivität (siehe auch Abschnitt 2.3). Sie beträgt für das Vakuum:

Elektrische Feldkonstante

$$\varepsilon_0 = 8{,}8542 \cdot 10^{-12} \; \frac{C}{V \cdot m}$$

Das Coulomb'sche Gesetz gleicht von der Form her dem Newton'schen Gravitationsgesetz, nur dass die Ladungen durch Massen ersetzt werden und die Konstante sehr viel kleiner ist.

Beispiel: Es seien zwei Punktladungen von je 1 C im Vakuum einen Meter auseinander, wie groß ist die Kraft?

$$F = \frac{1}{4 \cdot 3{,}1416 \cdot 8{,}8542 \cdot 10^{-12} \; \dfrac{C}{V \cdot m}} \cdot \frac{1\,C \cdot 1\,C}{(1\,m)^2} = 8{,}99 \cdot 10^9 \, N$$

Dies entspricht etwa der Gewichtskraft der Cheopspyramide. Diese hohen Kräfte bewirken, dass auch sehr kleine Ladungsmengen wahrgenommen werden können. Außerdem bewirken sie, dass die Atome zusammengehalten werden.

2 Elektrostatische Felder

2.1 Feldlinien und Feldstärke

Ladungen üben aufeinander Kräfte aus. Wie groß die Kraft zwischen zwei Punktladungen ist, lässt sich nach dem **Coulomb'schen Gesetz** berechnen. Dabei ist neben der Größe der Anziehung auch die Kraftrichtung durch die Verbindungsachse zwischen den beiden Punkten gegeben. Eine solch einfache Berechnung der Richtung und Stärke der Kraftwirkung auf eine Ladung in einer ausgedehnten Ladungsverteilung ist so jedoch nicht möglich.

Um diese Art von Problemen zu lösen, verwendet man so genannte **Kraftfelder**. Diese Kraftfelder sind eine Eigenschaft des Raumes und beschreiben, wie groß die Kräfte eines Feldes (auch Feldkräfte genannt) an einem bestimmten Punkt im Raum sind und in welche Richtung sie wirken. Die elektrische **Feldstärke** E (ein Vektor) gibt an, wie groß an einem bestimmten Punkt im Raum die elektrische Kraft F auf eine **Probeladung** q ist und in welche Richtung die Kraft zeigt. Es gilt:

Kraftfelder

$$F = q \cdot E$$

Die Einheit für die elektrische Feldstärke ist:

$$1 \, \frac{N}{C} = 1 \, \frac{V}{m}$$

Eine wichtige Eigenschaft von Feldern ist, dass sie durch Überlagerung (**Superposition**) vektoriell addiert werden können. Für die Überlagerung von n einzelnen Feldern, die in die gleiche Richtung zeigen, zu einem gemeinsamen Feld gilt:

$$E = E_1 + E_2 + E_3 + \dots + E_n$$

Zur Veranschaulichung des (unsichtbaren) Feldes werden so genannte **Feldlinien** verwendet. Die elektrischen Feldlinien verbinden die Ladungen miteinander und sind immer tangential zu der Richtung der Kraftwirkung.

Feldlinien

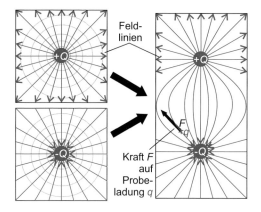

Durch Überlagerung der elektrischen Felder der einzelnen Ladungen kann das Feld für die Ladungsverteilung angegeben werden und damit für alle Punkte im Raum die Kraftwirkung auf eine Probeladung q.

Feld-linien

Kraft F auf Probe-ladung q

Zusammenfassend kann man sagen:

Im Raum um elektrische Ladungen besteht ein elektrisches Feld. In diesem Feld wirken Feldkräfte auf die Ladungen. Die elektrischen Feldlinien beginnen an positiven Ladungen und enden an negativen Ladungen. Die Kraft auf die Ladungen wirkt tangential zu den Feldlinien.

Da die auf die Ladung wirkende Kraft stets tangential zu den Feldlinien ist, müssen Feldlinien senkrecht auf leitenden Oberflächen enden. Wäre dies nicht so, würde der waagerechte Anteil der Kraft die Ladung so lange verschieben, bis dieser Anteil verschwindet.

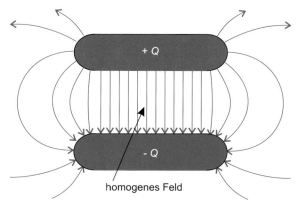

Feldlinien stehen senkrecht auf leitenden Oberflächen. Sind Abstände und Richtung der Feldlinien konstant, spricht man von einem Bereich homogenen Feldes.

homogenes Feld

Betrachtet man die Feldlinien im Zentrum zwischen zwei geladenen, runden und metallischen Platten, deren Radius *r* wesentlich größer als ihr Abstand *d* ist, so stellt man fest, dass die Feldlinien alle gleich weit auseinander liegen und dieselbe Richtung besitzen. Ein solches Feld nennt man **homogen**.

In einem homogenen elektrischen Feld hat die Feldstärke *E* überall die gleiche Richtung und den gleichen Betrag (Größe).

Hält man die Spannung zwischen zwei Plattten konstant und verändert deren Abstand, so muss die Feldstärke proportional dazu fallen.
Für eine homogenes Feld gilt:

In einem homogenen elektrischen Feld der Feldstärke *E* ist die Spannung *U* zwischen zwei Punkten, die auf der gleichen Feldlinie im Abstand *d* liegen, gegeben durch:
$$U = E \cdot d$$

2.2 Elektrische Kapazität

Verändert man die Ladungsmenge *Q* auf zwei gegenüberliegenden Flächen, so ändert sich die Spannung *U* zwischen den Polen proportional dazu. Den Proportionalitätsfaktor nennt man Kapazität *C*. Es gilt:

$$C = \frac{Q}{U}$$

Die Einheit der Kapazität wurde zu Ehren des englischen Physikers *Michael Faraday* (1791–1867) Farad (F) genannt:

$$\frac{1\,C}{1\,V} = 1\,F$$

Bauelemente, die eine elektrische Kapazität besitzen, werden **Kondensatoren** genannt. Die Größe ihrer Kapazität ist von ihrer Bauform abhängig.

Im sehr einfachen Fall eines Plattenkondensators, bei dem __Plattenkondensator__ zwei runde ebene Flächen den Abstand d voneinander haben, kann die Kapazität leicht berechnet werden. Es gilt:

> Die Kapazität wächst proportional zur Plattenfläche A und umgekehrt proportional zum Abstand d.

Herrscht im Raum zwischen den Platten Vakuum, ist die Proportionalitätskonstante die so genannte **elektrische Feldkonstante** ε_0. Für die Kapazität eines Plattenkondensators gilt dann:

$$C = \varepsilon_0 \cdot \frac{A}{d}$$

Beispiel: Die zwei Platten eines Plattenkondensators haben eine Fläche A von jeweils 0,045 m² ($r \approx 12$ cm) und besitzen einen Abstand d von 0,005 m. Zwischen den Platten befindet sich Vakuum. Wie groß ist die Kapazität?

$$C = \varepsilon_0 \cdot \frac{A}{d} = 8,85 \cdot 10^{-12}\ \frac{F}{m} \cdot \frac{0,045\ m^2}{0,005\ m} = 8 \cdot 10^{-11}\ F = 80\ pF$$

Die Kapazitäten von Kondensatoren sind also im Allgemeinen sehr klein, dadurch lassen sich bei den üblichen Spannungen nur sehr geringe Ladungsmengen speichern.

2.3 Permittivität, relative Permittivität
Die elektrische Feldkonstante

$$\varepsilon_0 = 8,8542 \cdot 10^{-12}\ \frac{C}{V \cdot m}$$

gilt nur für das elektrische Feld im Vakuum. Bringt man einen nicht leitenden Stoff (Dielektrikum) in den Raum zwischen den Platten eines Kondensators ein, so reagiert der Stoff auf das elektrische Feld so, dass die inneren Ladungen sich ausrichten (Influenz). Die positiven Ladungen der **Di-** __Influenz__ **pole** erfahren eine Kraftwirkung zur negativ geladenen Platte und umgekehrt. Diese Polarisierung des Materials führt wiederum zu einer Abnahme des elektrischen Feldes und damit zu einer Erhöhung der Kapazität.

Verschiedene handelsübliche Kondensatoren

Die Erhöhung ist abhängig vom verwendeten Material. Die relative Permittivität ε_r gibt den Faktor an, um den die Kapazität erhöht wird. Für die Kapazität eines Plattenkondensators mit Dielektrikum gilt dann:

$$C = \varepsilon_0 \cdot \varepsilon_r \cdot \frac{A}{d}$$

Stoff	relative Permittivität ε_r
Luft	1
Öl	2–2,5
Destilliertes Wasser	81
Ethanol	26
Papier	1,2–3
Glas	5–16
Keramik	bis 10 000

Erfüllt man also den Raum zwischen den Kondensatorplatten mit Keramik, steigt seine Kapazität bis zu einem Faktor von 10 000 an. Moderne Kondensatoren verwenden große Oberflächen mit geringen Abständen und ein Dielektrikum, um eine hohe Kapazität zu erreichen.

2.4 Energie des elektrischen Feldes

Laden und Entladen eines Kondensators

Wird ein Kondensator geladen, so steigt die Spannung U proportional mit der aufgebrachten Ladungsmenge Q an. Die Arbeit, die zum Laden notwendig ist, ist gegeben durch:

$$W = \frac{1}{2} \cdot U \cdot Q = \frac{1}{2} \cdot C \cdot U^2 = \frac{1}{2} \cdot \frac{Q^2}{C}$$

Verwendet man einen Plattenkondensator (siehe oben), so ergibt sich unter Zuhilfenahme von $U = E \cdot d$

$$W = \frac{1}{2} \cdot C \cdot U^2 = \frac{1}{2} \cdot \varepsilon_0 \cdot \varepsilon_r \cdot E^2 \cdot V$$

Diese Arbeit ist im Kondensator in der Energie des elektrischen Feldes (mal dem Feldvolumen $V = A \cdot d$) gespeichert und kann beim Entladen zurückgewonnen werden.

3 Magnetostatische Felder

Bringt man zwei **Permanentmagnete** nahe zueinander, so kann man beobachten, dass die Magnete Kräfte aufeinander ausüben. Ähnlich wie Ladungen in der Elektrostatik können sich Magnete anziehen und abstoßen.

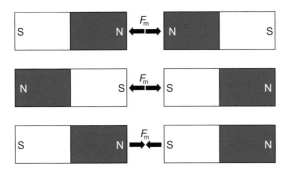

Je nach Orientierung der Dipole ziehen sich Stabmagnete an oder stoßen sich ab.

Im Gegensatz zu den elektrischen **Monopolen**, die als positive wie negative Ladung vorliegen können, sind Magnete jedoch immer **Dipole** (es gibt keine magnetischen Monopole!). Das bedeutet, dass Magnete immer gleichzeitig zwei Pole besitzen, die Nord- und Südpol heißen. Die Existenz der magnetischen Kräfte ist schon lange bekannt. Schon um 1000 n. Chr. nutzten Chinesen die Ausrichtung von magnetisiertem Erz im Erdmagnetfeld, um sich zu orientieren. Die Herkunft dieser Kräfte war jedoch lange Zeit unklar. Erst mit der Entdeckung, dass ein elektrischer Strom ein Magnetfeld erzeugt und dass ein Magnetfeld eine Kraft auf einen Ladungsstrom ausübt, konnte (zusammen mit dem Modell der Elementarmagnete) der Ursprung der magnetischen Kräfte erklärt werden. Ganz allgemein gilt:

Magnete sind Dipole.

Der Magnetismus beschreibt die Wirkung von bewegten Ladungen aufeinander.

3.1 Magnetisches Feld

Entsprechend der Elektrostatik kann man die Kraftwirkung der Magnete durch die Einführung eines **Kraftfeldes** beschreiben. Da das magnetische Feld im Gegensatz zum elektrischen Feld keine Monopole (Ladungen) besitzt, sind die Feldlinien des magnetischen Feldes immer geschlossen. Das heißt, wie ein Kreis besitzen sie keinen Anfang oder Ende. Die Feldlinien des magnetischen Feldes verlaufen dabei außerhalb des Magneten von seinem Nordpol zu seinem Südpol, innerhalb genau umgekehrt.

Feldlinien sind geschlossen.

Die Feldlinien des magnetische Feldes zeigen außerhalb des Magneten von Nord nach Süd.

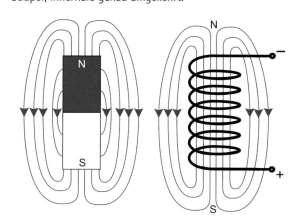

3.2 Kraft auf Ströme im Magnetfeld

Fließt in einem Magnetfeld elektrischer Strom durch einen Draht, so kann eine Kraftwirkung auf diesen Draht beobachtet werden.

Die Kraftrichtung auf einen Leiter in einem Magnetfeld kann durch die Dreifingerregel angegeben werden.

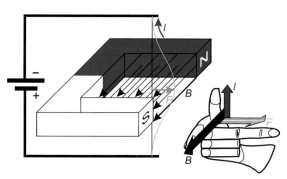

Für die Richtung der Kraft gilt:

> Ein Strom durch einen Leiter erfährt von einem fremden
> Magnetfeld eine Kraft, die senkrecht zu den Feldlinien
> des Magnetfeldes und senkrecht zur Stromrichtung ver-
> läuft.

Dies ist die so genannte **Dreifingerregel**, dabei dienen Daumen, Zeige- und Mittelfinger der rechten Hand dazu, die
Kraftrichtung zu bestimmen. Zeigt der Daumen in Richtung   Kraftrichtung
des Stromflusses und der Zeigefinger in Richtung des magnetischen Feldes, so gibt der dazu senkrechte Mittelfinger
die Kraftrichtung an. Dies ist ein wesentlicher Unterschied
zum elektrischen Feld, wo die Kraft tangential zur Feldlinie
wirkt. Deshalb gilt auch:

> Ein Magnetfeld übt keine Kraft auf einen Strom aus, der
> parallel zu den magnetischen Feldlinien fließt.

Diese Kraftwirkung des magnetischen Feldes auf einen
stromdurchflossenen Leiter kann dazu verwendet werden,
die Größe des magnetischen Feldes zu beschreiben.

3.3 Magnetische Flussdichte

Wir betrachten einen elektrischen Leiter mit der Länge l, der
von einem Strom I durchflossen wird. Dieser Leiter befinde
sich in einem homogenen magnetischen Feld, dessen Feldlinien senkrecht zu der Richtung des Stromflusses stehen.
Durch den Stromfluss wird auf den Leiter eine Kraft F ausgeübt. Die magnetische Flussdichte B ist dann definiert durch

$$B = \frac{F}{I \cdot l}$$

Die Einheit der magnetischen Flussdichte Tesla (T) ist dabei
nach dem jugoslawischen Physiker *N. Tesla* benannt.

Nikola Tesla,
1856–1943, kroatisch-
amerikanischer Physiker
und Elektrotechniker

$$1\,\frac{N}{A \cdot m} = 1\,T$$

Dabei stellt ein Tesla ein sehr hohes Feld dar. Es erzeugt auf einem Leiter von 1 m Länge, durch den ein Strom von 1 A fließt, eine Kraft von 1 N. Das Erdmagnetfeld ist im Vergleich dazu mit etwa $B = 4{,}7 \cdot 10^{-4}$ T recht gering.

3.4 Feld einer langen Spule

Befindet sich eine Kompassnadel in der Nähe eines Drahtes, durch den ein elektrischer Strom fließt, kann umgekehrt beobachtet werden, dass eine magnetische Kraftwirkung auf den Kompass ausgeübt wird.

Auch ein von elektrischem Strom durchflossener Draht übt eine magnetische Kraft aus.

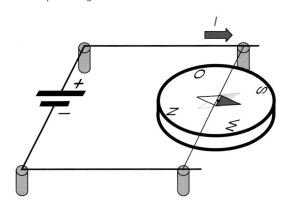

Homogenes Magnetfeld

Das durch den Stromfluss um den Draht entstehende magnetische Feld ist stark von der Position zum Draht abhängig. Wickelt man den Draht zu einer langen Spule auf, so stellt man fest, dass das magnetische Feld überall im Inneren der Spule eine gleich große Wirkung hervorruft. Es gilt:

Das Magnetfeld im Inneren einer lang gestreckten stromdurchflossenen Spule ist homogen.

Schickt man nun durch einen zweiten Draht, der durch die Mitte der Spule senkrecht zur Spulenachse verläuft, einen konstanten Strom und misst die Kraftwirkung durch das Magnetfeld der Spule auf diesen Draht, stellt man fest, dass die Kraftwirkung linear mit dem Strom I durch die Spule ansteigt.

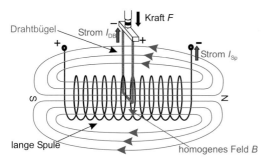

Drahtbügel — Strom I_{DB} — Kraft F

Strom I_{Sp}

S — N

lange Spule — homogenes Feld B

*Aus der Kraftwirkung
auf einen Leiter kann
die Proportionalitäts-
konstante zwischen
Spulenstrom und
magnetischem Feld
ermittelt werden.*

Werden für diesen Versuch geometrisch identische Spulen (aber mit unterschiedlichen Windungszahlen) verwendet, so stellt man fest, dass bei gleichen elektrischen Strömen durch die Spulen das magnetische Feld linear mit der Anzahl der Spulenwindungen ansteigt. Es gilt:

Das magnetische Feld einer langen Spule steigt proportional zum Spulenstrom I und zum Quotienten aus Wicklungsanzahl n und Länge der Spule l.

Der Proportionalitätsfaktor wird **magnetische Feldkonstante** μ_0 genannt. Es gilt:

$$\frac{B \cdot l}{I \cdot n} = \mu_0 = 1{,}257 \cdot 10^{-6} \ \frac{N}{A^2}$$

3.5 Permeabilität

Wird eine Spule mit Eisen gefüllt, steigt die magnetische Flussdichte in der Spule stark an. Das Eisen nimmt also, ähnlich wie das Dielektrikum im Kondensator das elektrische Feld verändert, Einfluss auf die magnetische Flussdichte.

Die Permeabilitätszahl μ_r gibt an, um welches Vielfache sich die magnetische Flussdichte B erhöht, wenn ein Stoff anstatt Vakuum den Raum erfüllt.

Abhängig von der Permeabilitätszahl unterteilt man Stoffe in drei verschiedene Klassen.

3.6 Ferro-, Para- und Diamagnetismus

Magnetismus wird durch die Elektronenbewegung in Atomen (Elementarmagnete) verursacht. Dabei unterscheidet man drei verschiedene Fälle.

Beim **Diamagnetismus** ist die Bewegung der Elektronen im Atom so, dass sich keine Dipole ausbilden (1). Durch ein äußeres Magnetfeld werden die Bahnen der Elektronen so verändert, dass sie sich nicht mehr ausgleichen, ein Dipol entsteht (2). Dieser vom äußeren Feld verursachte Dipol ist aber dem äußeren Feld entgegengerichtet (3). Das äußere Feld wird dadurch abgeschwächt.

Die Permeabilitätszahl μ_r eines diamagnetischen Stoffes ist immer kleiner als (aber sehr nahe) **eins**.

Permeabilitätszahlen diamagnetischer Stoffe

Diamagnetischer Stoff	μ_r
Wasser	0,999 991
Kupfer	0,999 990
Wismut	0,999 84

Wird eine Kugel aus diamagnetischem Material in ein inhomogenes Magnetfeld gebracht, so wirkt eine Kraft in Richtung des schwächeren Magnetfeldes auf die Kugel.

Beim Diamagnetismus wird das äußere Feld durch die entstehenden Dipole geschwächt.

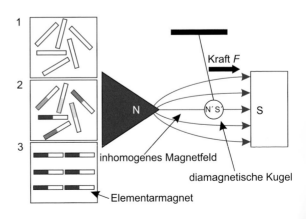

Beim **Paramagnetismus** ist die Bewegung der Elektronen im Atom so, dass sich die Dipolfelder durch die Elektronenbewegung nicht vollständig aufheben. Es bilden sich atomare Dipole (Elementarmagnete) aus, die untereinander aufgrund der thermischen Bewegung der Atome völlig ungeordnet sind (1). Durch ein äußeres Magnetfeld werden diese Dipole in Richtung des Feldes geordnet (2). Das äußere Feld wird dadurch verstärkt.

Die Permeabilitätszahl μ_r eines paramagnetischen Stoffes ist immer größer als (aber sehr nahe) **eins**.

Paramagnetischer Stoff	μ_r
Luft	1,000 000 37
Aluminium	1,000 02
Eisen (bei 800 °C)	1,15

Permeabilitätszahlen paramagnetischer Stoffe

Wird eine Kugel aus paramagnetischem Material in ein inhomogenes Magnetfeld gebracht, so wirkt eine Kraft in Richtung des stärkeren Magnetfeldes auf die Kugel.

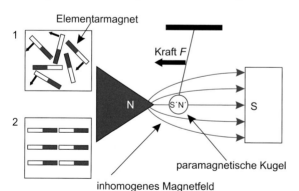

Elementarmagnet
1
Kraft F
N S'N' S
2
paramagnetische Kugel
inhomogenes Magnetfeld

Beim Paramagnetismus wird das äußere Feld durch die Ausrichtung der vorhandenen Dipole gestärkt.

Beim **Ferromagnetismus** (lat. ferrum = Eisen) ist wie beim Paramagnetismus die Bewegung der Elektronen im Atom so, dass sich die Dipolfelder durch die Elektronenbewegung nicht vollständig aufheben. Es bilden sich ebenfalls atomare Dipole (Elementarmagnete) aus. Im Gegensatz zu paramagnetischen

Beim Ferromagne-tismus richten sich die Elementarmagnete selbstständig in den Weiß'schen Bezirken einheitlich aus.

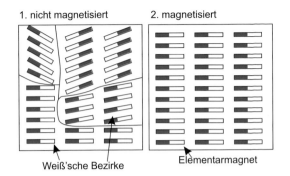

1. nicht magnetisiert   2. magnetisiert

Weiß'sche Bezirke   Elementarmagnet

Stoffen, bei denen die Dipole schwächer und völlig ungeordnet sind, bilden sich bei den ferromagnetischen Stoffen spontan kleine Regionen (so genannte Weiß'sche Bezirke, Durchmesser ca. 0,01 mm), in denen alle Dipole gleich ausgerichtet sind. Diese Bezirke sind zeitlich stabil, aber untereinander ungeordnet. Werden die Weiß'schen Bezirke durch ein äußeres Feld gleichmäßig ausgerichtet, stehen alle Elementarmagnete in Richtung des äußeren Magnetfeldes, das Material ist magnetisch gesättigt und das Magnetfeld stark vergrößert.

Weiß'sche Bezirke

Pierre Ernest Weiss (Weiß), 1865–1940, französischer Physiker

Die Permeabilität μ_r eines ferromagnetischen Stoffes ist immer sehr viel größer als **eins**.

Permeabilitätszahlen ferromagnetischer Stoffe

Ferromagnetischer Stoff	μ_r
Gusseisen	800
Transformatorenblech	8000
Mumetall	100 000

Diese Ausrichtung bleibt im Gegensatz zum Dia- und Paramagnetismus auch nach dem Ausschalten des äußeren Feldes teilweise erhalten. Auf diese Weise werden aus speziellen Eisenlegierungen **Permanentmagnete** hergestellt.

3.7 Lorentz-Kraft

Magnetische Felder üben auf fließende Ladungen eine Kraftwirkung aus, dies konnte schon bei einem stromdurchflossenen Leiter in einem Magnetfeld nachgewiesen werden. Auch auf sich frei bewegende Elektronen, wie sie z. B. in einer Braun'schen Röhre verwendet werden, wirkt diese Kraft und führt zu einer Ablenkung der Elektronen. Sie wurde nach dem niederländischen Physiker *H. A. Lorentz* Lorentz-Kraft genannt. Die Kraftwirkung muss nach der **Dreifingerregel** senkrecht zur Bewegungsrichtung der Elektronen und zur Flussdichte des Magnetfeldes stehen.

Karl Ferdinand Braun, 1850–1918, deutscher Physiker

Hendrik Antoon Lorentz, 1853–1928, niederländischer Physiker

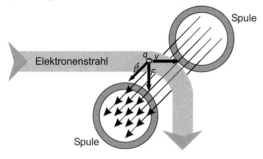

Fliegen geladene Teilchen durch ein magnetisches Feld, so führt die Lorentz-Kraft zu einer Ablenkung.

Die Kraft *F* auf einen Leiter der Länge *l*, der von einem Strom *I* in einem Magnetfeld mit der Flussdichte *B* durchflossen wird, ist gegeben durch:

Kraft auf Leiter im Magnetfeld

$$F = I \cdot l \cdot B$$

Ersetzt man den Strom *I* mit

$$I = \frac{Q}{t} = \frac{N \cdot e}{l} \cdot v_s$$

durch die Anzahl an Elementarladungen ($N \cdot e$) sowie die Driftgeschwindigkeit v_s der Elektronen, so ist die Kraft auf alle Elementarladungen gegeben durch:

$$F = I \cdot l \cdot B = N \cdot B \cdot e \cdot v_s$$

Dividiert man durch *N* und berücksichtigt, dass der magnetische Fluss und die Bewegungsrichtung den Winkel α bilden, erhält man die Lorentz-Kraft zu:

$$F_L = -e \cdot v \cdot B \cdot \sin \alpha$$

In Fernsehapparaten nutzt man die Lorentz-Kraft, um mit einem Elektronenstrahl den ganzen Bildschirm abzutasten. Dazu werden starke magnetische Spulen so von Wechselströmen durchflossen, dass der Elektronenstrahl über die Innenseite des Bildschirms wandert.

4 Elektromagnetische Felder

In der **Magnetostatik** wurde gezeigt, dass auf elektrische Ströme in einem magnetischen Kraftfeld eine Kraft ausgeübt wird (**Lorentz–Kraft**) und umgekehrt ein elektrischer Strom um sich herum ein magnetisches Feld aufbaut. Ganz allgemein wurde gesagt:

> Der Magnetismus beschreibt die Wirkung von bewegten Ladungen aufeinander.

Dabei war man davon ausgegangen, dass weder die Magnetfelder noch die elektrischen Ströme sich zeitlich ändern.

Veränderliche Felder — Auch wenn die elektrischen und magnetischen Felder zeitlich veränderlich sind, wie in der **Elektrodynamik** beschrieben, ist dieser Satz weiterhin gültig. Zusätzlich treten durch die zeitliche Änderung von Strömen und Feldern weitere physikalische Effekte auf, die im täglichen Leben von großer Bedeutung sind. So lassen sich mit der Elektrodynamik die Grundlagen von Rundfunk und Fernsehen, aber auch das schnurlose Telefon oder die Funktionsweise von Generatoren zur Energiegewinnung erklären.

4.1 Induktionsgesetz

Die **Induktion** wurde entdeckt, als nach Wegen zur Bereitstellung von elektrischer Energie gesucht wurde. Zwar waren die Reibungselektrizität und die chemische Elektrizität schon bekannt, für eine technische Nutzung waren diese Verfahren jedoch zu aufwendig und teuer.

Wenn sich ein elektrischer Leiter senkrecht zu einem homogenen Magnetfeld bewegt, wird an seinen Enden eine Spannung induziert.

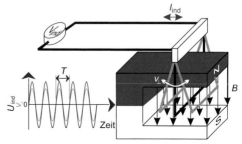

Bei seinen Versuchen machte *M. Faraday* 1831 die folgende Entdeckung:

Bewegt sich ein Leiter der Länge *l* mit der Geschwindigkeit *v* Induktionsspannung senkrecht zu den magnetischen Feldlinien eines homogenen zeitlich konstanten Feldes der Stärke *B*, so kann an seinen Enden die induzierte Spannung U_{ind}

$$U_{ind} = B \cdot l \cdot v$$

abgegriffen werden. Das heißt aber auch:

> Bewegungsenergie lässt sich in elektrische Energie umwandeln.

Dies ist jedoch nicht die einzige Möglichkeit, durch Induktion eine Spannung zu erzeugen. Wird eine Leiterschleife mit der Fläche *A* senkrecht von einem homogenen Magnetfeld der Stärke *B* durchflutet, so ist der gesamte Fluss Φ an Feldlinien durch die Leiterschleife gegeben durch:

$$\Phi = B \cdot A$$

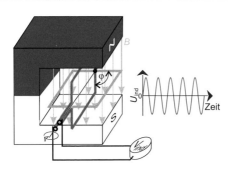

Dreht man eine Leiterschleife geeignet in einem magnetischen Feld, so verursacht die Flussänderung eine Induktionsspannung.

Dreht sich die Leiterschleife im magnetischen Feld, so ändert sich der Winkel φ zwischen den Feldlinien und der Fläche *A*. Damit ändert sich aber auch der Fluss Φ im Laufe der Zeit. Es gilt:

$$\Phi = B \cdot A \cdot \cos\varphi$$

Durch den sich zeitlich ändernden Fluss wird an den Enden der Spule ebenfalls eine Spannung induziert.

Das Faraday'sche Induktionsgesetz sagt ganz allgemein aus, dass die induzierte Spannung U_{ind} proportional zur Flussänderung $\Delta\Phi$ während der Zeitdauer Δt ist. Für eine Spule mit n Schleifen gilt:

$$U_{ind} = n \cdot \frac{\Delta\Phi}{\Delta t}$$

Generatoren erzeugen Strom.

Die Drehung einer Leiterschleife in einem Magnetfeld wird zur Stromerzeugung durch **Generatoren** in einem Kraftwerk verwendet. Die zeitliche Änderung des magnetischen Flusses kann man auch erreichen, wenn man die Leiterschleife senkrecht zu den Feldlinien fixiert und die Stärke des magnetischen Feldes mit der Zeit ändert (z. B. den Strom durch die Spule erhöht). Nach diesem Prinzip arbeiten z. B. **Transformatoren**. Zur Charakterisierung der induktiven Eigen-

Induktivität

schaften von Spulen wird die Induktivität L eingeführt. Sie gibt an, wie groß die induziert Spannung ist, wenn der Strom durch die Spule sich ändert. Es gilt:

$$-L = \frac{U_{ind} \cdot \Delta t}{\Delta I}$$

Joseph Henry,
1797–1878,
amerikanischer Physiker

Die Einheit für die Induktivität wurde nach dem amerikanischen Physiker *Joseph Henry* Henry (H) benannt.

$$1\,V \cdot \frac{1\,s}{1\,A} = 1\,H$$

Heinrich Friedrich
Emil Lenz, 1804–1865,
deutsch-russischer
Physiker

Wird an den Enden der Leiterschleife eine Spannung induziert, so führt diese Spannung zu einem Stromfluss durch die Leiterschleife. Die **Lenz'sche Regel**, benannt nach dem baltischen Physiker *H. F. E. Lenz*, sagt aus:

Der Induktionsstrom ist so gerichtet, dass sein Magnetfeld dem erzeugenden Magnetfeld entgegenwirkt.

4.2 Energie des magnetischen Feldes

Fließt ein Strom durch eine Spule, baut sich um diese Spule ein magnetisches Feld auf. Da nach dem Unterbrechen des Stromkreises der Strom noch für kurze Zeit weiterfließt, während sich das magnetische Feld abbaut, muss im magnetischen Feld Energie gespeichert sein. Für die Arbeit, die zur Erzeugung eines Magnetfeldes bei der **Selbstinduktivität** L und dem Strom I notwendig ist, gilt:

$$W = \frac{1}{2} \cdot L \cdot I^2$$

Verwendet man eine lange Spule, ist die Induktivität L (siehe Abschn. 5.7 Selbstinduktion) durch deren Länge l, Querschnittsfläche A und Anzahl der Windungen n gegeben:

$$L = \mu_0 \cdot \mu_r \cdot n^2 \cdot \frac{A}{l}$$

$$B = \frac{I \cdot \mu_0 \cdot \mu_r \cdot n}{l}$$

So ergibt sich durch Umformen für die gespeicherte Arbeit:

$$W = \frac{1}{2 \cdot \mu_0 \cdot \mu_r} \cdot B^2 \cdot V$$

Man erkennt, dass die Arbeit im magnetischen Feld (mal dem Feldvolumen $V = A \cdot l$) gespeichert wird.

4.3 Transformator

Fließt Wechselstrom durch eine Spule (Primärspule), so wird ein sich zeitlich änderndes Magnetfeld erzeugt. Dieses Magnetfeld erzeugt nach dem Induktionsgesetz in einer zweiten Spule (Sekundärspule) eine Induktionsspannung.

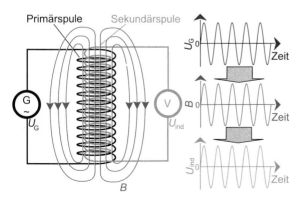

Ändert sich das magnetische Feld in der einen Spule, führt dies in der anderen Spule zu einer Induktionsspannung.

Ist der Ohm'sche Widerstand (siehe Abschnitt 5.2) der Primärspule null, so gilt für den Zusammenhang zwischen der angelegten Spannung U_1 und der von ihr hervorgerufenen Änderung des magnetischen Flusses Φ_1 die so genannte Grundgleichung des Transformators:

$$U_1 = n_1 \cdot \frac{\Delta\Phi_1}{\Delta t}$$

Transformatoren sind Spannungswandler. Sind die Flussänderungen in beiden Spule gleich, gilt also

$$\frac{\Delta\Phi_1}{\Delta t} = \frac{\Delta\Phi_2}{\Delta t},$$

dann ist die in der zweiten Spule induzierte Spannung U_2 gegeben durch:

$$U_2 = -n_2 \cdot \frac{\Delta\Phi_2}{\Delta t}$$

Dies bedeutet aber, dass die Spannungen an den Spulen sich verhalten wie das negative Verhältnis der Windungszahlen ($\ddot{u}$).

$$\frac{U_2}{U_1} = -\frac{n_2}{n_1} = \ddot{u}$$

Fließt durch die sekundäre Spule der Strom I_2 und treten in der Anordnung keine Verluste auf, sind die elektrischen Leistungen (siehe Abschnitt 5.9) in der ersten und zweiten Spule gleich. Es gilt:

$$U_1 \cdot I_1 = P_1 = P_2 = U_2 \cdot I_2$$

und damit für die Transformation der Ströme:

$$\frac{I_2}{I_1} = \frac{n_1}{n_2}$$

Technische Geräte, die nach diesem Prinzip funktionieren, nennt man **Transformatoren**.

Beispiel: Die Primärspule eines Transformators besitzt $n_1 = 100$ Wicklungen und ist an 230 V Wechselspannung angeschlossen. Welche Spannung kann an der Sekundärspule abgegriffen werden, wenn diese aus a) $n_2 = 10$, b) $n_2 = 20$ oder c) $n_2 = 30$ Windungen besteht?

$$U_A = \frac{n_2}{n_1} \cdot U_1 = \frac{10}{100} \cdot 230\,V = 23\,V; \quad U_B = 46\,V; \quad U_C = 69\,V$$

Die Eigenschaft des Transformators, Wechselspannung und Ströme entsprechend den Windungszahlen der verwendeten Spulen umzuwandeln, wird in der Elektrotechnik vielseitig genutzt. Praktisch in jedem Haushalt befinden sich so genannte Netzgeräte. Diese transformieren die Wechselspannung des Stromnetzes in die für das Haushaltsgerät benötigte Spannung. Zum Elektroschweißen wird ein hoher Strom bei niedriger Spannung durch einen Transformator aus dem Stromnetz gewonnen. Technisch sitzen die beiden Spulen auf einem lamellierten Eisenring, der den magnetischen Fluss durch beide Spulen leitet und Verluste verhindert.

Transformatoren werden vielseitig eingesetzt.

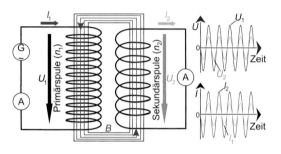

Beim Transformator verhalten sich die Spannungen wie die Wicklungsverhältnisse, die Ströme genau umgekehrt.

4.4 Elektromagnetische Wellen

Während sich um eine Spule ein Magnetfeld bildet, wenn ein elektrischer Strom durch die Spule fließt, entsteht um den Kondensator ein elektrisches Feld, wenn er geladen ist. Sind der Stromfluss durch die Spule oder die Ladung auf dem Kondensator zeitabhängig, so sind es die daraus entstehenden Felder ebenfalls. Wir betrachten einen Stromkreis bestehend aus einem Kondensator und einer Spule.

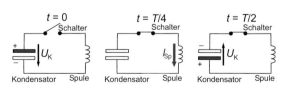

Energie »schwingt« in einem Schwingkreis vom elektrischen zum magnetischen Feld und zurück.

Ist der Kondensator geladen, existiert ein elektrisches Feld. Schließt man den Schalter, kann sich der Kondensator über die Spule entladen. Der **Entladestrom** fließt durch die Spule und erzeugt ein magnetisches Feld. Ist der Kondensator entladen, das elektrische Feld also null, führt die **Selbstinduktion** der Spule dazu, dass ein Ladestrom in den Kondensator fließt, während das magnetische Feld schwächer wird. Ist das magnetische Feld null, fließt kein Strom mehr, aber der Kondensator ist (teilweise) umgekehrt geladen, ein elektrisches Feld ist erneut entstanden. Daraufhin fängt der Kondensator erneut an sich zu entladen. Eine (gedämpfte) Schwingung entsteht, bei der die Energie abwechselnd im elektrischen und im magnetischen Feld gespeichert ist. Die Schwingungsdauer ist durch die **Thomson-Gleichung** (siehe 6.5) gegeben. Wird der Stromkreis zu einer geraden Strecke aufgebogen, entsteht ein so genannter **Hertz'scher Dipol** (benannt nach *Heinrich Hertz*).

Elektrisches und magnetisches Feld wechseln sich ab.

Heinrich Hertz, 1857–1895, deutscher Physiker

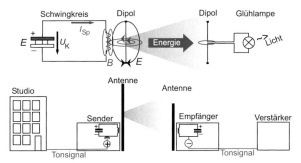

Die von einem Hertz'schen Dipol abgestrahlten Wellen transportieren Energie, die von einem zweiten Dipol empfangen werden kann.

Die von einem Hertz'schen Dipol abgestrahlten elektromagnetischen Felder können noch in großer Entfernung gemessen werden. Dazu wird lediglich ein zweiter Schwingkreis benötigt, der die gleiche Schwingungsdauer besitzt. Dieser zweite Schwingkreis entnimmt etwas von der Energie des elektromagnetischen Feldes und verwendet diese Energie dazu, um selbst mit der gleichen Frequenz zu schwingen. Den ersten Schwingkreis nennt man dabei **Sender**, der zweite wird **Empfänger** genannt. Mit elektromagnetischen Wellen kann also Energie, aber auch Information über große Entfernung hinweg übertragen werden.

Diese Eigenschaft elektromagnetischer Wellen, Energie und Information zu übertragen, ist wesentlicher Bestandteil unserer technischen Gesellschaft. Eine der ersten Anwendungen der elektromagnetischen Wellen ist der Rundfunk. Im Sender des Rundfunks werden Toninformationen, also Sprache und Musik, der Sendefrequenz beigemischt und abgestrahlt. Beim Empfänger, einem Radioapparat, wird, wenn die gleiche Frequenz wie beim Sender eingestellt ist, die elektromagnetische Welle empfangen, die Information wieder herausgefiltert und anschließend wiedergegeben. Entsprechendes wird beim Fernsehen mit Bild- und Toninformationen gemacht und auch die Mobilfunknetze übertragen die Informationen, allerdings digital codiert, mithilfe von elektromagnetischen Wellen. Damit die Wellen und damit die übertragene Information sich nicht gegenseitig stören, werden bestimmte Frequenzen für Anwendungen reserviert. Die Reichweite der Wellen und auch die Informationsmenge, die übertragen werden kann, hängen stark von der Frequenz ab. Aber auch die Energieübertragung durch elektromagnetische Wellen wird im alltäglichen Leben genutzt. So ist z. B. in Mikrowellengeräten ein starker Sender eingebaut, dessen abgestrahlte Schwingungen die Dipole des Wassers, das in Lebensmitteln enthalten ist, zu Schwingungen anregen. Diese führen zu einer starken Erwärmung des Wassers.

Rundfunk, Fernsehen, Mobilfunk

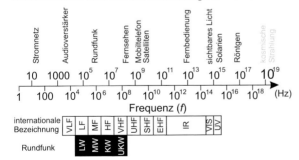

Einsatzgebiete elektromagnetischer Strahlung

Achtung: Elektromagnetische Schwingungen der geeigneten Frequenz (z. B. Mikrowellen, Radar, Handys) können auch in menschlichen Zellen die Temperatur erhöhen und sie bei hoher Leistung so zum Absterben bringen.

5 Gleichstromkreis

Werden die Pole einer Ladungsquelle über leitfähige Elemente (Kabel, Glühbirnen etc.) miteinander verbunden, entsteht ein Stromkreis. Durch die Verwendung nicht leitender Materialien, so genannter **Isolatoren** (Luft, Glas, Gummi etc.), für die elektrische Schaltung wird sichergestellt, dass der Strom nur einen Weg nehmen kann.

Achtung: Der Kontakt mit elektrischer Spannung kann einen Stromfluss durch den Körper verursachen. **Dies kann zu lebensgefährlichen Folgen führen!** Unbedingt die Sicherheitsvorschriften beachten!

Während in einem Wechselstromkreis die Spannung periodisch schwankt, ist sie im Gleichstromkreis konstant.

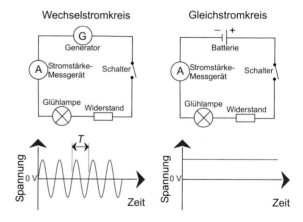

5.1 Gleichspannung

In der Elektrotechnik unterscheidet man im Wesentlichen zwei verschiedene Stromquellen. Die Generatoren in Kraftwerken erzeugen **Wechselspannung**, das heißt, die Spannung an den Anschlüssen des Generators wechselt in bestimmten Zeitabschnitten die Polarität (in Europa 50-mal in der Sekunde). Im Gegensatz dazu liefern z. B. Batterien oder Solarzellen eine **Gleichspannung**, bei der die Polung der Anschlüsse sich zeitlich nicht ändert.

5.2 Ohm'sches Gesetz

Fließen Ladungen z. B. in einem Leiterkreis durch einen Stoff hindurch, so werden die Ladungsträger mit den Stoffteilchen zusammenstoßen. Je häufiger und heftiger diese Zusammenstöße sind, desto schlechter können sich die Ladungsträger ausbreiten, der Fluss an Ladungen wird gehemmt. Der deutsche Physiker *G. S. Ohm* fand heraus, dass eine lineare Abhängigkeit (Proportionalität) zwischen angelegter elektrischer Spannung und dem elektrischen Strom besteht. Der Proportionalitätsfaktor ist der elektrische **Widerstand** *R*. Er gibt an, welche Spannung notwendig ist, um einen Strom von einem Ampere fließen zu lassen. Es gilt das Ohm'sche Gesetz:

Georg Simon Ohm, ■
1787–1854,
deutscher Physiker

Zusammenhang ■
zwischen Spannung
und Stromstärke

$$R = \frac{U}{I}$$

$$1\,\Omega = \frac{1\,\text{V}}{1\,\text{A}}$$

Die Einheit des elektrischen Widerstandes ist das Ohm (Ω).

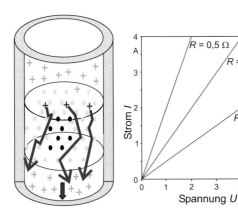

*Stöße zwischen
Ladungen und Materie
führen zu einem
elektrischen
(ohmschen) Widerstand.*

Beispiel: Wird eine Leiterschleife mit einem Widerstand von 20 Ω an eine Spannung von 10 V angeschlossen, dann fließt ein Strom *I* von:

$$I = \frac{U}{R} = \frac{10\,\text{V}}{20\,\Omega} = 0{,}5\,\text{A}$$

5.3 Spezifischer Widerstand

Der Widerstand R, z. B. eines Bauelementes, gibt an, welche Spannung notwendig ist, um einen bestimmten Stromfluss zu erreichen. Wovon jedoch ist dieser Widerstand abhängig? Betrachtet man den einfachen Fall eines Drahtes konstanter Dicke, dann leuchtet ein, dass der elektrische Widerstand linear mit der Länge l des Drahtes steigt. Nimmt man wieder die Analogie zwischen Wasser und Strom zu Hilfe, ist auch verständlich, dass der Fluss durch den Draht linear mit dessen Querschnittsfläche A ansteigt. Damit fällt umgekehrt der Widerstand linear mit der Fläche. Die elektrischen Eigenschaften des verwendeten Materials werden in der Konstanten ρ (rho), dem so genannten »spezifischen« Widerstand, zusammengefasst. Der elektrische Widerstand des Drahtes lässt sich demnach mit

Wovon hängt der Widerstand ab?

$$R = \rho \cdot \frac{l}{A}$$

berechnen. Der spezifische Widerstand ρ besitzt die Einheit $\Omega \cdot m$, wobei in Tabellen häufig auch die Werte in

$$\frac{\Omega \cdot mm^2}{m} = 10^{-6}\ \Omega \cdot m\ \text{angegeben sind.}$$

Der Widerstand R eines Stabes ergibt sich aus seiner Länge, seiner Querschnittsfläche und seinem spezifischen Widerstand.

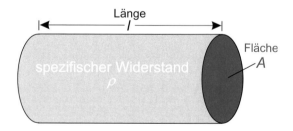

Beispiel: Eine Spule ist aus einem Kupferdraht gewickelt ($\rho = 17 \cdot 10^{-9}\ \Omega \cdot m$), der eine Länge von $l = 300$ m und eine Querschnittsfläche von $A = 1\ mm^2$ hat. Ihr Widerstand ist:

$$R = \rho \cdot \frac{l}{A} = 17 \cdot 10^{-9}\ \Omega \cdot \frac{m^2}{m} \cdot \frac{300\ m}{1 \cdot 10^{-6}\ m^2} = 5{,}1\ \Omega$$

Für Silber wäre der elektrische Widerstand 4,8 Ω, für Eisen 29,4 Ω.

5.4 Kirchhoff'sche Gesetze

Stromkreise bestehen im Allgemeinen aus vielen Bauelementen, die entweder hintereinander (**Reihenschaltung**) oder parallel zueinander (**Parallelschaltung**) vom elektrischen Strom durchflossen werden. Die **Kirchhoff'schen** Gesetze beschreiben die Spannungen und Ströme in solch einem **Netzwerk** aus beliebigen Bauelementen.

Gustav Robert Kirchhoff, 1824–1887, deutscher Physiker

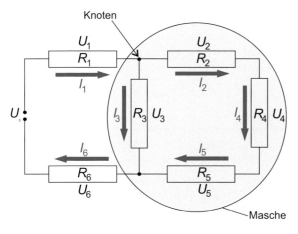

Netzwerk aus sechs Widerständen zur Illustration der Kirchhoff'schen Gesetze

Dabei betrachtet man ein solches Netzwerk zusammengesetzt aus Maschen und Knoten. Der Knotensatz sagt aus, dass genau so viel Ladungen in den Knoten fließen müssen, wie aus ihm herausfließen, oder anders ausgedrückt:

Knotensatz

Die Summe aller Ströme in einem Knoten ist null.
$$I_1 + I_2 + I_3 + \ldots + I_N = 0$$
z. B.
$$I_1 = I_2 + I_3 \Leftrightarrow 0 = I_1 - (I_2 + I_3)$$
(Vorzeichen bei Stromfluss beachten!)

Aus dieser Regel kann man den Gesamtwiderstand R_{Ges} einer Schaltung aus M parallelen Widerständen herleiten zu:
$$\frac{1}{R_{Ges}} = \frac{I_{Ges}}{U} = \frac{I_1 + I_2 + \ldots + I_M}{U} = \frac{1}{R_1} + \frac{1}{R_2} + \ldots + \frac{1}{R_M}$$

Maschensatz
Der Maschensatz sagt aus, dass die Spannung zwischen zwei Punkten der Masche unabhängig ist vom Weg, den man in der Masche zurücklegt, oder anders ausgedrückt:

Die Summe aller Spannungen in einer Masche ist null.
$U_1 + U_2 + U_3 + ... + U_N = 0$
z. B.
$U_0 = U_1 + U_3 + U_6 \Leftrightarrow 0 = U_0 - (U_1 + U_3 + U_6)$
(Vorzeichen bei Spannungen beachten!)

Aus dieser Regel kann man den Gesamtwiderstand R_{Ges} einer Reihenschaltung aus M Widerständen herleiten zu:

$$R_{Ges} = \frac{U_{Ges}}{I} = \frac{U_1 + U_2 + ... + U_M}{I} = R_1 + R_2 + ... + R_M$$

5.5 Innerer Widerstand

Misst man die Spannung am Ausgang einer Spannungsquelle im unbelasteten Zustand, d. h., wenn kein Strom entnommen wird, so erhält man die so genannte **Leerlauf–** oder auch **Urspannung** U_0. Belastet man dieselbe Quelle durch einen großen Strom, indem man einen sehr kleinen Widerstand anschließt, stellt man fest, dass die Klemmenspannung U_{Kl} abfällt. Dies kann man damit erklären, dass jede Spannungsquelle einen **Innenwiderstand** R_I besitzt, an dem die Differenz abfällt.

Fließt ein Strom durch den inneren Widerstand einer Spannungsquelle, sinkt deren Klemmenspannung.

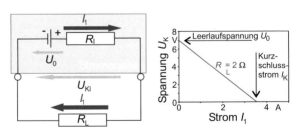

Der innere Widerstand kann zwischen mehreren Ohm (Batterien und Solarzellen) und wenigen Milliohm (Automobilakkus) liegen.

Es gilt:

$$U_{Kl} = U_0 - I \cdot R_I$$

Werden die Pole einer Spannungsquelle direkt miteinander verbunden (das heißt, der äußere Widerstand R_A ist null), dann entsteht ein so genannter Kurzschluss. Die Klemmenspannung U_{Kl} wird ebenfalls null und der maximal mögliche Strom aus einer Spannungsquelle, der so genannte Kurzschlussstrom I_K, fließt. Er beträgt:

Kurzschluss

$$I_K = \frac{U_0 - U_{Kl}}{R_I + R_A} = \frac{U_0}{R_I}$$

Beispiel: Der belastete Spannungsteiler zeigt, wie stark die Spannung am Ausgang (U_A) einer Schaltung durch eine Belastungsänderung variieren kann.

Dabei soll eine Spannungquelle (hellblau hinterlegt), die aus einem Generator mit der Urspannung U_0 und einem Innenwiderstand R_I besteht, einen Spannungsteiler (bestehend aus R_1 und R_2, hellgrau hinterlegt) versorgen. Der Spannungsteiler wiederum wird durch den Widerstand R_L belastet.

Ein Spannungsteiler aus zwei in Reihe geschalteten Widerständen teilt die Eingangsspannung entsprechend dem Widerstandsverhältnis auf:

$$\frac{U_1}{U_2} = \frac{R_1}{R_2}$$

Der belastete Spannungsteiler kann als Netzwerk aus vier Widerständen und einer Spannungsquelle angesehen werden.

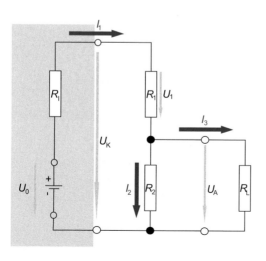

Gemäß den Kirchhoff'schen Gesetzen lassen sich nach Umformungen für den Gesamtwiderstand R_{Ges} die »Klemmenspannung« U_{Kl} sowie die Ausgangsspannung U_A wie folgt berechnen:

$$R_{Ges} = R_I + R_1 + \frac{1}{\dfrac{1}{R_2} + \dfrac{1}{R_L}}$$

$$U_{Kl} = U_0 - R_I \cdot I_1 = U_0 \cdot \left(1 - \frac{R_I}{R_{Ges}}\right)$$

$$U_A = U_{Kl} - R_1 \cdot I_1 = U_0 \cdot \left(1 - \frac{R_I + R_1}{R_{Ges}}\right)$$

Nehmen wir die folgenden Werte an: Die Urspannung U_0 beträgt 10 V und der Innenwiderstand R_I 10 Ω. Der Spannungsteiler sei aus zwei gleichen Widerständen mit $R_1 = 100$ Ω und $R_2 = 100$ Ω aufgebaut. In der Tabelle sind die Ströme und Spannungen für drei interessante Fälle (keine Belastung, mittlere Belastung und Kurzschluss) aufgeführt.

Mit steigender Belastung fällt die Klemmenspannung sowie die Ausgangsspannung.

	$R_L = \infty$ Ω	$R_L = 200$ Ω	$R_L = 0$ Ω
R_{Ges} (Ω)	210	176,7	110
Kl (V)	9,52	9,43	9,09
U_A (V)	4,76	3,77	0
I_1 (mA)	47,6	56,6	90,9
I_2 (mA)	47,6	37,7	0
I_3 (mA)	0	18,9	90,9

5.6 Kondensator im Gleichstromkreis

Schaltet man einen Kondensator in einen Gleichstromkreis, so wird der Stromkreis nicht geschlossen. Es kann also kein Strom fließen. Führt man diesen Versuch jedoch mit einem Kondensator der **Kapazität** C durch, so kann für kurze Zeit ein Strom beobachtet werden. In dem Augenblick, in dem der Schalter geschlossen wird, fließt ein Strom I_0 von der Batterie durch den Widerstand R in den ungeladenen Kondensator. Es gilt:

Aufladen

$$I_0 = \frac{U_B}{R}$$

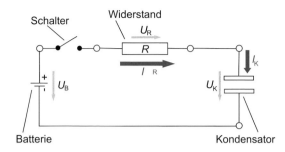

Gleichstromkreis zum Laden eines Kondensators

Würde der Strom konstant weiterfließen, wäre der Kondensator in der Zeit t aufgeladen:

$$U_B = \frac{Q}{C} = \frac{I_0 \cdot t}{C}$$

$$t = \frac{U_B}{I_0} \cdot C = R \cdot C$$

Da aber beim Laden des Kondensators die Spannung U_K ansteigt, sinkt die Spannung zwischen Batterie und Kondensator (U_R) ab.

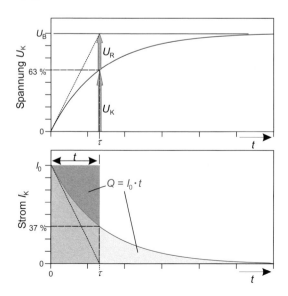

Der Ladestrom sinkt während des Ladevorgangs, deshalb liegt nach der Zeitkonstante τ am Kondensator nur 63 % der Batteriespannung an.

Der Spannungsabfall U_R am Widerstand wird kleiner, es gilt:

$$U_R = U_B - U_K$$

Der Ladestrom I_K in den Kondensator

$$I_K = I_R = \frac{U_R}{R}$$

sinkt also während des Ladens. Daher liegen nach der Zeit t (auch Ladezeitkonstante τ genannt) am Kondensator nur ca. 63 % der Batteriespannung. Ist der Kondensator geladen, sinkt der Strom auf null und der Widerstand wird unendlich.

5.7 Spule im Gleichstromkreis, Selbstinduktion

Fließt ein Strom durch eine Spule, so entsteht um die Spule ein Magnetfeld, das sich mit dem Stromfluss ändert. Ein sich *Induktion* änderndes Magnetfeld erzeugt aber nach dem **Induktionsgesetz** in einer Drahtschleife eine Induktionsspannung. Wird ein Gleichstromkreis geschlossen, fließt ein Einschaltstrom I in die Spule hinein. Ein Magnetfeld entsteht, das nach dem **Induktionsgesetz** in der Spule selbst eine Induktionsspannung erzeugt. Dieser Vorgang wird **Selbstinduktion** genannt.

Durch die Selbstinduktion fließt nach dem Einschalten des Stromkreises zunächst nur ein kleiner Strom.

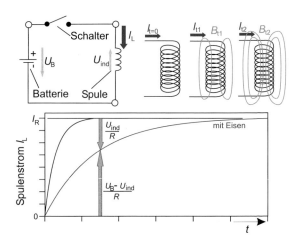

Für die induzierte Spannung gilt:

$$U_{ind} = -L \cdot \frac{\Delta I}{\Delta t}$$

mit L als der Induktivität der Spule. Die Induktivität lässt____ Induktivität
sich für eine **lange Spule** berechnen. Es gilt:

$$L = \mu_0 \cdot \mu_r \cdot n^2 \cdot \frac{A}{l}$$

mit der Einheit Henry (H) (siehe Abschnitt 4.1):

$$1 \frac{V \cdot s}{A} = 1 \, H$$

Da die induzierte Spannung der von außen angelegten
Spannung entgegensteht, ist die Spannung an der Spule geringer. Es fließt daher nach dem Ohm'schen Gesetz ein geringerer Strom. Es gilt:

$$I = \frac{U_B - U_{ind}}{R}$$

Der Stromfluss durch die Spule wird also zunächst durch die
Selbstinduktion gehemmt und nähert sich langsam dem
Endwert I_R, der durch den Ohm'schen Widerstand R gegeben
ist, an. Wird die Induktivität der Spule durch z. B. Eisen erhöht, dauert es entsprechend länger, bis der Endwert erreicht wird. Umgekehrt wird beim Ausschalten des Stromkreises ebenfalls eine Spannung induziert.

Achtung: Diese induzierte Spannung kann gefährlich
hoch werden!

5.8 Elektrische Arbeit

Da sich Ladungen unterschiedlichen Vorzeichens mit der
Kraft F_{el} anziehen, ist zu ihrer Trennung um den Weg s die
Arbeit $W = F_{el} \cdot s$ notwendig. Diese Arbeit ist gespeichert und
kann wieder zurückgewonnen werden. Die elektrische Arbeit
ist definiert als die Arbeit, die verrichtet wird, wenn die Ladungsmenge Q die Spannung U durchläuft.

$$W = Q \cdot U$$

Diese Definition ist unpraktisch, da man zwar die Spannung U leicht messen kann, die Ladungsmenge Q jedoch nicht einfach zu bestimmen ist. Deshalb wird statt der Ladung Q die leicht zu messende Stromstärke I verwendet. Es gilt:

$$W = U \cdot Q = U \cdot I \cdot t$$

Der Einheit der Arbeit ist in der Wärmelehre das Joule (J) zugeordnet. Dabei entspricht

$$1\,J = 1\,W \cdot s = 1\,N \cdot m$$

Kilowattstunden

Die dem Elektrizitätswerk zu bezahlende Arbeit ist auf der Stromrechnung in Kilowattstunden (kWh) angegeben. Dabei entspricht eine 1 kWh einer Wärmeenergie von $3{,}6 \cdot 10^6$ J. Auf Akkumulatoren ist die gespeicherte Energiemenge ($I \cdot t$) in Amperestunden (Ah) angegeben. Die gespeicherte Arbeit ist dann $W = U_0 \cdot I \cdot t$.

Beispiel: Welche elektrische Arbeit wird verbraucht, wenn durch eine Halogenlampe mit 12 V Spannung 2 Stunden lang ein Strom von 5 A fließt?
$W = U \cdot I \cdot t = 12\,V \cdot 5\,A \cdot 7200\,s = 432\,000\,W \cdot s = 0{,}12\,kWh.$
Es werden also 0,12 kWh an Arbeit verbraucht.

Entsprechend der Hubarbeit in der Mechanik wird bei der elektrischen Arbeit die Ladungsmenge Q um die Spannung U »gehoben«.

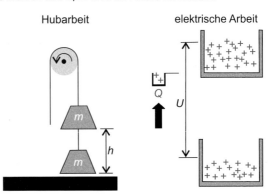

Hubarbeit   elektrische Arbeit

5.9 Elektrische Leistung

Die elektrische Arbeit gibt an, wie viel Arbeit insgesamt verrichtet wurde oder z. B. in einem Akkumulator gespeichert ist. In welchem Zeitraum dies geschieht, wird nicht ausgesagt. So können zehn identische Lampen in einem Zehntel der Zeit die gleiche Arbeit verrichten wie eine einzige Lampe. Die elektrische Leistung ist die elektrische Arbeit, die pro Zeiteinheit verrichtet wird. Es gilt:

$$P = \frac{W}{t} = \frac{U \cdot I \cdot t}{t} = U \cdot I$$

Tauchsieder
elektrische Leistung
500 W

Tauchsieder
elektrische Leistung
1000 W

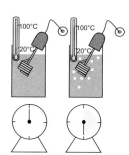
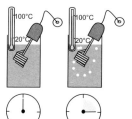

Die elektrische Leistung gibt an, wie schnell ein Gerät elektrische Arbeit verrichtet. Ein Tauchsieder mit doppelter Leistung erhitzt das Wasser in der halben Zeit.

Die Einheit der Leistung wurde zu Ehren von *J. Watt* Watt (W) genannt.

James Watt, 1736–1819, schottischer Ingenieur

$$1\ W = 1\ V \cdot 1\ A$$

Elektrische Stromkreise und Geräte werden nach der maximal möglichen Leistung eingeordnet. Daher wird neben der Betriebsspannung immer die Leistung (z. B. 60-W-Glühlampe) angegeben. Werden verschiedene Geräte parallel betrieben, addieren sich die Leistungen.

Ein Überschreiten der in einem Stromkreis maximal zulässigen Leistung kann schwerwiegende Folgen haben!

6 Wechselstromkreis

6.1 Frequenz

Die Spannung »pendelt«.

Im Gegensatz zum Gleichstromkreis, bei dem die von der Stromquelle gelieferte Spannung immer das gleiche Vorzeichen besitzt und als konstant angenommen wird, schwankt beim Wechselstromkreis die Spannung periodisch zwischen einem positiven (U_{max}) und einem im Betrag gleichen negativen Maximalwert ($-U_{max}$).

Im Wechselstromkreis schwankt die Generatorspannung periodisch.

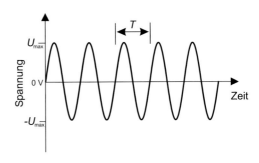

Die **Wechselspannung** beschreibt also eine Schwingung mit der Periodendauer T. Diese Periodendauer kann sehr unterschiedlich sein und ist abhängig von der Spannungsquelle. Im Allgemeinen wird bei einer Wechselspannung die Frequenz angegeben, mit der die Spannung schwingt. Die Umrechnung zwischen der Periodendauer einer Schwingung und ihrer Frequenz ist gegeben durch:

$$f = \frac{1}{T} \text{ mit der Einheit Hertz (Hz)}$$

Nennfrequenz

Im europäischen Stromnetz ist eine sinusförmige Wechselspannung von $f = 50$ Hz ($T = 20$ ms) üblich, das Stromnetz der Eisenbahn wird mit $16^2/_3$ Hz, das nordamerikanische Stromnetz mit 60 Hz betrieben.

6.2 Drehstrom

Im Allgemeinen verwenden wir in unserem Leben, z. B. im Haushalt, Wechselstrom mit zwei stromführenden Leitungen. Werden jedoch hohe Leistungen benötigt, kommt oft **Drehstrom** (auch Dreiphasenstrom genannt) zum Einsatz. Dabei werden drei stromführende Leitungen, die so genannten **Phasen**, und ein **Mittelpunktsleiter** (wenn geerdet, auch Nullleiter genannt) verwendet. Auf allen drei Phasen liegt eine Wechselspannung an; sie sind jeweils um 120° gegeneinander verschoben.

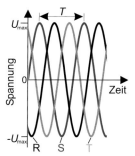 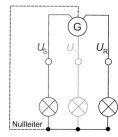

Beim Drehstrom liegen auf drei Leitungen Wechselspannungen, die gegeneinander phasenverschoben sind.

Bei der Verwendung von Drehstrom können zwei verschiedene Schaltungstypen, die Stern- und die Dreieckschaltung, verwendet werden. Bei der **Sternschaltung** stehen gegenüber dem Nullleiter 3-mal 230 V zur Verfügung. Bei der **Dreieckschaltung** liegen zwischen den Phasen jeweils 400 V an.

Sind alle drei Phasen des Drehstromnetzes gleich stark belastet, so führt der Mittelpunktsleiter keinen Strom.

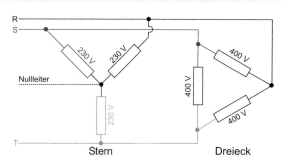

Durch unterschiedliche Schaltung können aus dem Drehstromnetz zwei verschiedene Spannungen entnommen werden.

6.3 Mittlere Leistung

Fließt in einem Wechselstromkreis durch einen **ohmschen Widerstand** ein sich zeitlich ändernder Strom $I(t)$, so schwankt dieser mit der vom Generator gelieferten Spannung $U(t)$. Es gilt:

$$R = \frac{U(t)}{I(t)} = \frac{U_{max}}{I_{max}}$$

Die aufgenommene Leistung ist stets positiv, die mittlere Leistung entspricht der halben Maximalleistung.

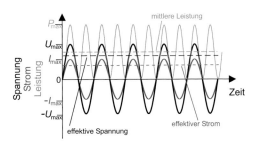

Die dabei maximal am Widerstand abfallende Leistung P_{max} ist gegeben durch:

$$P_{max} = U_{max} \cdot I_{max} = \frac{U_{max}^2}{R} = I_{max}^2 \cdot R$$

Die mittlere Leistung $\overline{P}$, die an einem ohmschen Widerstand bei sinusförmiger Wechselspannung abfällt, ist gegeben durch:

$$\overline{P} = \frac{1}{2} P_{max} = \frac{U_{max}^2}{2 \cdot R}$$

Sie wird **Wirkleistung** genannt, da diese Leistung wirklich in einem Verbraucher in Arbeit umgesetzt wird.

Die für das Stromnetz angegebene **effektive Spannung** U_{eff} erzeugt in einem ohmschen Verbraucher mit dem Widerstand R die gleiche **mittlere Leistung** wie eine gleich hohe Gleichspannung. Es gilt:

$$\overline{P} = \frac{U_{eff}^2}{R} = I_{eff}^2 \cdot R = U_{eff} \cdot I_{eff}$$

Man kann durch Multiplikation mit einem Faktor aus der effektiven Spannung U_{eff} die maximale Spannung U_{max} errechnen. Für das Stromnetz gilt:

$$U_{max} = \sqrt{2} \cdot U_{eff}$$

Die maximale Spannung im europäischen Stromnetz beträgt demnach $U_{max} = \sqrt{2} \cdot U_{eff} = \sqrt{2} \cdot 230\,V = 325,27\,V$.

6.4 Blindwiderstand und Blindleistung

Der elektrische **Widerstand** eines geladenen Kondensators im **Gleichstromkreis** ist unendlich. Während des Ladevorgangs fließt jedoch ein Strom. Im Wechselstromkreis ändert sich die Generatorspannung kontinuierlich, der Kondensator wird also periodisch geladen und entladen. Es fließt ein sich periodisch ändernder Strom. Da aber im Wechselstromkreis ein Strom fließt, kann der Wechselstromwiderstand nicht unendlich sein. Er wird zur Unterscheidung vom ohmschen Widerstand kapazitiver Blindwiderstand X_C genannt und ist definiert über die effektiven Spannungen und Ströme. In einem Wechselstromkreis mit der Kreisfrequenz $\omega = 2 \cdot \pi \cdot f$ ist er gegeben durch:

$$X_C = \frac{U_{eff}}{I_{eff}} = \frac{1}{\omega \cdot C}$$

Im Gegensatz zum ohmschen Widerstand haben der Strom und die Spannung aber nicht zur gleichen Zeit ihren Maximalwert. Erst muss ein Ladestrom fließen, damit eine Spannung am Kondensator anliegt.

Strom und Spannung sind verschoben.

Im Wechselstromkreis wird der Kondensator periodisch ge- und entladen. Es fließt ein Wechselstrom, der gegenüber der Spannung verschoben ist.

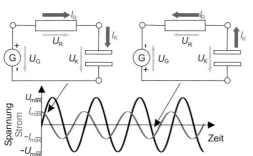

Diese Verschiebung zwischen Strom und Spannung nennt man **Phasenverschiebung** φ. Sie beträgt beim Ohm'schen Widerstand null Grad ($\varphi = 0°$). Beim Kondensator eilt der Strom um 90 Grad der Spannung voraus ($\varphi = 90°$). Die Wirkleistung ist dann:

$$\overline{P} = U_{eff} \cdot I_{eff} \cdot \cos\varphi$$

Die **Wirkleistung** wird also beim Kondensator null! Beim Laden wird eine **Scheinleistung** aufgewendet, die beim Entladen wieder zurückgewonnen wird.

Im Wechselstromkreis wird das Magnetfeld der Spule periodisch auf- und abgebaut. Es fließt ein Wechselstrom, der gegenüber der Spannung verschoben ist.

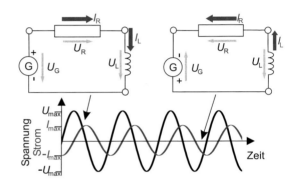

Schaltet man statt eines Kondensators eine **Spule** in den Wechselstromkreis, so wird auch die Spule von einem sich periodisch ändernden Strom durchflossen. Die Selbstinduktion führt zu einer **Phasenverschiebung** φ, wobei der Strom um 90 Grad der Spannung hinterherhinkt ($\varphi = -90°$).

Den induktiven Blindwiderstand X_L einer Spule im Wechselstromkreis mit der Kreisfrequenz $\omega = 2 \cdot \pi \cdot f$ definiert man über die effektiven Spannungen und Ströme zu:

Verschiedene handelsübliche Spulen und ein Transformator

$$X_L = \frac{U_{eff}}{I_{eff}} = \omega \cdot L$$

Die Wirkleistung $\overline{P}$ ist damit ebenfalls null!

$$\overline{P} = U_{eff} \cdot I_{eff} \cdot \cos\varphi$$

6.5 Siebkette und Sperrkreis

Die kapazitiven und induktiven Blindwiderstände im Wechselstromkreis sind im Gegensatz zum Ohm'schen Widerstand frequenzabhängig. Der kapazitive Blindwiderstand fällt mit der Frequenz, da der Kondensator in der gleichen Zeit öfter ge- und entladen wird. Im Gegensatz dazu steigt der induktive Widerstand mit der Frequenz.

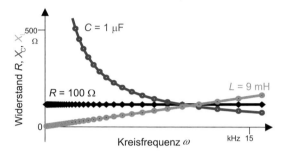

Nur die Blindwiderstände X_C und X_L sind von der Frequenz abhängig.

Werden Kondensatoren, Spulen und Ohm'sche Widerstände in einem Wechselstromkreis betrieben, so kann man diese Frequenzabhängigkeit nutzen.

Schaltet man einen Widerstand R, einen Kondensator mit einem Blindwiderstand X_C sowie eine Spule mit X_L in Reihe (man nennt die Schaltung auch Siebkette oder Reihenkreis), so erhält man den Scheinwiderstand Z. Durch die Phasenverschiebung zwischen Strom und Spannung kann Z nicht durch algebraische Addition ermittelt werden, sondern es gilt:

$$\frac{U^2_{eff}}{I^2_{eff}} = Z^2 = R^2 + (X_L - X_C)^2 = R^2 + (\omega \cdot L - \frac{1}{\omega \cdot C})^2$$

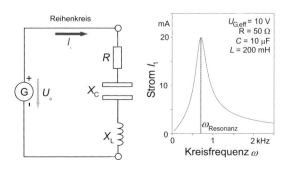

Der Reihenkreis leitet bei der Resonanzfrequenz am besten.

Wird nun die **Kreisfrequenz** ω der Wechselspannung variiert, sieht man, dass die Schaltung für kleine Frequenzen keinen Strom durchlässt, da der Blindwiderstand des Kondensators sehr hoch ist.

Umgekehrt sperrt die Spule bei sehr hohen Frequenzen. Nur in einem kleinen Frequenzband lässt die Schaltung einen nennenswerten Strom fließen, die Schaltung siebt also Frequenzen heraus. Die Frequenz, bei der beide **Blindwiderstände** gleich groß sind, nennt man **Resonanzfrequenz**. Sie ist gegeben durch:

$$\omega \cdot L = X_L = X_C = \frac{1}{\omega \cdot C}$$

$$\omega^2 = \frac{1}{L \cdot C}$$

$$\omega = \frac{1}{\sqrt{L \cdot C}}$$

William Thomson (Lord Kelvin), 1824–1907, britischer Physiker

Dies ist die so genannte **Thomson-Gleichung**. Im Parallelkreis (auch Sperrkreis genannt) werden Kondensator und Spule parallel geschaltet. Verändert man nun die Frequenz der Spannung, so sieht man folgendes Verhalten:

Bei Frequenzen nahe null besitzt die Spule nur einen kleinen Widerstand im Vergleich zum Kondensator. Praktisch der ganze Strom fließt durch die Spule, bei hohen Frequenzen ist es umgekehrt. Bei der **Resonanzfrequenz**, wenn also beide Blindwiderstände gleich groß sind, ist der Gesamtwiderstand der Schaltung am höchsten. Der Stromkreis ist für diese Frequenz »gesperrt«.

Durch den Parallelkreis fließt bei der Resonanzfrequenz am wenigsten Strom hindurch, er sperrt.

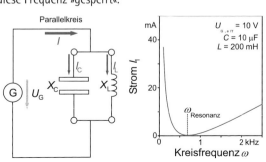

7 Energietechnik und Elektronik

Ob im Haushalt Kühlschränke oder Staubsauger ihren Dienst verrichten, ob Telekommunikation oder Medien, in Massenverkehrsmitteln oder zur Steuerung von Fabrikationsanlagen, überall begegnet man der Elektrotechnik.

7.1 Gefahren der Elektrotechnik

Spannungen und Ströme sowie ihre Felder können schädigenden Einfluss auf Lebewesen besitzen. Zwar stehen biologischen Einheiten elektrische Spannungen in geringem Umfang, z. B. zur **Reizleitung**, zur Verfügung, diese sind jedoch sehr viel kleiner als die in technischen Geräten verwendeten. Der menschliche Körper besitzt insgesamt einen ohmschen Widerstand von etwa 1000 Ω, jedoch kann dieser, z. B. durch Feuchtigkeit, deutlich kleiner sein. Daher können bei der Berührung mit der haushaltüblichen Netzspannung erhebliche Ströme ($\approx 0{,}5$ A) fließen. Neben der **elektrochemischen** und **thermischen Wirkung** des Stromes auf unseren Körper ist gerade der Einfluss eines äußeren Stromes auf die Reizleitung des Menschen sehr gefährlich.

Körperwiderstand

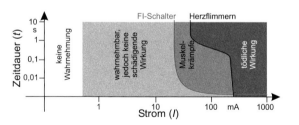

Ein Fehlerstromschutzschalter kann vor den Folgen einer Stromwirkung schützen.

Schon Ströme deutlich unter 0,1 A können zu starken Muskelkrämpfen führen und damit, z. B. beim Herzmuskel, tödliche Folgen haben. Daher gilt:

Stets hinreichend Abstand zu spannungsführenden Teilen halten! Auch geladene Kondensatoren und die Selbstinduktion von Spulen können gefährlich sein. Die Nähe von starken elektromagnetischen Strahlern meiden!

7.2 Stromquellen und Energiegewinnung

Zwar können Ladungen in einem geringen Umfang gespeichert werden, für eine großtechnische Nutzung und zur Versorgung von Millionen Haushalten reicht dies bei weitem nicht aus. Aus diesem Grund muss die elektrische Energie Kraftwerke ständig in Kraftwerken erzeugt und über ein großes Verteilernetz zum Verbraucher transportiert werden. Die dabei in Deutschland jedem Einwohner zur Verfügung stehende elektrische Leistung beträgt im Durchschnitt ca. 1 kW. Um diese Energiemengen zu transportieren und um Stromausfälle zu vermeiden, sind die verschiedenen Kraftwerke zusammen mit den Verbraucherzentren in einem Verbundnetz aus Hochspannungsleitungen (bis ≈ 400 kV) miteinander verknüpft. Die hohen Spannungen dienen dazu, große Leitungsverluste beim Transport zu vermeiden.

Durch ein internationales Stromverbundnetz sind die Verbraucher mit den Kraftwerken verbunden.

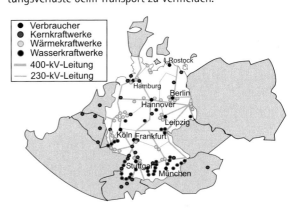

Der größte Anteil der elektrischen Energie, die uns zur Verfügung steht, wird in **Generatoren** erzeugt. Dabei wird – meist direkt aus der Drehbewegung eines starken Magneten in einer Spule – durch Induktion die **mechanische Energie** der Drehbewegung in **elektrische Energie** umgewandelt. Der **Wirkungsgrad** liegt dabei zwischen 60 und 98 %. Die notwendige mechanische Energie kann dabei auf sehr unterschiedliche Weise gewonnen werden. **Windkraftwerke** setzen die kinetische Energie des Windes über die Rotorblätter direkt in eine Drehbewegung des Generators um. Dabei treten die größten Verluste an den Rotorblättern auf. Der

Wirkungsgrad eines Windkraftwerkes liegt insgesamt zwischen 30 und 45 %. Windenergieanlagen gehören zu den regenerativen Energiequellen, das heißt, ihr Vorrat wird (durch die Kraft der Sonne) immer wieder erneuert. Wie bei fast allen regenerativen Energiequellen fallen keine nennenswerten Abfallprodukte an. Trotz der starken Zunahme der Nutzung von Windenergie ist der derzeitige Stromverbrauch allein durch Windkraft nicht zu decken.

Regenerative Energiequellen

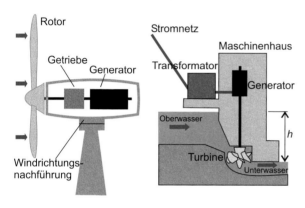

Wasser- und Windkraftwerke erzeugen direkt aus kinetischer Energie Elektrizität.

Eine weitere regenerative Quelle mechanischer Energie wird mit der Wasserkraft genutzt. Dabei treibt die potenzielle Energie des Wassers (Laufwasserkraftwerk oder Staudamm) eine Wasserturbine an, die zusammen mit dem Generator einen Wirkungsgrad von 50 bis 90 % aufweist. Die Nutzung der Wasserkraft ist, ebenso wie beim Wind, natürlich stark von den regionalen Verhältnissen abhängig.

Den größten Anteil an der Erzeugung elektrischer Energie tragen jedoch Kraftwerke, die zuerst Wärmeenergie in mechanische Energie umwandeln, um daraus dann elektrische Energie zu gewinnen. Der Wirkungsgrad dieser Kraftwerkstypen liegt zwischen 38 und 80 %. Die Wärme wird dabei meist durch **Verbrennung** fossiler Brennstoffe (Kohle, Öl, Gas) oder durch eine **Kernreaktion** gewonnen. In beiden Fällen fallen jedoch Abfallprodukte an, deren Entsorgung Probleme bereitet (Stichwort Klimawechsel einerseits, atomares Endlager andererseits). Wirtschaftliche Gründe sprechen jedoch auch für deren Einsatz.

Konventionelle Energiequellen

Thermische Kraftwerke erzeugen den größten Teil unseres Stromes.

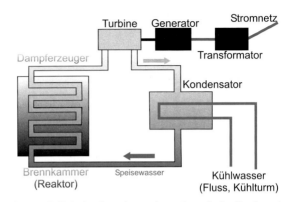

Aber auch **Solarkraftwerke** und **geothermische Kraftwerke** nutzen die Umwandlung von Wärmeenergie in Elektrizität. In beiden Fällen werden keine Abfälle erzeugt, jedoch ist die Erdwärme nur an wenigen Orten »förderbar«, die Solarenergie unterliegt großen zeitlichen Schwankungen. Neben den Solarkraftwerken, bei denen Sonnenkollektoren zuerst die Strahlung der Sonne in Wärme umwandeln und über Turbinen und Generatoren Elektrizität erzeugen, wandeln **Solarzellen** Sonnenlicht direkt in Elektrizität um. Dabei werden in einem **Halbleiter** durch Absorption des Lichtes Ladungen getrennt, die zu den Polen fließen. Dieses Verfahren wurde zuerst in der Raumfahrt angewendet. Inzwischen wurden durch Steigerung des Wirkungsgrades (auf bis zu 30 %) und niedrigere Preise viele wirtschaftliche Einsatzgebiete gefunden. Für eine Versorgung Deutschlands mit Strom durch Solarenergie müsste, beim derzeitigen mittleren Verbrauch, etwa die Fläche des Saarlandes mit Kollektoren bedeckt werden.

Solarzellen wandeln Licht direkt in Strom um.

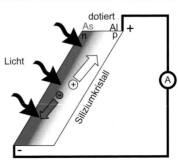

In **Batterien, Akkumulatoren** oder **Brennstoffzellen** kann chemische Energie direkt in elektrischen Strom umgewandelt werden. In einem **galvanischen Element** lösen sich z. B. die Zinkatome des Mantels langsam in einer Elektrolytflüssigkeit. Dabei bleiben pro Zinkatom zwei Elektronen im Mantel zurück. Die Zinkatome im Elektrolyten sind hingegen zweifach positiv geladen. Schließt man den elektrischen Stromkreis zwischen Zinkmantel und Kohleelektrode, so fließen die Elektronen ab und neue Zinkatome gehen in Lösung. Dieser Vorgang läuft so lange ab, bis das galvanische Element erschöpft ist. Die Spannung, die ein solches galvanisches Element liefert, ist nur von den verwendeten Materialien abhängig. Eine höhere Spannung kann also nur durch **Reihenschaltung (Batterie** genannt) erreicht werden. Der Akkumulator (= Sammler) ist ein wiederaufladbares galvanisches Element. Es werden dabei andere Substanzen verwendet (in Automobilen Blei und Schwefelsäure), bei denen dieser Vorgang durch Laden wieder rückgängig gemacht werden kann. Aufgrund ihres hohen Gewichtes bei kleiner **Kapazität** eigenen sich Akkumulatoren trotz des hohen Wirkungsgrades von bis zu 80 % nicht, um große Energiemengen zu speichern. Die **Brennstoffzelle** ist ebenfalls ein galvanisches Element, das mithilfe von Katalysatoren eine direkte Umwandlung chemischer Energie in elektrische Energie erlaubt. Dabei reagieren bei hohem Wirkungsgrad ($\approx 50\%$) der Luftsauerstoff und der Brennstoff in der Zelle miteinander. Als Brennstoffe können unter anderen Wasserstoff, Erdgas und Benzin dienen.

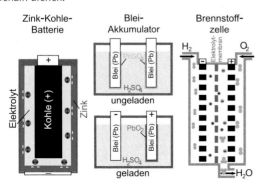

Zink-Kohle-Batterie · Blei-Akkumulator · Brennstoffzelle

Batterien, Akkumulatoren und Brennstoffzellen wandeln chemische Energie direkt in elektrische Energie um.

7.3 Stromleitung und Supraleitung

Polarlichter

Das **Polarlicht** auf der Erde entsteht durch einen Ladungstransport im Vakuum. Die Sonne produziert riesige Mengen an geladenen Teilchen, die zum Teil ins All geschleudert werden. Diesen Fluss an geladenen Teilchen nennt man Sonnenwind. Trifft er auf das Magnetfeld der Erde, wird er um sie herum gelenkt. Nur an den magnetischen Polen können die Teilchen in die Atmosphäre eindringen und diese zum Leuchten (Polarlicht) anregen. Weitere Beispiele sind **Teilchenbeschleuniger** und **Vakuumröhren. Gase** sind normalerweise nicht leitfähig; entstehen jedoch einzelne geladene Teilchen, können diese in einem elektrischen Feld so beschleunigt werden, dass Stöße mit anderen Gasmolekülen neue Ladungsträger freisetzen, eine Lawine entsteht. In der Natur fließen große Ströme in Form von **Blitzen** zwischen der geladene Gewitterwolke und dem Erdboden. **Glimmlampen** und **Gasentladungslampen** arbeiten nach dem gleichen Prinzip. Dabei ist der Stromfluss vom Gasdruck und der angelegten Spannung abhängig. Auch in Flüssigkeiten müssen freie Ladungsträger vorliegen, um einen Stromfluss zu ermöglichen. So leitet destilliertes Wasser sehr schlecht, löst man darin jedoch nur wenig Kochsalz, steigt die Leitfähigkeit stark an. Das Salz zerfällt im Wasser in Na^+- und Cl^--Ionen, die durch das elektrische Feld zwischen den Elektroden beschleunigt werden. Die Leitfähigkeit ist dabei abhängig von der Anzahl (**Konzentration**) der Ladungsträger und ihrer **Beweglichkeit** im Wasser.

Nur wenn freie Ladungsträger vorhanden sind, leiten Gase und Flüssigkeiten.

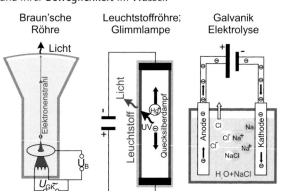

Braun'sche Röhre — Leuchtstoffröhre; Glimmlampe — Galvanik Elektrolyse

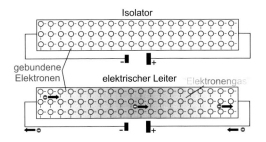

Isolator

gebundene Elektronen

elektrischer Leiter   Elektronengas

Beim Nichtleiter bleiben die Außen-elektronen an die Atome gebunden, beim elektrischen Leiter bildet sich ein Elektronengas, das den Strom leitet.

In Festkörpern sind alle Atome fest miteinander verbunden, daher kann der Ladungstransport nicht durch Ionen erfolgen. Abhängig vom Material ist es jedoch möglich, dass die Außenelektronen der Atome nicht ortsfest sind, sondern sich als »Elektronengas« im Festkörper frei verteilen können. Da im Mittel jedem Atom ein Elektron zugeordnet bleibt, gibt es keine Ionen. Der Ladungstransport im Festkörper erfolgt durch diese Elektronen. Die Stoffe (meist Metalle), bei denen sich das Elektronengas ausbildet, nennt man **Leiter**, die Stoffe ohne Elektronengas **Nichtleiter**. Von **Halbleitern** spricht man, wenn nur sehr wenige Atome ihre Außenelektronen (temperaturabhängig!) abgeben. Wird ein metallischer Leiter sehr stark abgekühlt, so kann knapp oberhalb des absoluten Nullpunktes der Widerstand eines Materials ganz verschwinden. Ein Strom kann dann in einer Ringspule jahrelang fließen, ohne geringer zu werden. Diesen Zustand nennt man **Supraleitung**. Durch die tiefe Temperatur ist der technischer Einsatz jedoch beschränkt.

Leitfähigkeit

Material	spez. Widerstand ρ ($\Omega \cdot$ m)
Kupfer	$17 \cdot 10^{-9}$ (L)
Quecksilber	$960 \cdot 10^{-9}$ (L)
Quecksilber ($T < 4$ K)	0 (S)
Silizium	2600 (H)
Germanium	0,42 (H)
Salzwasser (0,1 mol/m^3)	930
Salzwasser (100 mol/m^3)	1,1
Hartgummi	$2 \cdot 10^{13}$ (I)
Quarzglas	$5 \cdot 10^{16}$ (I)

Abhängig vom spezifischen Widerstand spricht man von Leiter (L), Supraleiter (S), Halbleiter (H) und Isolator (I).

7.4 Motoren und Generatoren

Die Umwandlung elektrischer Energie in mechanische Energie und umgekehrt kann unter Anwendung des **Induktionsgesetzes** sehr effektiv erfolgen. In **Drehstromgeneratoren** ist ein starker Magnet so gelagert, dass seine magnetischen Pole innerhalb eines Kreises rotieren. Um diesen Kreis sind drei Spulen gleichmäßig angeordneten. Durch Annäherung der Magnetpole auf ihrer Kreisbewegung an eine der Spulen ändert sich der magnetische Fluss in der Spule und eine Spannung wird induziert. Bei einer Umdrehung der Achse wird in allen drei Spulen eine **gleich große**, aber **zeitlich versetzte** Wechselspannung induziert, es entsteht ein **Dreiphasenstrom** (siehe Abschnitt 6.2). Der **Wirkungsgrad** der Energieumwandlung liegt dabei zwischen 60 und 98 %. **Elektromotoren** ermöglichen – ebenfalls mit hohem Wirkungsgrad – den umgekehrten Weg. Dabei werden die magnetischen Kräfte auf einen stromdurchflossenen Leiter verwendet. Bringt man eine Leiterschleife so in das Feld eines **Hufeisenmagneten**, dass die Leiterschleife zwischen den Polen rotieren kann, und lässt einen Strom durch die Leiterschleife fließen, dann richtet sich die Spule entsprechend der Stromrichtung im Feld des Magneten aus. Wird beim Erreichen der Ausrichtung die Stromrichtung umgedreht, will sich die Spule erneut ausrichten, eine Drehbewegung entsteht. Da sich Generator und Motor im Aufbau ähneln, können manche Typen sowohl als Generator wie auch als Motor betrieben werden.

Generatoren wandeln mithilfe der Induktion mechanische Energie in elektrische Energie. Motoren verwenden die Lorentz-Kraft für den umgekehrten Vorgang.

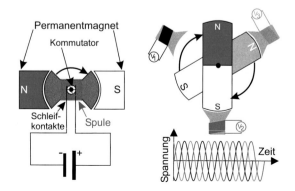

7.5 Elektrischer Wirkungsgrad

Wie in der Wärmelehre ist der Wirkungsgrad η der Quotient aus der zur Verfügung gestellten Energie $W_{abgegeben}$ und der Energiemenge $W_{zugeführt}$, die dazu aufgewendet werden musste, um eine bestimmte Arbeit zu verrichten.

$$\eta_{el} = \frac{W_{abgegeben}}{W_{zugeführt}}$$

Bei der Umwandlung einer Energieform in eine andere treten immer Verluste auf, der Wirkungsgrad η ist also immer kleiner als 1. Da man fast jede Form von Energie in elektrische Energie (und auch umgekehrt) umwandeln kann, ist der Wirkungsgrad einer solchen Umwandlung von großer Bedeutung. In der nebenstehenden Tabelle sind Beispiele für die verschiedenen Wirkungsgrade gegeben.

von	nach	Gerät	η
mechanisch	elektrisch	Generator	0,6–0,98
chemisch	elektrisch	Brennstoffzelle	0,5–0,8
elektrisch	elektrisch	Transformator	0,9–0,98
elektrisch	mechanisch	Motor	0,9–0,98
elektrisch	chemisch	Akkumulator	0,7–0,8
elektrisch	Licht	Glühlampe	0,02
elektrisch	Licht	Leuchtdiode	0,1
elektrisch	Wärme	Tauchsieder	0,99

Der wirtschaftliche Umgang mit Energie ist eine wichtige Voraussetzung zum Erhalt der Lebensgrundlagen des Menschen.

Durch mehrfache Energieumwandlung kann der Gesamtwirkungsgrad, der sich aus der Multiplikation der einzelnen Wirkungsgrade ergibt, sehr klein werden.

chemische Energie (Kohle) — 100 %
Wärme (Verbrennen $\eta = 90\,\%$) — 90 %
mechanische Energie (Turbine $\eta = 45\,\%$) — 41 %
elektrische Energie (Generator $\eta = 98\,\%$) — 40 %
Transportverluste (Leitungen $\eta = 95\,\%$) — 38 %
Licht (Leuchtstoffröhre $\eta = 10\,\%$) — 4 %

Das Licht einer Leuchtstofflampe besitzt nur ca. 4 % der Energie, die im Kraftwerk zugeführt wurde.

7.6 Glühelektrischer Effekt und Röhren

Die Elektronen, die in einem Festkörper als frei bewegliche Ladungsträger (auch »Elektronengas« genannt) den Ladungstransport bewerkstelligen, können bei Zimmertemperatur aus diesem Material nicht entkommen. Heizt man das Material (Metall) stark auf, so gelingt es einem Teil der Elektronen, die Grenzen des Materials zu überwinden. Diesen Vorgang nennt man **glühelektrischen Effekt**. Befindet sich der Glühdraht im Vakuum, können diese freien Elektronen den elektrischen und magnetischen Kräften, die auf sie einwirken, folgen. Sie werden also von elektrischen Feldern beschleunigt und in magnetischen Feldern abgelenkt. Schon lange vor Erfindung der Halbleitertechnik wurden mit solchen **Vakuumröhren** z. B. Verstärkerschaltungen und Radiosender aufgebaut. Noch heute wird diese Technik zur Bilderzeugung in einem **Fernseher** oder **Computermonitor** verwendet. Bei einer **Braun'schen Röhre** wird aus den freien Elektronen um eine Glühwendel durch das Anlegen einer Spannung ein Strahl aus Elektronen geformt. Dieser fliegt geradlinig durch das Vakuum, bis er auf die gegenüberliegende Oberfläche trifft. Das Material der Oberfläche ist mit einer Substanz beschichtet, die Licht aussendet, wenn sie von Elektronen getroffen wird. Es entsteht ein Leuchtfleck. Durch das Anlegen elektrischer oder magnetischer Felder kann der Elektronenstrahl abgelenkt werden. Geschieht dies hinreichend schnell, entsteht ein Bild auf dem Schirm.

Elektronen, die durch Glühemission entstanden sind, werden beschleunigt, abgelenkt und treffen auf den Schirm, wo sie ein Abbild hinterlassen.

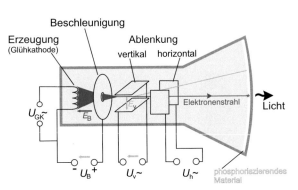

7.7 Halbleiter, Dioden und Transistoren

Halbleiter gehören meist der 4. Hauptgruppe des Perioden-
systems an. Sie bilden eine Gitterstruktur, in der die meisten
der Außenelektronen gebunden sind. Die Leitfähigkeit von
Halbleitern ist daher durch die geringe Anzahl an Außenelektronen, die von den Atomen an das Elektronengas abgegeben werden, begrenzt. Führt man Energie zu, steigt diese
Anzahl und damit die **Eigenleitfähigkeit** stark an. Auf diesem Effekt beruhen **Halbleitersensoren**, deren Widerstand
stark mit der **Temperatur** oder der **Beleuchtungsstärke** abnimmt. Die Leitfähigkeit kann aber auch durch **Dotierung**,
so heißt das Einbringen von Fremdatomen, verbessert werden. Bei der **n-Dotierung** werden Materialien mit zusätz-
lichen Außenelektronen zugeführt, bei der **p-Dotierung**
Materialien mit weniger Außenelektronen, es entstehen
»Löcher« im Gitter.

Die Eigenleitfähigkeit von Halbleitern kann durch Zufuhr
von Energie (z. B. Licht oder Wärme) verbessert werden.
Die Leitfähigkeit wird durch Dotierung mit Fremdatomen
stark erhöht.

undotiert alle Außenelektronen jedes Atoms sind gebunden	mit 5-wertigen Fremdatomen (z. B. Arsen), dotiert (n-leitend)	mit 3-wertigen Fremdatomen (z. B. Indium), dotiert (p-leitend)
:Ⓢⁱ: Ⓢⁱ: Ⓢⁱ:	:Ⓢⁱ: Ⓢⁱ: Ⓢⁱ:	:Ⓢⁱ: Ⓢⁱ: Ⓢⁱ:
:Ⓢⁱ: Ⓢⁱ: Ⓢⁱ:	:Ⓢⁱ: Ⓢⁱ: Ⓢⁱ:	:Ⓢⁱ: Ⓢⁱ: Ⓢⁱ:
:Ⓢⁱ: Ⓢⁱ: Ⓢⁱ:	:Ⓢⁱ: Ⓐˢ⁺: Ⓢⁱ:	:Ⓢⁱ: Ⓘⁿ⁺: Ⓢⁱ:
:Ⓢⁱ: Ⓢⁱ: Ⓢⁱ:	:Ⓢⁱ: Ⓢⁱ: Ⓢⁱ:	:Ⓢⁱ: Ⓢⁱ: Ⓢⁱ:

*Im reinen Halbleiter
sind nur wenige der
Außenelektronen nicht
gebunden und stehen
für einen Ladungs-
transport zur
Verfügung. Durch
Dotieren mit Fremd-
atomen erhöht sich
die Leitfähigkeit.*

Werden ein n-dotiertes und ein p-dotiertes Material zu-
sammengebracht, so gleichen sich in der Grenzschicht die
überschüssigen Elektronen der einen und die fehlenden
Elektronen (Löcher) der anderen Seite aus, es entsteht eine
Grenzschicht ohne freie Ladungen. Ein Bauelement, das so

Halbleiterdioden leiten den Strom nur in eine Richtung und wirken deshalb als Wechselspannungsgleichrichter.

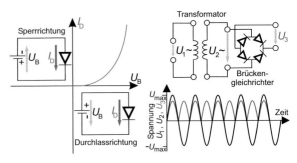

Handelsübliche Halbleiterbauelemente

aufgebaut ist, nennt man Halbleiterdiode. Sie wirkt wie ein Ventil für Ladungen. Liegt eine äußere Spannung in Sperrrichtung an, vergrößert sich die Grenzschicht, kein Strom kann fließen. Umgekehrt wird die Grenzschicht abgebaut, bis ein Ladungstransport möglich ist. Dioden werden meist als **Gleichrichter** für Wechselspannung eingesetzt. Leuchtdioden senden, wenn sie von Strom durchflossen werden, mit hohem Wirkungsgrad an der Grenzschicht Licht aus. Der **Transistor**, der aus drei abwechselnd dotierten Schichten (**npn** oder **pnp**) aufgebaut ist, hat die heutige Elektronik erst ermöglicht. In ihm entstehen zwei Grenzschichten, durch die sich, abhängig von der Spannung an **Emitter, Kollektor** und **Basis,** der Stromfluss regulieren lässt. Der Transistor wirkt wie ein regelbares Ventil oder ein steuerbarer Schalter für Strom und ist Bestandteil praktisch jeder modernen elektronischen Schaltung. Ähnlich hohen Stellenwert hat der **Thyristor**, der aus vier Schichten besteht und zur Leistungssteuerung von Verbrauchern eingesetzt wird.

Mit einem Transistor lässt sich durch einen kleinen Strom I_B ein großer Strom I_C steuern. Er wirkt wie ein Schalter oder Verstärker.

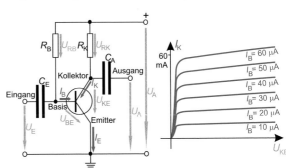

Auf einen Blick: Elektrizitätslehre

Ladung, Stromstärke, Spannung

● Die elektrische **Ladung** Q ist eine Mengengröße, die weder erzeugt noch vernichtet werden kann. Sie hat die Einheit Coulomb (C). Die kleinste »Menge« an Ladung ist die Elementarladung.

● Man unterscheidet negative elektrische Ladungen und positive elektrische Ladungen. Gleichartige elektrische Ladungen stoßen sich ab, ungleichartige Ladungen ziehen sich an. Gleiche Mengen elektrischer Ladungen mit unterschiedlichen Vorzeichen heben sich in der Wirkung auf. Das Coulomb'sche Gesetz beschreibt die Anziehungskraft F zweier Punktladungen Q_1 und Q_2, die r voneinander entfernt sind. Es gilt:

$$F = k \cdot \frac{Q_1 \cdot Q_2}{r^2}$$

● Fließen Ladungen von einem Punkt zu einem anderen, nennt man diesen Transport einen **elektrischen Strom**. Die elektrische Stromstärke I hat die Einheit Ampere (A). Es gilt: $\qquad Q = I \cdot t$

● Die **elektrische Spannung** ist definiert als die Arbeit, die pro Ampere und Sekunde verrichtet wird. Die elektrische Spannung U hat die Einheit Volt (V).

Elektrostatische Felder

● Die elektrische **Feldstärke** E gibt an, wie groß an einem bestimmten Punkt im Raum die elektrische Kraft F auf eine **Probeladung** q ist und in welche Richtung die Kraft zeigt. Die elektrischen Feldlinien beginnen an positiven Ladungen und enden an negativen Ladungen. Das elektrische Feld speichert Energie.

● Die **Kapazität** C eines Kondensators gibt an, wie groß die Ladungsmenge Q ist, die gespeichert werden kann, wenn die Spannung U an ihm anliegt. Es gilt:

$$Q = C \cdot U$$

● Die Kapazität wächst proportional zur Plattenfläche A und umgekehrt proportional zum Abstand d.

● Die Dielektrizitätszahl ε_r gibt den Faktor an, um den die Kapazität erhöht wird, wenn sich Materie anstatt Vakuum zwischen den Kondensatorplatten befindet.

Magnetostatische Felder

● Magnete üben, ähnlich wie Ladungen in der Elektrostatik, Kräfte aufeinander aus, sie können sich anziehen und abstoßen. Magnete sind jedoch **Dipole**, das bedeutet, dass Magnete immer gleichzeitig einen Nord- und Südpol besitzen.

● Die Feldlinien des magnetischen Feldes verlaufen außerhalb des Magneten von seinem Nordpol zu seinem Südpol, innerhalb genau umgekehrt. Das magnetische Feld speichert Energie. Die Einheit der magnetischen Flussdichte B ist das Tesla (T).

● Die Permeabilitätszahl μ_r gibt an, um welches Vielfache sich die magnetische Flussdichte B erhöht, wenn ein Stoff anstatt Vakuum den Raum erfüllt.

● Fließt in einem Magnetfeld elektrischer Strom I durch einen Draht der Länge s, so wirkt eine Kraft F auf diesen Draht. Die Kraft wirkt senkrecht zu den Feldlinien des Magnetfeldes und zur Stromrichtung. Es gilt: $\qquad F = I \cdot s \cdot B$

● Magnetische Felder üben auf fließende Ladungen eine Kraftwirkung (Lorentz-Kraft) aus. Es gilt: $\qquad F_L = -e \cdot v \cdot B \cdot \sin\alpha$

● Beim **Diamagnetismus** ist der vom äußeren Feld verursachte Dipol dem äußeren Feld entgegengerichtet, es wird dadurch abgeschwächt.

● Beim **Paramagnetismus** werden die vorhandenen Dipole durch ein äußeres Magnetfeld geordnet. Das äußere Feld wird dadurch verstärkt.

● In **ferromagnetischen** Materialien bilden sich Weiss'sche Bezirke, die durch ein äußeres Feld gleichmäßig ausgerichtet werden, das Material ist magnetisch gesättigt, das Magnetfeld stark vergrößert.

Elektromagnetische Felder

● Bewegt sich ein elektrischer Leiter der Länge l mit der Geschwindigkeit v senkrecht zur magnetischen Flußdichte B, so kann an seinen Enden die induzierte Spannung $U_{ind} = B \cdot l \cdot v$ abgegriffen werden. Das **Faraday'sche Induktionsgesetz** sagt aus, dass die induzierte Spannung U_{ind} proportional zur zeitlichen Flussänderung $\frac{\Delta\phi}{\Delta t}$ ist. Es gilt: $\qquad U_{ind} = n \cdot \dfrac{\Delta\phi}{\Delta t}$

● Beim **Transformator** gilt für Ströme und Spannungen: $\qquad \dfrac{I_2}{I_1} = \dfrac{n_1}{n_2} = -\dfrac{U_1}{U_2}$

● In einem **Schwingkreis** entsteht eine Schwingung, bei der die Energie abwechselnd im elektrischen und im magnetischen Feld gespeichert ist. Die Schwingungsdauer ist durch die **Thomson–Gleichung** gegeben. Die von einem **Hertz'schen Dipol** abgestrahlten elektromagnetischen Felder können Energie, aber auch Information über große Entfernung hinweg übertragen.

Gleichstromkreis

- Werden die Pole einer Ladungsquelle über leitfähige Elemente (Kabel, Glühbirnen etc.) miteinander verbunden, entsteht ein Stromkreis.
- Das **Ohm'sche Gesetz** $U = R \cdot I$ beschreibt die Abhängigkeit zwischen angelegter elektrischer Spannung U, dem elektrischen Strom I und dem elektrischen **Widerstand** R. Seine Einheit ist das Ohm (Ω).
- Die elektrischen Eigenschaften eines Materials werden in der Konstanten ρ, dem so genannten spezifischen Widerstand, zusammengefasst.
- Die **Kirchhoff'schen Gesetze** beschreiben die Spannungen und Ströme in einem **Netzwerk** aus beliebigen Bauelementen. Dabei ist jeweils die Summe aller Ströme in einem Knoten und die Summe aller Spannungen in einer Masche null.
- Nach der Ladezeitkonstanten τ liegen an einem Kondensator ca. 63 % der Batteriespannung an. Ist der Kondensator geladen, wird sein Widerstand unendlich.
- Der Stromfluss durch die Spule wird zunächst durch **Selbstinduktion** gehemmt.
- Die elektrische Arbeit W ist definiert als die Arbeit, die verrichtet wird, wenn die Ladung Q die Spannung U durchläuft. Es gilt:

$$W = Q \cdot U$$

Die Einheit der Arbeit ist das Joule (J).
- Die elektrische Leistung P ist das Produkt aus Spannung U und Stromstärke I. Es gilt: $\qquad P = U \cdot I$

Die Einheit der Leistung ist das Watt (W).

Wechselstromkreis

- Im **Wechselstromkreis** schwankt die Spannung periodisch zwischen einem positiven (U_{max}) und einem im Betrag gleichen negativen Maximalwert ($-U_{max}$). Die Wechselspannung beschreibt also eine Schwingung mit der Periodendauer T.
- Beim **Drehstrom** (Dreiphasenstrom) werden drei stromführende Leitungen, die so genannten **Phasen**, und ein **Mittelpunktsleiter** (wenn geerdet, auch Nullleiter genannt) verwendet. Auf allen drei Phasen liegt eine Wechselspannung an, die jeweils um 120° phasenverschoben ist. Bei der **Sternschaltung** stehen gegenüber dem Nullleiter 3-mal 230 V zur Verfügung. Bei der Dreieckschaltung liegen zwischen den Phasen jeweils 400 V an. Sind alle drei Phasen des Drehstromnetzes gleich stark belastet, so führt der Mittelpunktsleiter keinen Strom.

Energietechnik und Elektronik

- Ladungen können nur in einem geringen Umfang gespeichert werden. Deshalb muss die elektrische Energie ständig in Kraftwerken erzeugt und über ein großes Verteilernetz zum Verbraucher transportiert werden.

- Elektrische Energie kann durch Umwandlung aus mechanischer Energie (Wasser und Windkraftwärme), Wärmeenergie (Kohle, Öl und Kernkraft) oder chemischer Energie (Batterien und Brennstoffzellen) gewonnen werden.

- Der effiziente Umgang mit Energie ist eine wichtige Voraussetzung zum Erhalt der Lebensgrundlagen des Menschen.

- Durch mehrfache Energieumwandlung kann der Gesamtwirkungsgrad, der sich aus der Multiplikation der einzelnen Wirkungsgrade ergibt, sehr klein werden.

- Die Umwandlung mechanischer Energie in elektrische Energie erfolgt in **Drehstromgeneratoren** unter Anwendung des **Induktionsgesetzes**.

- In **Elektromotoren** werden die magnetischen Kräfte auf einen stromdurchflossenen Leiter verwendet, um elektrische in mechanische Energie umzuwandeln.

- Im Vakuum sowie in Gasen und Flüssigkeiten müssen freie Ladungsträger vorliegen, um einen Stromfluss zu ermöglichen.

- In Festkörpern ermöglicht das „Elektronengas" einen Ladungstransport.

- Es gibt elektrische **Leiter, Nichtleiter** und **Halbleiter**. Fällt der Widerstand bei sehr tiefen Temperaturen auf null, nennt man das **Supraleitung**.

- Die Leitfähigkeit von Halbleitern ist durch die geringe Anzahl an Außenelektronen, die von den Atomen an das Elektronengas abgegeben werden, begrenzt. Führt man Energie zu, steigt diese Anzahl und damit die **Eigenleitfähigkeit** stark an.

- Die Leitfähigkeit kann durch **Dotierung**, das heißt, durch das Einbringen von Fremdatomen, verbessert werden.

- In einer Diode bildet sich eine **Grenzschicht** ohne Ladungen. Sie wirkt wie ein Ventil für Ladungen. Ein elektrischer Strom kann eine Diode nur in eine Richtung passieren. Dioden werden als Wechselspannungsgleichrichter eingesetzt.

- Der **Transistor** besteht aus drei abwechselnd dotierten Schichten (**npn** oder **pnp**). In ihm entstehen zwei Grenzschichten, durch die sich, abhängig von der Spannung an **Emitter, Kollektor** und **Basis**, der Stromfluss regulieren lässt. Der Transistor wirkt wie ein regelbares Ventil oder ein steuerbarer Schalter für Strom.

Optik

Die Optik als die Lehre von den Erscheinungen des Lichtes gehört zu den ältesten Teilgebieten der Physik. Die große Bedeutung der Optik für den Menschen ist auf das Auge als Sinnesorgan für elektromagnetische Wellen zurückzuführen. Die natürliche Wahrnehmung optischer Phänomene des alltäglichen Lebens wie Sonnenfinsternisse, die Farben des Regenbogens oder eine Fata Morgana haben sicherlich schon den Urmenschen zum Nachdenken angeregt. Dass die Optik auch ein aktueller Zweig der Naturwissenschaften ist, belegen Begriffe wie Laser oder Quantenoptik.

1 Strahlenoptik

In der Strahlenoptik stellt man sich das Licht in Form von Strahlen vor, die sich geradlinig im Raum ausbreiten. Dabei unterscheidet man, je nach Art des Ausgangs- und Zielpunktes der Strahlen, drei Fälle:

Lichtstrahlen breiten sich geradlinig aus.

a) Strahlen, die von einem gemeinsamen Punkt (Lichtquelle) ausstrahlen, nennt man **divergent**.
b) Strahlen, die auf einen gemeinsamen Punkt zulaufen, nennt man **konvergent**.
c) Strahlen, die weder einen gemeinsamen Schnittpunkt noch Ausgangspunkt besitzen, nennt man **diffus**.

Man unterscheidet zwischen divergenten, konvergenten und diffusen Strahlen.

divergent   konvergent   diffus

1.1 Schattenwurf

Breiten sich Strahlen von einer Lichtquelle geradlinig aus und treffen einen undurchsichtigen Körper, so werden diese Strahlen absorbiert oder reflektiert. Im Bereich hinter dem Körper entsteht ein Schatten. Ist die Lichtquelle punktförmig, so entsteht ein scharf berandeter Bereich des Kernschattens, in den kein Lichtstrahl aus der Lichtquelle eindringt. Bei ausgedehnten Lichtquellen wird der **Kernschatten** von einem **Halbschatten** umgeben, in den nur ein Teil der von der Lichtquelle ausgehenden Strahlen eindringen kann; Entsprechendes gilt auch für mehrere punktförmige Lichtquellen.

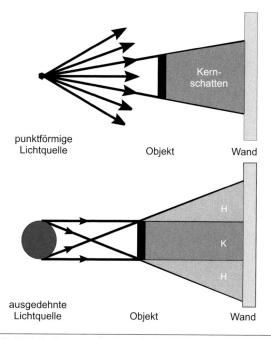

*Man unterscheidet
Kernschatten (K) und
Halbschatten (H).*

punktförmige
Lichtquelle

Objekt

Wand

ausgedehnte
Lichtquelle

Objekt

Wand

Beispiel: Sonnenfinsternis

Der Durchmesser des Mondes (D_{Mond}) beträgt ca. 3500 km,
seine Entfernung von der Erde im Mittel 380 000 km. Die
Sonne hat einen Durchmesser (D_{Sonne}) von $1{,}4 \cdot 10^6$ km und
befindet sich etwa $150 \cdot 10^6$ km von der Erde entfernt. Betrachtet man die entstehenden Dreiecke und wendet den
Ähnlichkeitssatz an, so kann man mit

$$\frac{D_{\text{Kernschatten}}}{x} = \frac{D_{\text{Mond}}}{380\,000 + x} = \frac{D_{\text{Sonne}}}{150 \cdot 10^6 + x}$$

einen Kernschattendurchmesser (x) von ca. 53 km ermitteln. Innerhalb dieses Gebiets herrscht dann eine totale
Sonnenfinsternis. Ist der Mond zu diesem Zeitpunkt weiter von der Erde entfernt, entsteht eine ringförmige Sonnenfinsternis. Für den Halbschatten ($D_{\text{Halbschatten}}$) ergibt
sich mit

$$\frac{D_{\text{Halbschatten}}}{380\,000 + y} = \frac{D_{\text{Mond}}}{y} = \frac{D_{\text{Sonne}}}{150 \cdot 10^6 - y - 380\,000}$$

ein Halbschattendurchmesser (y) von rund 7150 km.

1.2 Lichtgeschwindigkeit

Die Geschwindigkeit, mit der sich Lichtstrahlen bewegen, war eine sehr frühe Frage der Optik. 1675 gelang *Ole Römer* durch astronomische Beobachtungen als Erstem der Nachweis, dass Lichtstrahlen sich mit endlicher Geschwindigkeit ausbreiten.

Ole Römer, 1644–1710, dänischer Astronom

Bestimmung der Lichtgeschwindigkeit durch Beobachtung des Mondes Io

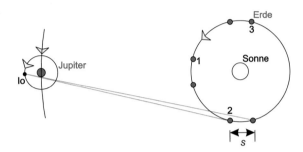

Römer beobachtete, dass die Umlaufzeit des Jupitermondes Io ($t_{Umlauf,Io} = 42,5$ h), je nach Position der Erde (siehe Abbildung), um 15 Sekunden schwankt ($\Delta t_{Umlauf,Io}$). Er nahm an, dass sich die Erde nach einem Umlauf des Mondes um die Strecke *l* weiter von Io entfernt hat und das Licht für diese Entfernung 15 Sekunden benötigt. Die Lichtgeschwindigkeit *c* lässt sich bei Kenntnis des Umfangs der Erdbahn ($s_{Erdbahn} = 942 \cdot 10^9$ m) und der Umlaufzeit der Erde (31 557 600 s) durch

$$c = \frac{l}{\Delta t_{Umlauf,Io}}$$

$$l = \frac{s_{Erdbahn} \cdot t_{Umlauf,Io}}{t_{Umlauf,Erde}}$$

Die Ausbreitungsgeschwindigkeit des Lichtes beträgt im Vakuum 299 792 458 m/s.

bestimmen. Auf diese Weise ergab sich die Lichtgeschwindigkeit zu $c = 304\,626\,255$ m/s. Dieser Wert liegt sehr nahe an der mit modernen Mitteln bestimmten Geschwindigkeit des Lichtes. Nach derzeitigem Kenntnisstand ist dies gleichzeitig die höchste erreichbare Geschwindigkeit.

1.3 Reflexion und Streuung

Treffen Lichtstrahlen auf einen undurchsichtigen Körper, so werden diese Strahlen absorbiert oder zurückgeworfen. Wird das Licht zurückgeworfen, so unterscheidet man zwei Fälle. Bei der **Streuung** wird das Licht in alle möglichen Raumrichtungen (diffus) zurückgeworfen, bei der **Reflexion** nur in eine bevorzugte Richtung. Typische Beispiele im alltäglichen Leben sind die Streuung des Sonnenlichtes an der Atmosphäre (Himmelsblau) oder die Lichtstreuung durch eine Mattglasscheibe bzw. die Reflexion des Lichtes an einem Spiegel. Für Reflexion wie auch für Streuung gilt das Reflexionsgesetz:

> Licht wird an Oberflächen so gespiegelt, dass der Winkel α zwischen dem einfallenden Lichtstrahl und dem Lot auf die spiegelnde Fläche gleich dem Winkel β zwischen dem auslaufenden Strahl und dem Lot ist.
>
> $$\alpha = \beta$$
> (»Einfallswinkel gleich Ausfallswinkel«)

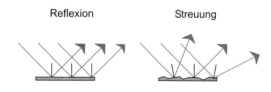

Reflexion   Streuung

Reflexion an rauen Oberflächen nennt man Streuung.

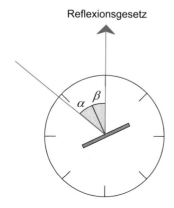

Reflexionsgesetz

1.4 Brechungsgesetz

Tritt ein Lichtstrahl schräg von einem Medium (z. B. Luft) in ein zweites (z. B. Wasser) über, so wird das Licht beim Durchgang durch die Grenzfläche gebrochen, d. h., der Winkel des Strahles zur Grenzfläche ändert sich.

Beim Durchgang des Lichtes von einem optischen Medium in ein anderes wird ein Teil des Lichtes gebrochen, ein Teil reflektiert.

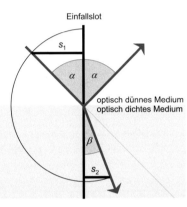

Willebrordus Snellius, 1591–1626, niederländischer Physiker

Dieses Verhalten von Licht kennt man schon seit der Antike, jedoch gelang erstmals »Snellius« (Willebrord Snel van Royen) um 1620 eine Herleitung des Brechungsgesetzes:

Die Brechzahl n ist das Verhältnis der Wegstrecken s_1 und s_2 bzw. das Verhältnis vom Sinus des Einfallswinkels α zum Sinus des Ausfallswinkels β.

$$n = \frac{s_1}{s_2} = \frac{\sin \alpha}{\sin \beta}$$

Es gilt: Beim Übergang vom **optisch dünneren Medium** (z. B. Luft) zum **optisch dichteren Medium** (z. B. Wasser) wird der Strahl »zum Lot hin« gebrochen, andernfalls »vom Lot weg«.

Medium	Brechzahl n
Luft	1,00028
Wasser	1,33
Benzol	1,5
Glas	1,46...1,92
Diamant	2,42

Besitzen zwei Medien die gleiche Brechzahl (z. B. Benzol und Glas), so tritt beim Durchgang durch die Grenzfläche weder Reflexion noch Brechung auf.

1.5 Totalreflexion

Vergrößert man den Einfallswinkel α bis zum streifenden Einfall des Lichtes ($\alpha = 90°$), dann ergibt sich nach dem Brechungsgesetz der maximal mögliche Winkel β im dichteren Medium (Brechzahl n) zu:

$$\sin\beta = \frac{\sin\alpha}{n} = \frac{\sin 90°}{n} = \frac{1}{n}$$

Für den Fall des Übergangs von Luft in Wasser ($n = 1{,}33$) beträgt der Grenzwinkel $\beta_G = 48{,}8°$. Drehen wir nun den Lichtweg um, d. h., gehen wir von einem **dichteren Medium** in ein **dünneres Medium** über, so folgt daraus, dass nur bis zum **Grenzwinkel** β_G ein Übergang vom dichteren in das dünnere Medium möglich ist. Für größere Winkel tritt **Totalreflexion** ein.

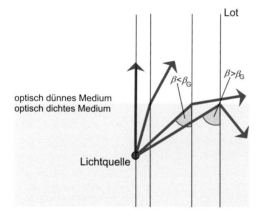

Prinzip der Totalreflexion am Übergang vom optisch dichteren zum dünneren Medium

Das Prinzip der Totalreflexion wird z. B. bei Glasfasern (Lichtwellenleitern) in der Telekommunikation eingesetzt, wobei das Licht am Übergang zwischen Lichtwellenleiter und Luft (oder Außenmantel) eine Totalreflexion erfährt und so fast verlustfrei in der Glasfaser transportiert wird.

Lichtwellenleiter nutzen die Totalreflexion.

1.6 Dispersion (Aufspaltung)

Fällt ein Lichtstrahl durch ein Glas hindurch auf eine weiße Fläche, so können oftmals feine Farbsäume gesehen werden. Die gleiche Aufspaltung von weißem Licht in die verschiedenen Farben kann beobachtet werden, wenn ein Lichtstrahl auf ein Prisma fällt.

Ein Glasprisma zerlegt weißes Licht in seine Spektralfarben.

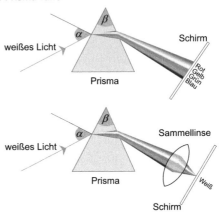

Eine Sammellinse kann die einzelnen Farbanteile des Lichtes wieder in einem Punkt zu weißem Licht vereinigen.

Das weiße Licht wird beim Durchgang durch das Prisma in seine Bestandteile, die Spektralfarben, zerlegt. Bei Glas und anderen Materialien muss daher die Brechzahl n abhängig von der Farbe des Lichtes angegeben werden. Es gilt:

$$n_{blau} > n_{rot}$$

Die Brechzahl n für blaues Licht ist größer als für rotes.

Farbe	Brechzahl n (Glas)
Blau	1,524
Grün	1,52
Gelb	1,517
Rot	1,514

Ein **Regenbogen** entsteht, wenn Sonnenstrahlen im richtigen Winkel zum Beobachter auf Regentropfen fallen und darin gebrochen und reflektiert werden. Umgekehrt mischt der **Fernseher** durch **additive Farbmischung** aus einzelnen einfarbigen Punkten das farbige Bild zusammen (siehe auch Abschnitt 4.1).

2 Optische Systeme

Optische Systeme, d. h. Apparate, deren Sinn es ist, den Weg, den das Licht zurücklegt, gezielt zu beeinflussen, beruhen auf den Erkenntnissen der Strahlenoptik unter Verwendung der Reflexions- und Brechungsgesetze.

2.1 Lochblende
Eines der einfachsten Elemente ist die **Lochblende** (auch Lochkamera).

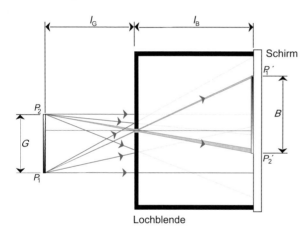

Lochblende

Eine Lochblende erzeugt ein reelles Bild auf einem dahinter liegenden Schirm.

Die Strahlen, die von einem Objekt ausgehen und durch eine Lochblende gelangen, erzeugen auf einem Schirm hinter der Lochblende ein **reelles Bild**.

Für das Abbild auf dem Schirm gilt nach dem Strahlensatz (siehe Abbildung) :

$$\frac{l_G}{G} = \frac{l_B}{B}$$

Das Bild hinter der Lochblende ist jedoch sehr lichtschwach, steht auf dem Kopf und ist seitenverkehrt.

2.2 Ebener Spiegel

Ein **ebener Spiegel** ist ebenfalls ein optisches System.

Objekt und Spiegelbild an einem ebenen Spiegel

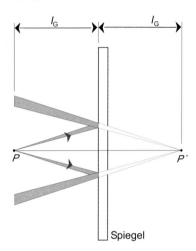

Das Spiegelbild *P'*, das wir wahrnehmen, wenn wir in einen Spiegel sehen, erscheint ebenso weit hinter dem Spiegel wie das Objekt *P* vor dem Spiegel und ebenso groß. Für die Längen des Objektes und des Spiegelbildes gilt:

$$l_P = l_{P'}$$

Die durch Spiegelung entstehenden Bilder eines Objektes nennt man **scheinbare** oder auch **virtuelle** Bilder.

2.3 Kugelhohlspiegel

Gekrümmte Oberflächen, z. B. ein **Kugelhohlspiegel**, also ein von innen verspiegelter Kugelabschnitt, oder ein **Wölbspiegel** (außen verspiegelt), verändern das Bild des Objektes, das darin sichtbar wird.

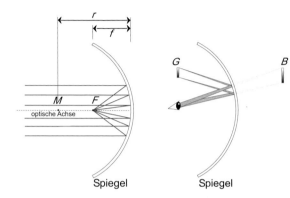

Kugelhohlspiegel sammeln parallel einfallendes Licht im Brennpunkt und können als Vergrößerungsspiegel genutzt werden.

Spiegel   Spiegel

Beim Kugelhohlspiegel treffen sich alle Strahlen, die parallel und nah zur optischen Achse laufen, im Brennpunkt *F*.

Der Brennpunkt *F* liegt auf der optischen Achse zwischen dem Mittelpunkt *M* des Kugelabschnittes und der Kugeloberfläche. Die Entfernung zwischen Kugeloberfläche und Brennpunkt wird **Brennweite** (*f*) genannt. Es gilt:

$$f = \frac{1}{2}\,r$$

Die Konzentration von einfallendem Licht auf einen Brennpunkt wird in **Solaröfen** und **Solarkraftwerken** genutzt, der umgekehrte Weg, die Strahlen einer Lampe im Brennpunkt des Spiegels in eine Richtung zu bündeln, findet in **Scheinwerfern** Anwendung. Die vergrößernden Eigenschaften werden z. B. in **Rasierspiegeln** genutzt.

2.4 Wölbspiegel

Betrachtet man einen **Wölbspiegel**, also den umgekehrten Fall eines Hohlspiegels, so erkennt man Folgendes:

Bei nach außen gewölbten Spiegeln werden die Lichtstrahlen so abgelenkt, dass für das Auge ein aufrechtes und verkleinertes Abbild des Objektes entsteht.

Wölbspiegel liefern ein verkleinertes virtuelles Bild.

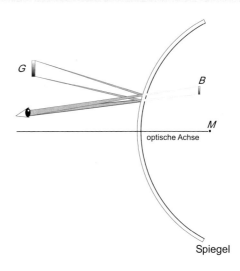

Gleichzeitig wird mit der Verkleinerung der Objekte der Sehwinkel vergrößert. Dieser Eigenschaft verdankt der Wölbspiegel seinen Einsatz überall dort, wo der Sehwinkel erweitert werden soll (z. B. im Straßenverkehr). Durch die optische Verkleinerung ist für das Auge eine korrekte Entfernungsabschätzung allerdings nur schwer vorzunehmen. Die weitaus größte Bedeutung für das menschliche Leben besitzen optische Systeme, die auf der Lichtbrechung beim Übergang von Licht in Materie beruhen.

2.5 Planparallele Platte und Prisma

Bei einer **planparallelen Platte** dringt das Licht durch die erste Grenzfläche (z. B. Luft/Glas) und wird zum Lot hin gebrochen. Beim Durchgang durch die zweite Grenzfläche (Glas/Luft) wird sie dann in die entgegengesetzte Richtung um den gleichen Betrag gebrochen. Der Strahl wird lediglich um die Strecke *l* parallel verschoben.

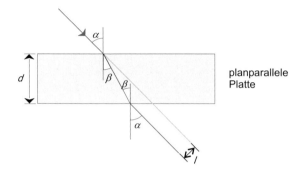

planparallele Platte

Durchläuft ein Lichtstrahl eine planparallele Platte, bleibt der Winkel erhalten, der Strahl wird jedoch parallel versetzt. Beim Prisma wird der Strahl zweimal von der »brechenden Kante« weg gebrochen.

Ein- und Ausfallswinkel sind bei einer planparallelen, transparenten Platte gleich.

Kennt man die Dicke *d* der Platte, den Einfallswinkel α und die Brechzahl *n*, so kann man die Verschiebung *l* berechnen:

$$l = d \cdot \frac{\sin(\alpha - \beta)}{\cos \beta}$$

Beispiel: Mit *d* = 5 mm, α = 40° und *n* = 1,5 (Glas) ist der Versatz *l* = 1,4 mm.

Beim Prisma ist der Winkel δ zwischen einfallendem und auslaufendem Strahl abhängig vom Einfallswinkel α_1, der Brechzahl *n* und dem Keilwinkel γ. Es gilt:

$$\delta = \alpha_1 + \beta_2 - \gamma$$

2.6 Linsen

Man unterscheidet zwei wesentliche Unterarten von Linsen, **Sammellinsen** (oder auch Konvexlinsen) und **Zerstreuungslinsen** (Konkavlinsen). Auch bei Linsen lassen sich, wie bei Spiegeln, die optischen Eigenschaften durch die Form der Oberfläche beeinflussen. Allgemein sind Sammellinsen so aufgebaut, dass sie in der Mitte dicker sind als am Rand. Es gilt:

Strahlen, die parallel zur optischen Achse durch eine Sammellinse laufen, werden so gebrochen, dass sie sich auf der optischen Achse im Brennpunkt F, der um die Brennweite f von der Linsenmitte entfernt ist, schneiden.

Sammellinsen bündeln Licht.

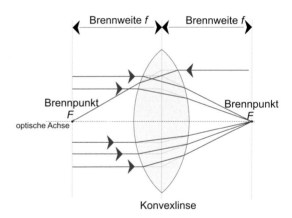

Konvexlinse

Fallen die Strahlen zwar parallel zueinander, aber unter einem kleinen Winkel zur optischen Achse ein, so fokussiert die Sammellinse die Strahlen in einem Punkt auf der Brennebene, die senkrecht zur optischen Achse im Abstand der Brennweite f von der Linse entfernt liegt.

Parallele Lichtbündel, die schräg zur optischen Achse durch eine Sammellinse laufen, schneiden sich in der Brennebene. Die Brennebene ist um die Brennweite f von der Linse entfernt und steht senkrecht auf der optischen Achse.

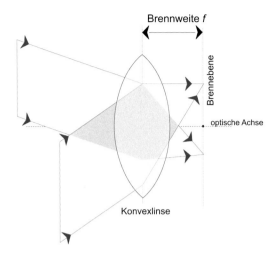

Die Sammellinse bündelt auch parallele Strahlen, die schräg einfallen.

Die Sammellinse erzeugt, wenn der Gegenstand weiter als die Brennweite *f* von der Linse entfernt ist, ein spiegelverkehrtes Bild, das auf dem Kopf steht. Der Bildpunkt kann aus dem Gegenstandspunkt durch Einzeichnen des Parallel-, Mittelpunkt- und Brennpunktstrahls konstruiert werden.

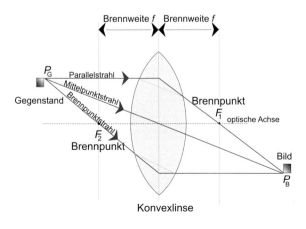

Konstruktion des Bildpunktes einer Sammellinse mithilfe des Mittelpunkt-, Parallel- und Brennpunktstrahls.

Zerstreuungslinsen, auch Konkavlinsen genannt, sind am Rand dicker als in der Mitte. Sie brechen Licht so, dass ein paralleler Lichtstrahl auseinander strebt, also divergent wird.

Zerstreuungslinsen fächern parallele Lichtbündel auf.

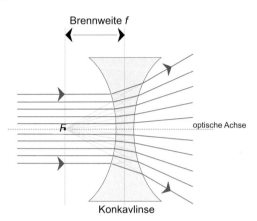

Brennweite f

optische Achse

Konkavlinse

Dabei fächert die Zerstreuungslinse den Strahl so auf, als ob er aus einem einzigen Punkt F vor der Linse kommen würde. Der Abstand zwischen F und der Linsenmitte wird auch Brennweite f genannt und ist immer negativ. Gewöhnlich werden Zerstreuungslinsen zusammen mit Sammellinsen in s. g. Linsensystemen verwendet.

2.7 Brechwert

Bei Einzellinsen (z. B. bei Brillen) wird oft anstatt der Brennweite f der Brechwert D genannt. Er ist definiert durch

$$D = \frac{1}{f}$$

und dient zur Berechnung der Stärke von Linsensystemen mit mehr als einer Linse. D erhält die Einheit Dioptrie (dpt), wenn f in Metern (m) angegeben wird. Es gilt:

$$1\ \text{dpt} = \frac{1}{\text{m}}$$

2.8 Linsensysteme

Werden mehrere Linsen hintereinander geschaltet, so addieren sich die Brechkräfte. Es gilt:

$$D_{ges} = D_1 + D_2 + D_3 + ...$$

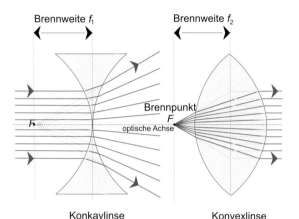

Fügt man verschiedene Linsen zusammen, addieren sich die Brechwerte.

Konkavlinse — Konvexlinse

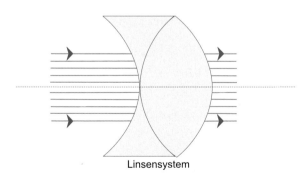

Linsensystem

Zerstreuungslinsen und Sammellinsen mit dem gleichen Brechwert heben sich in ihrer Wirkung auf.

Beispiel: Eine Zerstreuungslinse mit einer Brennweite von −50 cm (also $D = -2$ dpt) wird mit einer Sammellinse von 50 cm Brennweite ($D = 2$ dpt) zu einem Linsensystem mit einem Gesamtbrechwert von 0 dpt zusammengefügt.

Verschiedene technische Geräte nutzen eine geschickte Wahl der optischen Abbildungen, um dem Menschen neue Bereiche des Sehens zu erschließen. Das **Lichtmikroskop** kann z. B. Objekte um einen Faktor 1500 vergrößert sichtbar machen.

Der Gegenstand wird in einem Mikroskop durch eine Sammellinse auf das Zwischenbild vergrößert, das wiederum durch eine Lupe betrachtet wird.

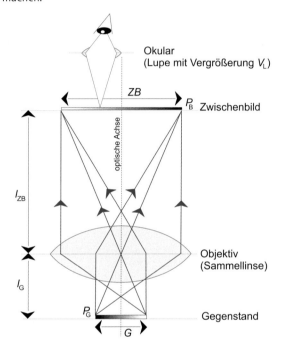

Das Größenverhältnis zwischen Gegenstand und Zwischenbild nennt man Abbildungsmaßstab *A*. Er ist gegeben durch (siehe Abbildung oben):

$$A = \frac{ZB}{G} = \frac{l_{ZB}}{l_G}$$

Die Vergrößerung des Mikroskops ist gegeben durch die Multiplikation des Abbildungsmaßstabes mit der Lupenvergrößerung V_L.

$$V_M = A \cdot V_L$$

Ein **Projektor** dient dazu, kleine Abbildungen auf einer Projektionsfläche vergrößert sichtbar zu machen. Dabei wird im Allgemeinen das Objekt (Dia, LCD o. Ä.) mit einem parallelen Strahlenbündel gleichmäßig durchstrahlt. Dazu muss mit einer Sammellinse, dem so genannten Kondensor, das von der Lichtquelle divergent ausgehende Licht möglichst gleichmäßig gebündelt werden.

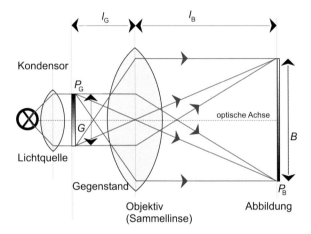

Ein Projektor ermöglicht eine stark vergrößerte Abbildung eines Objekts auf einer Fläche.

Das entstehende helle Objekt wird anschließend mit einem Objektiv (Sammellinse) auf der Projektionswand abgebildet. Der Abbildungsmaßstab A ist dann wieder gegeben durch (siehe auch Abbildung oben):

$$A = \frac{B}{G} = \frac{I_B}{I_G}$$

Für eine scharfe Abbildung muss die Brennweite f der verwendeten Linse kleiner sein als der Abstand zwischen Objekt und Objektiv.

3 Wellenoptik

3.1 Die Wellennatur des Lichtes

Lange Zeit war die Natur des Lichtes heftig umstritten. Dabei war schon um 1000 n. Chr. vom arabischen Augenarzt *Ibn al Haitam* festgestellt worden, dass die Körper das Licht aussenden (oder reflektieren) und das Auge dieses Licht nur empfängt. Doch verschiedene Versuche der Physik legten unterschiedliche, sich scheinbar widersprechende Deutungen über die Natur des Lichtes nahe. Während einerseits die Anhänger der Strahlenoptik (*Descartes, Newton, Goethe*) bei der Erklärung der **Lichtbrechung** und allgemein der geometrischen Optik große Erfolge feierten, konnten sie bei den Versuchen zur **Beugung** des Lichtes an kleinen Öffnungen (Schlitzen) keine befriedigende Erklärung finden. Demgegenüber war die 1678 aufgestellte Theorie von *Christiaan Huygens* bei der Beschreibung gerade dieser Beugungsversuche erfolgreich. Dabei nahm *Huygens* an, dass in Analogie zu einer auslaufenden **Wasserwelle**, die entsteht, wenn ein kleiner Stein senkrecht von oben ins Wasser fällt, sich das Licht in Form einer Elementarwelle von jedem Punkt ausbreitet. Wellen besitzen eine **Ausbreitungsgeschwindigkeit** (hier die Lichtgeschwindigkeit c (in m/s), eine **Wellenlänge** λ (in m) und eine **Schwingungsfrequenz** f (in Hz = 1/s). Es gilt:

René Descartes (Cartesius), 1596–1650, französischer Philosoph

Christiaan Huygens, 1629–1695, niederländischer Mathematiker, Physiker und Astronom

$$\lambda = \frac{c}{f}$$

Erst Anfang des 20. Jahrhunderts konnte im Rahmen der Quantenmechanik gezeigt werden, dass diese scheinbare Dualität – also Welleneigenschaften **und** Teilchen- bzw. Strahleneigenschaften zu zeigen – für alles im Universum gilt.

Dualität

3.2 Interferenz (Überlagerung)

Im Gegensatz zu Lichtstrahlen, die sich nicht gegenseitig beeinflussen und bei deren Überlagerung sich die Intensitäten addieren, ist der Sachverhalt bei Wellen schwieriger.

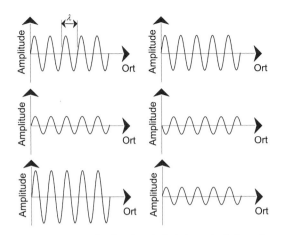

Überlagert man Wellen, können sich diese gegenseitig verstärken oder abschwächen.

Zunächst soll eine Welle als wiederkehrende Schwankung um einen Mittelwert betrachtet werden. Überlagert man Wellen gleicher Wellenlänge λ (siehe Abbildung) dergestalt, dass die Wellenberge und -täler übereinander liegen, so addieren sich die Intensitäten und die Welle wird größer. Man spricht auch von **konstruktiver Interferenz.** Legt man aber die Berge einer Welle genau auf die Täler einer anderen, so ergibt die Addition einen kleineren Wert (auch **destruktive Interferenz** genannt). Sind Berge und Täler beider Wellen gleich hoch, löschen sich die Wellen gegenseitig aus. Aus der Überlagerung von Licht kann also Dunkelheit entstehen. Diese Überlagerung funktioniert für einfarbiges Licht, d. h. bei gleichen Wellenlängen λ, besonders gut.

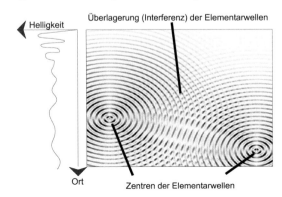

Licht kann auch als Elementarwellen angesehen werden, die von jedem Punkt ausgehen und sich überlagern.

3.3 Poisson'scher Fleck

Dominique Arago,
1786–1853,
französischer Astronom
und Physiker

Endgültig anerkannt waren die Welleneigenschaften des Lichtes, als der Physiker *Dominique Arago* den »Poisson'schen Fleck« beobachten konnte. *Dennis Poisson* hatte aus der Huygens'schen Theorie gefolgert:

> Wenn Licht eine Welle ist, müssen vom Rand einer runden Scheibe, die von einem parallelen Strahlenbündel beleuchtet wird, die Elementarwellen so ausgehen, dass in der Mitte des Schattens ein heller Punkt entsteht.

Elementarwellen,
die von einer Kreis-
scheibe ausgehen,
müssen in
der Mitte konstruktiv
interferieren.

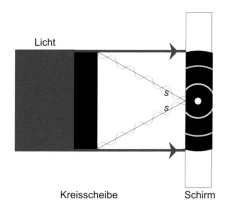

Licht

s
s

Kreisscheibe　　　　　Schirm

Siméon Denis Poisson,
1781–1840,
französischer Mathe-
matiker und Physiker

Poisson folgerte dies aus der Erkenntnis, dass die Entfernung s vom Rand eines Kreises zu seiner Mitte überall gleich ist. Deshalb werden die vom Rand ausgehenden Wellen (bei gleicher Wellenlänge) in der Mitte auch immer konstruktiv interferieren. Da *Poisson* jedoch glaubte, dass ein solcher Fleck nicht existierte, nahm er irrtümlich an, einen Beweis gegen die Huygens'sche Theorie gefunden zu haben.

3.4 Beugung am Einzelspalt

Schickt man einfarbiges Licht, z. B. von einem **Laser**, durch einen in der Breite verstellbaren Spalt und betrachtet das entstehende Abbild auf einem Schirm, so kann man Folgendes beobachten: Ist der Spalt sehr breit, entsteht auf dem Schirm eine helle Linie mit scharfen Grenzen als Abbild des Spaltes, entsprechend der geometrischen Optik.

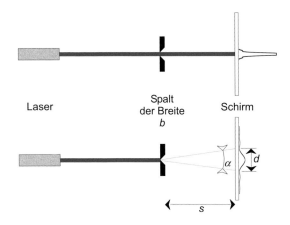

Die Elementarwellen aus dem Spalt interferieren auf dem Schirm so, dass ein Muster aus hellen und dunklen Streifen entsteht.

Verringern wir aber die Breite *b* des Spaltes immer weiter, so beobachtet man, dass der Fleck zunächst schmaler und dann wieder breiter wird. Diese scheinbare Ablenkung der Strahlen am Spalt nennt man **Beugung**. Verfolgt man den Weg aller Elementarwellen und überlagert sie auf dem Schirm, entsteht das beobachtete Muster. Dunkelheit entsteht überall dort, wo die Wegunterschiede ein Vielfaches der halben Wellenlänge λ betragen. Auf einem Schirm, der *s* vom Spalt entfernt steht, ist die Breite des Hauptmaximums *d* für kleine Winkel α gegeben durch:

$$d = \frac{2 \cdot s \cdot \lambda}{b}$$

3.5 Beugung am Doppelspalt

Schickt man einfarbiges Licht der Wellenlänge λ durch zwei parallele Spalte, die den Abstand *b* besitzen, und betrachtet das entstehende Abbild auf einem Schirm, der um die Länge *s* entfernt steht, so sieht man ein Interferenzmuster aus hellen und dunklen Streifen, die annähernd gleich weit auseinander liegen. Nimmt man an, dass von jedem der beiden Spalte eine Elementarwelle ausgeht, und beträgt der Unterschied der beiden Wege zum Schirm gerade λ, dann überlagern sich die Wellen konstruktiv (d_{hell}), bei einem Unterschied von $\lambda/2$ löschen sich die Wellen aus (d_{dunkel}).

Die Elementarwellen aus den beiden Spalten interferieren auf dem Schirm so, dass ein gleichmäßiges Muster aus hellen und dunklen Streifen entsteht.

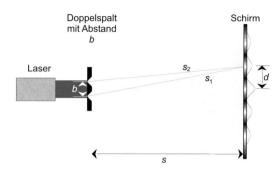

Es gilt:

$$\frac{d_{hell}}{s} = k \cdot \frac{\lambda}{b} \text{ bzw.}$$

$$\frac{d_{dunkel}}{s} = \frac{(2k-1)}{2} \cdot \frac{\lambda}{b}$$

$$\text{für } k = 1, 2, 3, \ldots$$

Beispiel: Betrachtet man das Abbild zweier Einzelspalte mit dem Abstand $b = 0,5$ mm, die von Licht mit $\lambda = 500$ nm bestrahlt werden, auf einem Schirm in der Entfernung $s = 2$ m, so liegen die hellen Streifen

$$d_{hell} = \frac{500 \cdot 10^{-9} \text{ m} \cdot 2 \text{ m}}{0,5 \cdot 10^{-3} \text{ m}} = 2 \cdot 10^{-3} \text{ m} = 2 \text{ mm}$$

auseinander.

3.6 Beugung am Gitter

Ersetzt man den Doppelspalt durch ein Gitter aus Spalten, die konstanten Abstand zueinander besitzen, so entsteht ebenfalls ein Beugungsmuster auf dem Schirm. Die Helligkeitsmaxima, d. h., die Stellen, an denen alle Teilwellen konstruktiv interferieren, liegen an der gleichen Stelle wie beim Doppelspalt.

Diese Hauptmaxima sind viel intensiver und schärfer als beim Doppelspalt. Der Zwischenraum ist durch Nebenmaxima erfüllt, die sehr viel schwächer sind, weil bei ihnen nur ein kleiner Teil der Strahlen konstruktiv interferiert.

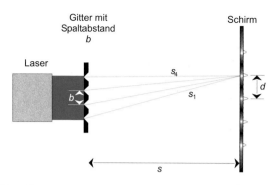

Beim Gitter entstehen Hauptmaxima, wenn alle Teilwellen konstruktiv interferieren. Dazwischen liegen Nebenmaxima. Ein Muster aus sehr hellen schmalen Streifen entsteht.

Diese Eigenschaft von Gittern wird bei Spektrometern dazu verwendet, um die Wellenlänge λ des Lichtes sehr genau zu vermessen.

Wellenlänge (in nm = 10^{-9} m)	Farbe des Lichtes
450	Dunkelblau
520	Grün
580	Gelb
650	Rot

Das menschliche Auge ist für Wellenlängen zwischen etwa 400 nm und 800 nm empfindlich.

4 Entstehung und Wahrnehmung von Licht

4.1 Lichtquellen

Allen Prozessen, bei denen Licht entsteht, ist gemeinsam, dass Energie benötigt wird. Zwei prinzipiell unterschiedliche Wege, Licht zu erzeugen, finden Verwendung. Bei einer Methode werden die Elektronen in Atomen und Molekülen durch Aufnahme von Energie angeregt. Diese Energie kann bei der Rückkehr in den Grundzustand als Licht ausgesandt werden. Diese Lichtquellen senden im Allgemeinen nur Licht bestimmter Frequenzen (Farben), ein so genanntes Linienspektrum, aus. Typische Beispiele sind der **Laser, Leuchtdioden** und **Leuchtstoffröhren.**

Durch den Wechsel der in Atomen und Molekülen gebundenen Elektronen auf ein niedrigeres Energieniveau entsteht Licht.

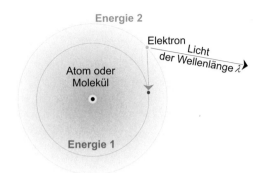

Um weißes Licht zu erzeugen, müssen mehrere verschiedene Farben gleichzeitig abgestrahlt werden. Dieses Prinzip wird z. B. beim Fernseher angewendet und **additive Farbmischung** genannt.

1: Gelb
2: Rot
3: Purpur (Magenta)
4: Blau
5: Blaugrün (Cyan)
6: Grün
7: Weiß

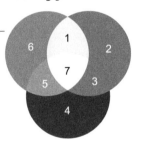

Bei der **additiven Farbmischung** können aus den Grundfarben Rot, Blau, Grün alle anderen Farben gemischt werden.
Wird der Schirm mit allen Grundfarben gleich stark beleuchtet, entsteht Weiß.

Die andere Methode beruht darauf, dass jeder Körper abhängig von seiner Temperatur elektromagnetische Strahlung aussendet. Reflektiert dieser Körper selbst kein Licht, so spricht man von einem **schwarzen Strahler**. Bei Zimmertemperatur ist die Wellenlänge λ der Strahlung sehr groß und umfasst ein breites Spektrum an Wellenlängen im nicht sichtbaren (infraroten) Bereich, man spricht auch von **Wärmestrahlung**. Erst bei höheren Temperaturen wird ein Teil der Strahlung im sichtbaren Bereich abgestrahlt. Der Körper (z. B. Eisen) glüht rot auf. Wird die Temperatur noch weiter erhöht, verändert sich der Farbton über Gelb zu Weiß.

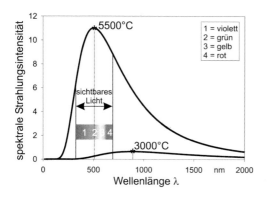

Je höher die Temperatur eines schwarzen Strahlers ist, desto intensiver ist die Strahlung bei kurzen Wellenlängen.

Deshalb erhitzt man auch den Glühdraht in einer Glühlampe sehr stark, damit die Lichtausbeute hoch ist. *Max Planck* konnte im Jahre 1900 erstmals den Zusammenhang zwischen der Temperatur eines Körpers und der von ihm ausgehenden elektromagnetischen Strahlung erklären.

Max Planck,
1858–1947,
deutscher Physiker

Bei der **subtraktiven Farbmischung** können aus weißem Licht und Filtern in den Komplementärfarben Cyan, Magenta und Gelb die anderen Farben erzeugt werden. Werden alle Farben vollständig ausgefiltert, entsteht Schwarz.

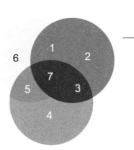

1: Rot
2: Magenta
3: Blau
4: Cyan
5: Grün
6: Gelb
7: Schwarz

Unsere wichtigste Energie- und Lichtquelle, die Sonne, ist solch ein schwarzer Strahler. Aus diesem Grund ist es möglich, aus der Zusammensetzung des Lichtes, das unsere Sonne aussendet, auf ihre Oberflächentemperatur zu schließen. Diese beträgt etwa 5800 Kelvin. Da Glühlampen nur eine Temperatur von etwa 3000 K erreichen, erscheint uns ihr Licht als gelblich. Beim Studium des Sonnenlichtes entdeckte 1814 *Joseph von Fraunhofer* die nach ihm benannten Linien.

Joseph von Fraunhofer,
1787–1826,
deutscher Physiker
und Glastechniker

Im Sonnenlicht treten nicht alle Farben auf, es fehlen ganz bestimmte Wellenlängen, die Fraunhofer'schen Linien.

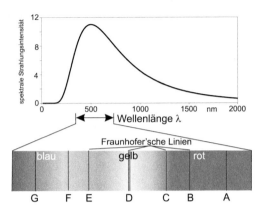

Die Fraunhofer'schen Linien im Sonnenlicht informieren über die Zusammensetzung der Sonnenatmosphäre.

Erst die Entdeckung, dass Stoffe Linienspektren, das heißt Licht mit nur wenigen verschiedenen Wellenlängen, aussenden können, erklärte das Fehlen dieser Wellenlängen. Die Atome in der Sonnenatmosphäre absorbieren nur das Licht, das es den Elektronen ermöglicht, auf das nächsthöhere Energieniveau zu kommen. Dies ist der umgekehrte Prozess wie bei der Erzeugung von Licht in Atomen. Aus dem Fehlen dieser Linien können Rückschlüsse auf die Zusammensetzung der Sonnenatmosphäre gezogen werden. Viele weitere Informationen aus der Sonne werden uns über das Licht übermittelt, das sie aussendet.

4.2 Wahrnehmung von Licht
Sehen ist eine unserer wichtigsten Sinneswahrnehmungen. Sensorische Wahrnehmung von Licht ist selbst bei niederen Lebensformen zu beobachten. So reagieren Pflanzen, aber auch Einzeller auf Lichtreize. **Augen**, die fast alle Tiere besitzen, sind komplexe optische Systeme. Das Linsensystem beim Menschen besteht aus Hornhaut, Kammerwasser (»flüssige Linse«), einer variablen Lochblende (Iris) und der eigentlichen Linse, deren Form durch Muskulatur verändert werden kann. Das Licht trifft an der Innenoberfläche des Auges auf die Netzhaut, die mit Sinneszellen überzogen ist.

Man unterscheidet dabei Zellen, die Hell und Dunkel unterscheiden können (ca. 125 Millionen so genannte Stäbchen) und solche, die für verschiedene Wellenlängen empfindlich sind (ca. 7 Millionen so genannte Zapfen).

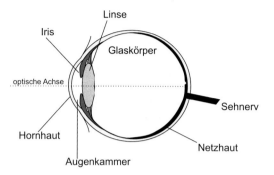

Das Auge des Menschen besteht aus einem optischen System zur Fokussierung des Lichtes und der Netzhaut, in der das Licht in Sinnesreize umgewandelt wird.

Die **Wärmeempfindung**, die vom langwelligen Anteil der Strahlung ausgeht (Wärmestrahlung), ist neben dem Sehen die einzige weitere Wahrnehmung des Menschen von elektromagnetischer Strahlung. Die Strahlung wird vom Körper absorbiert und in Wärme umgewandelt. Für die sehr kurzwellige und sehr langwellige Strahlung besitzt der Körper keine Sinneswahrnehmung. Dies kann, z. B. bei ultravioletter Strahlung, zu Sonnenbrand führen.

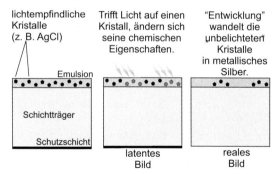

Die Belichtung des Filmes führt zu einem latenten Bild, das durch chemische Behandlung (Entwicklung) sichtbar wird.

Bei der klassischen Fotografie wird eine lichtempfindliche Schicht bei Belichtung chemisch verändert. Das latente Bild wird durch chemische Prozesse sichtbar gemacht.

Bei der Farbfotografie muss sich für jede Komplementärfarbe eine entsprechend darauf empfindliche Substanz in der Emulsion befinden.

4.3 Fotometrie

In der Fotometrie werden besondere Einheiten verwendet, die alle von der Einheit der **Lichtstärke** abgeleitet werden. Die Lichtstärke I besitzt die Einheit Candela (cd; lat. für Kerze). Diese ist definiert durch:

> Die Candela ist die Lichtstärke einer Strahlungsquelle, die einfarbiges Licht der Frequenz 540 THz (etwa 555 nm, grün) aussendet und deren Strahlstärke in dieser Richtung 1/683 Watt pro Steradiant beträgt.

Der Steradiant (sr) ist dabei die Einheit des Raumwinkels Ω, der definiert wird durch:

$$\Omega = \frac{A}{r^2} \quad \text{mit} \quad 1 \text{ sr} = \frac{1 \text{ m}^2}{(1 \text{ m})^2} = 1$$

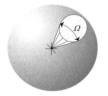

Eine weitere fotometrische Größe ist der **Lichtstrom** Φ mit der Einheit Lumen (lm):

$$1 \text{ Lumen (lm)} = 1 \text{ cd} \cdot \text{sr}$$

Der Raumwinkel Ω wird in Steradiant angegeben.

Der Lichtstrom einer Lichtquelle gibt an, wie viel Licht sie in **alle** Richtungen des umgebenden Raumes emittiert. Die **Beleuchtungsstärke** E, definiert durch

$$E = \frac{\Phi}{A} \quad \text{mit} \quad 1 \text{ lx} = \frac{1 \text{ lm}}{1 \text{ m}^2},$$

also den Lichtstrom pro Flächeneinheit, wird in der Einheit **Lux** (lx) angegeben. Das fotometrische **Abstandsgesetz** gibt an, wie die Beleuchtungsstärke E mit dem Abstand von der Lichtquelle abnimmt. Sei eine punktförmige Lichtquelle mit konstantem Lichtstrom Φ im Zentrum einer Kugel, so sinkt die Beleuchtungsstärke auf der Oberfläche der Kugel, wie die Oberfläche der Kugel zunimmt. Es gilt:

$$E = \frac{\Phi}{r^2}$$

Auf einen Blick: Optik

Strahlenoptik und optische Systeme

- Das Licht breitet sich in Form von Strahlen mit der Lichtgeschwindigkeit c geradlinig aus.
- Man unterscheidet **konvergente, divergente** und **diffuse** Strahlverläufe.
- Lichtstrahlen können **absorbiert, reflektiert** und **gebrochen** werden. Bei der **Reflexion** wird Licht an Oberflächen so gespiegelt, dass der Winkel α zwischen dem einfallenden Lichtstrahl und dem Lot auf die spiegelnde Fläche gleich dem Winkel β zwischen dem auslaufenden Strahl und dem Lot ist.
- An rauen Oberflächen tritt **Streuung**, das heißt ungeordnete **Reflexion**, auf.
- Tritt ein Lichtstrahl schräg von einem Medium (z. B. Luft) in ein zweites (z. B. Wasser) über, wird das Licht beim Durchgang durch die Oberfläche gebrochen, d. h., der Winkel zur Grenzfläche ändert sich.
- Ist der Eintrittswinkel aus einem optisch dichteren in ein optisch dünneres Medium flach, kann **Totalreflexion** auftreten.
- Die Lichtbrechung ist abhängig von der Wellenlänge λ, also der Farbe des Lichtes. Dies nennt man **Dispersion**.
- Die Lochkamera erzeugt auf einem Schirm hinter der Lochblende ein **reelles**, wenngleich auch sehr lichtschwaches **Bild**.
- Das **scheinbare** oder auch **virtuelle** Bild eines ebenen Spiegels erscheint ebenso groß und ebenso weit weg vom Spiegel wie das Objekt selbst.
- Gekrümmte Spiegel erzeugen verkleinerte (Wölbspiegel) oder vergrößerte (Kugelhohlspiegel) virtuelle Bilder eines Gegenstandes.
- Sammellinsen (Konvexlinsen) fokussieren parallele Lichtbündel in der Brennebene. Diese ist um die **Brennweite** f von der Linse entfernt.
- Zerstreuungslinsen (Konkavlinsen) fächern ein paralleles Strahlenbündel so auf, als ob es aus einem einzigen Punkt F im Abstand der Brennweite f vor der Linse kommen würde.
- Der Kehrwert der Brennweite ist der **Brechwert** D.
- Werden zwei Linsen hintereinander geschaltet, so addieren sich die Brechwerte.

Wellenoptik

- Zur Erklärung der Ergebnisse zu Versuchen zur Beugung des Lichtes an kleinen Öffnungen (Schlitzen) stellte *Huygens* eine Theorie vor, die Licht als eine Welle betrachtet.

- Durch Überlagerung der Wellen können sich die Intensitäten addieren und die Welle wird größer (**konstruktive Interferenz**), oder sie werden voneinander subtrahiert und die Welle wird kleiner (**destruktive Interferenz**).

- Das Licht kann in den Schatten hinter einem Objekt eindringen, diesen Vorgang nennt man **Beugung**.

- Das entstehende Muster auf einem Schirm ist abhängig von der Wellenlänge des Lichtes und der Spaltbreite des **Einzelspaltes**.

- Vergrößert man die Anzahl der Spalte (**Doppelspalt, Gitter**), werden die Intensitätsmaxima schärfer und intensiver. Diesen Effekt nutzt man zur genauen Messung der **Wellenlänge** des Lichtes.

- Die **Farben** des Lichtes unterscheiden sich durch ihre Wellenlängen.

Entstehung und Wahrnehmung von Licht

- Licht wird durch Prozesse, die Energie benötigen, entweder in Atomen und Molekülen (Linienspektren) oder durch so genannte »schwarze Strahler« erzeugt.

- Die Sonne ist ein solcher schwarzer Strahler, sie liefert uns ein breites Spektrum an verschiedenen Wellenlängen.

- Mischfarben können durch **additive** Farbmischung (aus den Grundfarben) oder **subtraktive** Farbmischung (aus Weiß) entstehen.

- Das Auge ermöglicht den Menschen das Wahrnehmen von Licht durch eine komplexe Kombination aus optischen Elementen und lichtempfindlichen Sinneszellen.

- Bei der Fotografie wird ein latentes Bild des Objektes in einer lichtempfindlichen Schicht (z. B. Film oder Chip) in ein reales Bild verwandelt.

Fotometrie

- Die **Lichtstärke** I wird in **Candela** (cd) gemessen und gibt an, wie viel Watt eine Lichtquelle in einen Raumwinkel Ω (in **Steradiant** (sr)) aussendet.

- Der **Lichtstrom** Φ einer Lichtquelle gibt an, wie viel Licht sie in **alle** Richtungen des umgebenden Raumes emittiert, seine Einheit ist das **Lumen** (lm).

- Die **Beleuchtungsstärke** wird in **Lux** (lx) gemessen und gibt an, wie groß der Lichtstrom pro Flächeneinheit ist.

Atomphysik

Die Atome sind die kleinsten Bausteine der Stoffe. Die Atom- und Kernphysik ist das Teilgebiet der Physik, in dem der Aufbau der Atome, deren Eigenschaften, die Vorgänge innerhalb der Atome und die Wechselwirkungen zwischen den Atomen beschrieben werden.

1 Das Atom

Wird ein Apfel in zwei Hälften zerschnitten und werden diese wiederum geteilt, so entstehen bei Fortsetzung des stetigen Zerkleinerns immer kleinere Apfelstückchen. Wie oft aber lässt sich ein Apfel zerteilen? Der griechische Naturphilosoph *Demokrit* hat etwa 400 v. Chr. **Atome** als die kleinsten nicht weiter teilbaren Bausteine aller Stoffe postuliert. Viele Vorgänge in der Physik und Chemie lassen sich nur durch diese Annahme erklären. Dabei sind Atome so klein, dass sie nicht optisch beobachtet werden können. Die Abschätzung der Größe eines Atoms erfolgt deshalb durch ein Experiment:

Alle Stoffe bestehen aus Atomen.

Der Öltröpfchenversuch

Ein Ölsäure-Leichtbenzin-Gemisch mit einer Konzentration von 1:2500 wird auf eine Wasseroberfläche getropft. Das Volumen des Tropfens beträgt 0,05 ml und wegen des Mischungsverhältnisses ergibt sich für das enthaltene Öl ein Volumen von

$$V_{\ddot{O}l} = \frac{V_T}{2500} = \frac{0,05 \text{ ml}}{2500} = 2 \cdot 10^{-5} \text{ ml}$$

$V_{\ddot{O}l} = 2 \cdot 10^{-5} \text{ cm}^3$. Nachdem das Leichtbenzin verdunstet ist, entsteht ein Ölfleck mit einem Radius $r = 8$ cm.

Bestimmung des Atomdurchmessers mit dem Ölfleckversuch

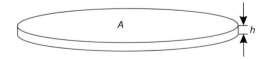

Die Höhe h des Ölfilms auf der Wasseroberfläche ergibt sich dann aus der Volumenformel für einen Zylinder $V = A \cdot h$ und den gegebenen Werten:

$$h = \frac{V}{A} = \frac{0,00002 \text{ cm}^3}{\pi \cdot 64 \text{ cm}^2} \approx 1 \cdot 10^{-7} \text{ cm}$$

Es kann davon ausgegangen werden, dass sich das Öl so ausgebreitet hat, dass der Ölfleck aus nur einer Molekülschicht besteht, dann liegt die Molekülgröße in der Größenordnung von 0,000 000 001 m. Aus der Anzahl der

Atome im Ölsäuremelekül ergibt sich ein Atomradius von $r_A = 0,000\,000\,000\,16$ m – diese Länge ist eine Million Mal kleiner als der Durchmesser des Haares eines Menschen.

1.1 Elementarteilchen

Seit Anfang des 20. Jahrhunderts wurde durch chemische und physikalische Untersuchungen festgestellt, dass das Atom nicht das elementarste Teilchen sein kann, aus dem sich alle Stoffe zusammensetzen, sondern selbst aus kleineren Bausteinen aufgebaut sein muss.

Die **Elementarteilchen** sind die einfachsten bisher bekannten Bausteine der Materie. Ein wichtiges Merkmal der Elementarteilchen ist ihre elektrische Ladung, die der Elementarladung e entspricht. Elementarteilchen können positiv, negativ geladen oder elektrisch neutral sein. Sie können sich unter bestimmten Bedingungen ineinander umwandeln. Elektronen, Protonen und Neutronen sind die wichtigen Elementarteilchen zur Beschreibung des Aufbaus der Atome. Die Atome besitzen einen positiv geladenen Atomkern, in dem die Protonen und Neutronen konzentriert sind. Die Protonen tragen eine positive Ladung, während die Neutronen elektrisch neutral sind, sodass die Gesamtladung des Atomkerns positiv ist. Die Elementarteilchen, aus denen der Atomkern besteht, werden in der Physik auch **Nukleonen** genannt (von lat. nucleus: Kern). Der Atomkern ist von einer Hülle umgeben, in der die negativ geladenen Elektronen den positiv geladenen Kern umlaufen. In Atomen ist die Anzahl der Elektronen in der Hülle gleich der Anzahl der Protonen im Kern, sodass sich die entgegengesetzten Ladungen ausgleichen und die Atome elektrisch neutral sind. Protonen und Neutronen haben nahezu die gleiche Masse, die rund 2000-mal größer ist als die der Elektronen. Somit ist fast die gesamte Masse des Atoms im Kern konzentriert.

Atome sind aus Elementarteilchen aufgebaut.

Die Kernbausteine werden Nukleonen genannt.

1.2 Die Atomhülle

Die Atomhülle ist der Aufenthaltsraum der Elektronen, die sich um den Atomkern bewegen. Bei der Wechselwirkung zwischen den Atomen der Stoffe spielen die Elektronen und insbesondere ihre Verteilung in der Atomhülle eine wichtige Rolle. So sorgen z. B. die Anziehungskräfte zwischen den Elektronen und den Kernen benachbarter Atome für die Bildung von Molekülen. Auch der Verlauf von chemischen Reaktionen kann durch die Anordnung der Elektronen in einem Atom bestimmt werden. Die Elektronen bewegen sich nicht ungeordnet in der Atomhülle, sondern auf bestimmten Bahnen, die **Elektronenschalen** genannt werden.

Alle Elektronen eines Atoms befinden sich in der Atomhülle.

Die Elektronenhülle umgibt den positiv geladenen Kern.

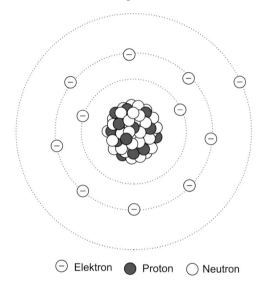

⊖ Elektron   ● Proton   ○ Neutron

Niels Bohr, 1885–1962, dänischer Physiker

Der dänische Physiker *Niels Bohr* stellte ein Atommodell auf, in dem sich die Elektronen auf ganz bestimmten Schalenbahnen bewegen. In einer Schale befinden sich stets Elektronen mit fast identischer Energie. Den Elektronen, die sich in der Schale aufhalten, die dem Kern am nächsten ist, wird die geringste Energie zugeordnet. Je weiter die Schale vom Atomkern entfernt ist, umso höher wird der ihr zugeordnete Energiebereich. Die Elektronenschalen werden innen beginnend mit den Buchstaben K, L, M, N, O, P und Q bezeichnet. Die Physiker haben durch Experimente bestimmt, dass sich in den Elektronenschalen nur eine ganz bestimmte Anzahl an Elektronen aufhalten kann. In der folgenden Tabelle sind die

Elektronen mit annähernd gleicher Energie besetzen eine Elektronenschale.

vier innersten Schalen mit den entsprechenden Besetzungszahlen angegeben. In den Schalen O, P, Q werden die theore-
tisch möglichen Besetzungszahlen nicht erreicht.

Elektronenschale	K	L	M	N
Besetzungszahl	2	8	18	32

Als Beispiel soll das Element Natrium dienen. Im Kern des Na-
triums befinden sich 11 Protonen und in der Hülle halten sich
deshalb 11 Elektronen auf. Dabei sind die K-Schale und die L-
Schale voll besetzt und in der M-Schale befindet sich nur ein
einziges Elektron. Da Elektronen, die sich auf der äußersten
Schale eines Atoms befinden, die Wertigkeit eines Elementes
bestimmen, werden sie **Valenzelektronen** genannt. Natrium
hat nur ein Außenelektron und ist deshalb einwertig. Sind die
Elektronen eines Atoms mit den in der obigen Tabelle ange-
gebenen Besetzungszahlen auf die Elektronenschalen verteilt, befindet sich das Atom im **Grundzustand**. In diesem Zustand kann das Atom beliebig lange verharren. Wird den
Elektronen der Atomhülle jedoch Energie zugeführt, dann
können sie auf höhere Energiestufen angehoben werden und
auf eine andere Elektronenschale springen. Das Atom befindet sich dann im **angeregten Zustand**. Das Elektron des Wasserstoffs kann somit durch Energiezufuhr dazu veranlasst
werden, vom Grundzustand in der K-Schale in einen angeregten Zustand in der L-, M-, N-, O-, P- oder Q-Schale zu
springen. Die Energiezufuhr, die Atome in den angeregten Zustand versetzt, kann durch verschiedene Stoßprozesse erfolgen. Wenn ein Teilchen mit dem Atom zusammenstößt, erfolgt die Wechselwirkung mit den Hüllenelektronen. Dabei
wird ihnen Energie zugeführt. Das Gleiche passiert, wenn ein
Atom mit Licht bestrahlt wird. Auch durch Wärme kann ein
Atom in den angeregten Zustand versetzt werden. Im Gegensatz zum Grundzustand können Atome nicht beliebig lange
im angeregten Zustand verweilen. Bereits nach der sehr kurzen Zeit von einer hundertmillionstel Sekunde springt das
Elektron auf die ursprüngliche oder eine kernnähere Elektronenschale zurück. Die dabei wieder frei werdende Energie
wird vom Atom als Licht abgestrahlt. Da die Elektronen nur

Das Außenelektron
eines Atoms wird
Valenzelektron
genannt.

Durch Energiezufuhr
kann ein Atom vom
Grundzustand in den
angeregten Zustand
übergehen.

ganz bestimmte Schalenbahnen besetzen können, werden bei einem Sprung zwischen zwei Elektronenschalen nur ganz bestimmte Energiemengen aufgenommen oder abgegeben. Dieses Energiequantum nennt der Physiker **Lichtquant** oder **Photon**. Der Übergang zwischen verschiedenen Elektronenschalen wird **Quantensprung** genannt.

Beim Übergang vom angeregten Zustand in den Grundzustand wird Energie in Form von Photonen abgegeben.

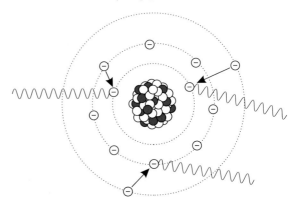

Natürlich ist es für das menschliche Auge nicht möglich, ein einzelnes Photon zu beobachten. Werden aber die unzähligen Atome eines Gases angeregt, so kann die Energieabstrahlung in Form von Licht als Leuchten des Gases beobachtet werden.

Die Übergänge der Elektronen zwischen den Schalen der Atomhülle heißen Quantensprünge. Beim Übergang vom angeregten Zustand in den Grundzustand wird Licht in Form von Lichtquanten abgestrahlt.

1.3 Röntgenstrahlung

Die Energie des Photons, das von den angeregten Atomen abgestrahlt wird, entspricht einer ganz bestimmten Wellen-

Wilhelm Conrad Röntgen, 1845–1923, deutscher Physiker

länge des Lichtes. Der Physiker *Wilhelm C. Röntgen* entdeckte 1895, dass Metallatome beim Beschuss mit schnellen Elektronen extrem kurzwelliges Licht abstrahlen, das nicht mehr im optischen Spektralbereich liegt. Diese Strahlen werden ihm zu Ehren Röntgenstrahlen genannt. In der nächsten Abbildung ist der Versuchsaufbau zur Erzeugung von Röntgenstrahlen dargestellt. Aus einer Glühkathode treten Elektronen aus, die im elektrischen Feld zwischen ihr und der Anode, die aus einem Metallblech besteht, beschleunigt werden.

Röntgenstrahlung ist extrem kurzwelliges Licht.

Versuchsaufbau zur Erzeugung von Röntgenstrahlung

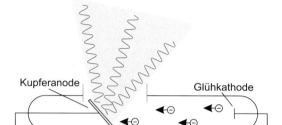

Kupferanode

Glühkathode

Treffen die Elektronen auf das Metallblech auf, so werden die Elektronen durch die Metallatome auf sehr kurzem Weg abgebremst und geben ihre Energie als Röntgenstrahlung ab. Einige Elektronen können aber auch aus kernnahen Elektronenschalen der Atomhülle Elektronen herausschlagen. In diese Lücken springen Elektronen der äußeren Schalen und die dabei frei werdende Energie wird ebenfalls als Röntgenstrahlung abgegeben.

Röntgenstrahlen entstehen durch Abbremsen von schnellen Elektronen in Materie und durch Quantensprünge von Elektronen auf innere Schalen der Atomhülle.

Wie aber konnte die Röntgenstrahlung beobachtet werden, wenn sie doch nicht im sichtbaren optischen Spektrum liegt? Der Nachweis der Röntgenstrahlung erfolgte über ihre Eigenschaft, fotografisches Material wie Filme und Fotopapier zu belichten, Stoffe zu durchdringen und bestimmte Stoffe, die Fluoreszenzstoffe genannt werden, zum Leuchten anzuregen. Die Eigenschaft der Röntgenstrahlung, Stoffe in Abhängigkeit von der Durchlässigkeit der Materie zu durchstrahlen, wird für verschiedene Anwendungen ge-

In der Medizin
dienen Röntgenstrahlen
zur Diagnose innerer
Verletzungen.

nutzt. In der Medizin wird mithilfe von Röntgenbildern die Diagnose von inneren Verletzungen ermöglicht. Hierbei muss aber auch eine weitere Eigenschaft der Röntgenstrahlung berücksichtigt werden, nämlich Schäden an Zellgewebe zu verursachen. Deshalb sind bei Untersuchungen mit Röntgenstrahlung Schutzmaßnahmen unumgänglich.

1.4 Ionisation

Die Energie, die einem Hüllenelektron zugeführt wird, kann im Vergleich zur Anregungsenergie des Atoms so groß sein, dass es die Atomhülle verlassen kann. Dieser Vorgang wird

Durch die Ionisation
wird ein Elektron
aus der Hülle
herausgeschlagen.

Ionisation genannt. In diesem Fall ist das Atom positiv elektrisch geladen, denn es besitzt ein Elektron weniger als Protonen. Atome, bei denen die Anzahl der Protonen ungleich der Anzahl der Elektronen ist, werden in der Physik **Ionen** genannt. Als Beispiel soll die Ionisation eines Gases, das sich in einem Glaszylinder befindet, erläutert werden.

*Stoßionisation eines
Gases durch Anlegen
einer Hochspannung*

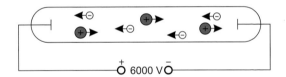

An den zwei in einem Glaszylinder montierten Elektroden wird eine Hochspannung von 6000 V angelegt. Das dadurch erzeugte elektrische Feld beschleunigt elektrisch geladene Teilchen wie Ionen und Elektronen. Treffen diese Teilchen dann auf neutrale Atome, können diese wiederum durch Stöße ionisiert werden. Dieser Prozess heißt **Stoßionisation** und bewirkt ein lawinenartiges Anwachsen der Ladungsträger, bis das Gas elektrisch leitend wird. Dieser Vorgang wird **Gasentladung** genannt. Das Gas im Zylinder leuchtet aufgrund der ständigen An- und Abregung der Gasatome und -ionen.

1.5 Der Atomkern

Der Atomkern, der aus Protonen und Neutronen besteht, ist der Träger der chemischen Eigenschaften eines Stoffes, während die Atomhülle das chemische Verhalten der Stoffe zueinander bestimmt. Werden von einem Atom alle Elektronen durch Ionisation entfernt, ändern sich die chemischen Eigenschaften des Stoffes nicht. Wird ein Heliumatom ionisiert, dann bleibt der Stoff, obwohl die Atome zu Ionen geworden sind, erhalten. Die Anzahl der positiven Ladungen im Kern sorgt dafür, dass sich später die gleiche Anzahl an Elektronen wieder in der Hülle befinden. Das bedeutet, dass die Atome der verschiedenen Grundstoffe, die Elemente genannt werden, durch die Anzahl der Protonen im Atomkern charakterisiert sind. Welchen Einfluss aber kommt den Neutronen zu? Die Anzahl der Neutronen in einem Atomkern ist für die Stabilität der Kerne maßgeblich. Auf die chemischen Eigenschaften der Elemente hat die Anzahl der Neutronen in einem Atomkern keinen Einfluss.

Im Atomkern liegen die chemischen Eigenschaften eines Stoffes begründet.

Die Atome der verschiedenen chemischen Elemente unterscheiden sich durch die Anzahl der Protonen im Kern.

In der folgenden Tabelle sind einige Beispiele für chemische Elemente und deren Protonenanzahl aufgelistet.

Element	Symbol	Anzahl der Protonen
Wasserstoff	H	1
Kohlenstoff	C	6
Sauerstoff	O	8
Gold	Au	79

Einige chemische Elemente und deren Protonenzahl

Die Chemiker ordnen die verschiedenen Elemente in einem System an, das **Periodensystem** genannt wird. Dabei ist die Stellung eines Elements durch die Anzahl der Protonen bestimmt. Das bedeutet, Atome mit Kernen, die sich nur durch die Anzahl der Neutronen unterscheiden, gehören zum gleichen Element. Als Beispiel soll der Wasserstoff betrachtet werden. Im Atomkern des Wasserstoffs befindet sich ein Proton und in der Hülle ist ein Elektron gebunden. Daneben gibt es aber auch Wasserstoff, in dessen Atomkernen sich ein Proton und ein Neutron aufhalten. Da beide Elementarteilchen die gleiche Masse haben, ist dieser Wasserstoff doppelt so schwer und wird deshalb schwerer Wasserstoff

Die Anzahl der Protonen bestimmt die Stellung eines Elements im Periodensystem.

oder **Deuterium** genannt. Es gibt aber auch überschweren Wasserstoff, in dessen Kern sich ein Proton und zwei Neutronen befinden. Seine Masse ist dreimal so groß; er wird **Tritium** genannt.

Wasserstoff, Deuterium und Tritium unterscheiden sich durch die Anzahl der Neutronen im Kern.

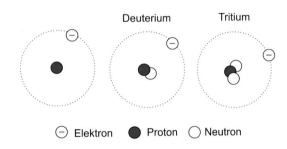

Deuterium   Tritium

⊖ Elektron   ● Proton   ◯ Neutron

Alle drei Variationen des Wasserstoffs unterscheiden sich durch die Anzahl der im Kern befindlichen Nukleonen, die die Masse des Kerns bestimmen. Deshalb wird die Gesamtanzahl der Protonen und Neutronen **Massenzahl** des Kerns genannt. Da die Anzahl der Protonen in allen drei Fällen immer gleich ist, befindet sich immer ein Elektron in der Atomhülle, denn im Kern gibt es auch nur eine positive Ladung. Die Anzahl der Protonen in einem Kern wird deshalb **Kernladungszahl** genannt. Da sie gleichermaßen für die Einordnung der Elemente in das Periodensystem dient, heißt sie auch **Ordnungszahl**. Für die Massenzahl und die Kernladungszahl ergibt sich folgende Beziehung:

Die Massenzahl ist die Anzahl der Nukleonen eines Atoms.

Die Anzahl der Protonen eines Atoms heißt Kernladungszahl.

Massenzahl = Kernladungszahl + Neutronenzahl

Atome mit gleichen Kernladungszahlen gehören zum gleichen Element, auch wenn sich ihre Massenzahlen unterscheiden. Deuterium und Tritium gehören somit zum Element Wasserstoff und werden als **Isotope** dieses Elements bezeichnet. Zur Kennzeichnung der verschiedenen Isotope wird die Massenzahl links oben und die Kernladungszahl links unten neben das Symbol des Elements geschrieben. Aus dieser Schreibweise, wie sie in der folgenden Abbildung für die drei Wasserstoffisotope dargestellt ist, lässt sich auf den Kernbau der Isotope schließen.

Deuterium | Tritium

Massenzahl ^1_1H ^2_1H ^3_1H
Kernladungszahl

Symbolschreibweise für ein chemisches Element und seine Isotope

2 Radioaktivität

Als Radioaktivität wird die Eigenschaft von bestimmten Stoffen bezeichnet, Strahlung auszusenden. Der französische Physiker *Becquerel* entdeckte diese Strahlung erstmals bei der Untersuchung von uranhaltigen Erzen. Seitdem wurden zahlreiche natürliche radioaktive Stoffe entdeckt, außerdem wurden auch künstlich Stoffe erzeugt, die radioaktive Strahlung abgeben. Dabei konnten die folgenden Eigenschaften dieser Strahlung festgestellt werden.

Henri Becquerel, 1852–1908, französischer Physiker

1. Stoffe, insbesondere die Luft, die sich in der Umgebung einer radioaktiven Quelle befinden, werden ionisiert.
2. Ein Körper, der aus einem radioaktiven Stoff besteht, kann ständig ohne äußeren Energienachschub Wärme abgeben.
3. Die durch die Strahlung verursachte Ionisation beschädigt die Zellen in lebenden Organismen.
4. Äußere Einflüsse, wie die Änderung von Temperatur und Druck sowie die chemische Umwandlung des Stoffes, haben keinen Einfluss auf die radioaktive Strahlung.

2.1 Arten der radioaktiven Strahlung

Zu Beginn der Forschung an radioaktiven Stoffen waren nur die Eigenschaften der radioaktiven Strahlung bekannt. Über die Art oder die qualitative Zusammensetzung der Strahlung konnte keine Aussage getroffen werden. Deshalb wurde oft von den »geheimnisvollen Strahlen« gesprochen. Durch die Analyse der radioaktiven Strahlung mit einem starken Magnetfeld wurde dann festgestellt, dass sich die Strahlung aus drei verschiedenen Komponenten zusammensetzt. In der folgenden Abbildung ist das Experiment zur Strahlungsanalyse grafisch dargestellt.

Im magnetischen Dipolfeld wird die radioaktive Strahlung in ihre drei Bestandteile zerlegt.

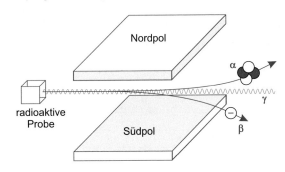

Die Strahlung, die von einer Radiumquelle ausgeht, wird in einem magnetischen Dipolfeld sortiert. Die Strahlen, die sich in dem magnetischen Feld wie positiv geladene Teilchen verhalten, werden **Alphastrahlung** (α-Strahlen) genannt. Weitere Experimente haben gezeigt, dass es sich bei den Teilchen dieser Strahlung um die Kerne von Heliumatomen handelt. Sie bestehen aus zwei Neutronen und zwei Protonen und sind deshalb zweifach positiv geladen. Ein weiterer Anteil der radioaktiven Strahlung verhält sich im magnetischen Dipolfeld wie negativ geladene Teilchen. Dieser Anteil wird als **Betastrahlung** (β-Strahlen) bezeichnet. β-Strahlen bestehen aus schnellen Elektronen, die aber nicht aus der Atomhülle stammen, sondern bei Prozessen im Atomkern gebildet werden. Der dritte Bestandteil der radioaktiven Strahlung besteht aus Photonen, nur dass diese viel energiereicher sind als die der Röntgenstrahlung. Dieser Anteil der radioaktiven Strahlung wird als **Gammastrahlung** (γ-Strahlen) bezeichnet.

Alphateilchen sind die positiv geladenen Heliumatomkerne.

Betateilchen sind schnelle Elektronen, die im Kern entstehen.

Gammastrahlung sind hochenergetische Photonen aus dem Atomkern.

α-, β- und γ-Strahlen werden bei Prozessen im Atomkern erzeugt.

In der Natur kommen viele Stoffe vor, die radioaktive Elemente enthalten. Deshalb wird diese Erscheinung auch **natürliche Radioaktivität** genannt. Die radioaktive Strahlung muss aber nicht immer aus den drei Bestandteilen bestehen. Die meisten radioaktiven Kerne senden neben der γ-Strahlung entweder nur α-Strahlen oder nur β-Strahlen aus. Außerdem ist die Energie der radioaktiven Strahlung für verschiedene Stoffe unterschiedlich. In der folgenden Tabelle sind einige Elemente und die von ihnen ausgehende Strahlung aufgelistet.

Element	Symbol	Art der Strahlung
Polonium	Po	α
Americium	Am	α, γ
Tritium	T	β
Strontium	Sr	β
Bismut	Bi	β
Radium	Ra	α, β, γ

Einige chemische Elemente und die von ihnen ausgehende Art der Strahlung

2.2 Kernzerfall und Halbwertszeit

Der Prozess, bei dem die radioaktive Strahlung im Atomkern entsteht, ist der **Kernzerfall**. Das bedeutet, es gibt instabile Atomkerne, die spontan durch Aussendung von α- und β-Teilchen ganz von alleine zerfallen. Dieser Zerfall lässt sich nicht aufhalten und auch nicht beeinflussen. Auch der Zeitpunkt, an dem ein Kernzerfall stattfindet, lässt sich nicht vorhersagen. Durch das Aussenden von α- und β-Strahlung wird die Anzahl der Nukleonen in einem Atomkern verändert. Da dieser aber die Eigenschaft eines Elements charakterisiert, ist der radioaktive Zerfall mit einer Umwandlung des Elements verbunden.

Der Kernzerfall ist spontan und sein Zeitpunkt kann nicht vorhergesagt werden.

> Der radioaktive Kernzerfall ist mit einer Elementumwandlung verbunden.

Da γ-Strahlen aus Photonen bestehen, die weder Ladung noch Masse besitzen, ändern sie nur den energetischen Zustand des Atomkerns, seinen Aufbau jedoch nicht. Die Ursache für die α-Strahlung ist der **α-Zerfall**. Als Beispiel soll der Zerfall des Radionuklids Radium 226 unter Aussendung eines Heliumkerns untersucht werden. Dabei wandelt sich das Radium in das Element Radon um, wie es in der folgenden Abbildung veranschaulicht ist.

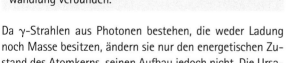

α-Zerfall des
Radiums- 226

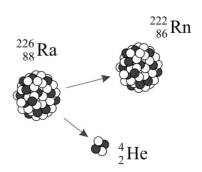

Da das α-Teilchen die Kernladungszahl zwei und die Massenzahl vier hat, muss der Kern, der durch den Zerfall entsteht, um diese Beträge kleiner gegenüber dem Ausgangskern sein. Außerdem wird bei diesem Prozess Energie frei, sodass sich der α-Zerfall des Radiums-226 durch folgende Reaktionsgleichung ausdrücken lässt.

$$^{222}_{88}\text{Ra} \rightarrow \,^{226}_{86}\text{Rn} + \,^{4}_{2}\text{He} + \text{Energie}$$

Ganz allgemein gilt beim α-Zerfall die folgende Zerfallsgleichung.

$$^{A}_{Z}\text{X} \rightarrow \,^{A-4}_{Z-2}\text{X} + \,^{4}_{2}\alpha$$

Das β-Elektron entsteht bei der Umwandlung eines Neutrons in ein Proton im Atomkern. Beim β-Zerfall ist das ausgesandte Elektron nicht von vornherein im Atomkern vorhanden. Es entsteht bei der Umwandlung eines Neutrons in ein Proton. Dabei trägt das Elektron so viel Energie mit sich fort, dass es mit fast Lichtgeschwindigkeit aus dem Kern tritt. Als Beispiel für einen β-Zerfall soll der Zerfall des Poloniums-218 dargestellt werden.

Betazerfall des
Poloniums-218

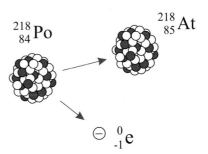

Dieser Zerfall kann durch die folgende Zerfallsgleichung ausgedrückt werden.

$$^{218}_{84}\text{Po} \rightarrow {}^{218}_{85}\text{At} + {}^{0}_{-1}\text{e} + \text{Energie}$$

Ein Atomkern, der β-Strahlung abgibt, erhöht seine Kernladungszahl, ohne jedoch seine Massenzahl zu ändern. Allgemein gilt für den β-Zerfall die folgende Gleichung.

$$^{A}_{Z}\text{X} \rightarrow {}^{A}_{Z+1}\text{X} + {}^{0}_{-1}\text{e}$$

Die γ-Strahlung entsteht im Gegensatz zur α- und β-Strahlung nicht durch einen Kernzerfall, sie kann ihn aber begleiten. Die γ-Strahlen entstehen – wie die Röntgenstrahlen in der Atomhülle – bei Übergängen des Atomkerns von angeregten Zuständen in energetisch niedrigere Zustände. Der Zeitpunkt eines Kernzerfalls kann nicht bestimmt werden. Die Anzahl der Zerfälle pro Zeiteinheit lässt sich dagegen leicht ermitteln. Die **Aktivität** ist eine physikalische Größe, die die Anzahl der Kernzerfälle eines radioaktiven Stoffes pro Sekunde angibt.

γ-Strahlung entsteht beim Übergang des Atomkerns vom angeregten Zustand in den Grundzustand.

$$\text{Aktivität} = \frac{\text{Zahl der Kernzerfälle}}{\text{Zeitabschnitt in Sekunden}}$$

Die Maßeinheit der Aktivität ist 1 Becquerel (1 Bq). Bei einer reinen Probe Radium mit einer Masse von 1 g können pro Sekunde $3{,}7 \cdot 10^{10}$ Zerfälle gezählt werden. Das bedeutet, für die Aktivität ergibt sich ein Betrag von $3{,}7 \cdot 10^{10}$ Bq. Es zerfallen dabei nicht alle in der Stoffmenge enthaltenen Atome gleichzeitig. Die Anzahl der radioaktiven Nuklide nimmt nach und nach ab, sodass auch die Aktivität der Probe mit der Zeit abnimmt. Als Beispiel soll der β-Zerfall des Isotops Phosphor-34 untersucht werden. Hat die Stoffprobe am Anfang eine Aktivität von 4000 Bq, dann kann festgestellt werden, dass nach 12,4 s die Aktivität auf die Hälfte gesunken ist, nämlich 2000 Bq. Nach weiteren 12,4 s beträgt die Aktivität lediglich noch 1000 Bq, sie hat wieder um die Hälfte abgenommen. Dieser Zusammenhang ist in der nächsten Abbildung grafisch dargestellt.

Zeitlicher Verlauf der Aktivität beim β-Zerfall des Phosphors-34

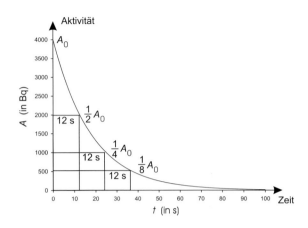

Die Zeitspanne, in der die Aktivität eines Nuklids jeweils um die Hälfte abnimmt, wird **Halbwertszeit** $T_{1/2}$ des Nuklids genannt. Jeder radioaktive Stoff hat eine für sich charakteristische Halbwertszeit, die unabhängig von anderen physikalischen Größen wie Druck und Temperatur ist. In der folgenden Tabelle sind einige Nuklide mit ihren Halbwertszeiten aufgelistet.

Die Zeit, in der die Aktivität eines Stoffes um die Hälfte abnimmt, heißt Halbwertszeit.

Einige Nuklide und deren Halbwertszeiten

Nuklid	Symbol	Halbwertszeit
Kohlenstoff-14	$^{14}_{6}\text{C}$	5730 Jahre
Caesium-137	$^{137}_{55}\text{Cs}$	30 Jahre
Iod-131	$^{131}_{53}\text{I}$	8,05 Tage
Radon-220	$^{220}_{86}\text{Rn}$	55,6 Sekunden

2.3 Nachweis der radioaktiven Strahlung

Alle drei Arten der radioaktiven Strahlen sind in der Lage, fotografisches Material zu belichten. Werden Filme oder Fotopapier, die durch radioaktive Strahlung getroffen wurden, entwickelt, so zeigen sie eine deutliche Schwärzung. Diese ist umso deutlicher, je intensiver die Strahlung war. Nachweisgeräte, die nach diesem Prinzip arbeiten, werden **Filmdosimeter** genannt. Sie haben die Form von Plaketten und werden von Menschen getragen, die mit radioaktiven Stoffen arbeiten. Nach bestimmten Zeitabständen wird der Film,

der sich in der Plakette befindet, entwickelt. Die ionisierende Eigenschaft der radioaktiven Strahlung bewirkt, dass die Luft zwischen zwei Kondensatorplatten ionisiert wird. Dabei entstehen Ladungsträger, durch die der Kondensator langsam entladen wird. Ein Nachweisgerät, das nach diesem Prinzip arbeitet, ist das **Entladungsdosimeter**. Es hat die Form eines Füllfederhalters. In ihm zeigt ein Spannungsmesser den Ladungszustand des Kondensators an, der vor Gebrauch aufgeladen wird. Ein Instrument zum Nachweis der α- und β-Strahlung ist die **Nebelkammer**. In ihr befindet sich übersättigter unsichtbarer Wasserdampf. Treten α- und β-Strahlen in diese Kammer ein, dann erfolgt durch sie eine Ionisation der Luftmoleküle. Die Ionen wirken dann wie Kondensationskerne, an denen sich Wassertröpfchen anlagern. Dadurch werden die Bahnen der α- und β-Teilchen sichtbar.

Entladungs- (oben) und Filmdosimeter (unten)

Die weißen Linien sind Teilchenspuren in einer Nebelkammer. Die α-Teilchen treten auf dem Foto von links in die Nebelkammer ein.

Das Geiger-Müller-Zählrohr ist ein Nachweisgerät für radioaktive Strahlen, das aus einem Metallrohr besteht, in dem ein Metalldraht isoliert aufgehängt ist. Zwischen diesem Draht und dem Rohr wird eine Zählrohrspannung von 500 V angelegt. Tritt radioaktive Strahlung durch das Glimmerfenster in das Rohr ein, werden die durch Ionisation erzeugten Ladungsträger im elektrischen Feld zwischen Rohr und Draht beschleunigt. Dabei stoßen sie mit den Gasatomen, die sich im Zählrohr befinden, zusammen und erzeugen durch Stoßionisation weitere Ladungsträger. Das Gas wird für einen Moment elektrisch leitend und bewirkt einen Stromstoß, der Impuls genannt wird. Am Widerstand *R* er-

Hans Geiger, 1882–1945; Walter Müller, 1905–1979, deutsche Physiker

folgt dadurch ein Spannungsabfall, der durch einen Verstärker gemessen oder mithilfe eines Lautsprechers hörbar gemacht werden kann. Danach wird das Gas wieder zu einem Isolator und ist zum Nachweis des nächsten Ereignisses bereit. Die Anzahl der Impulse, die in einem Geiger-Müller-Zählrohr in einer Sekunde erzeugt werden, wird **Zählrate** genannt.

Geiger-Müller-Zählrohr zum Nachweis radioaktiver Strahlung

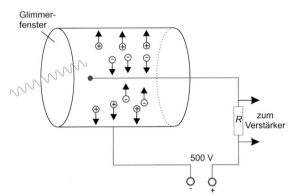

Ein weiteres Nachweisgerät ist der **Szintillationszähler**. Trifft die Strahlung auf einen Leuchtstoffträger, der Szintillator genannt wird, so erzeugt sie dort Lichtblitze, die über einen Lichtleiter zu einer Fotozelle gelangen. In der Fotozelle wird das Licht in elektrischen Strom umgewandelt und kann verstärkt und zu einem Zähler weitergeleitet werden. Mit solchen Zählern sind die Physiker in der Lage, sehr schnell zu zählen, sodass auch zwei Ereignisse, die sehr kurz hintereinander stattfinden, noch getrennt gemessen werden können.

2.4 Strahlenbelastung und Strahlenschutz

Die radioaktive Strahlung hat aufgrund ihrer ionisierenden Eigenschaft große Auswirkungen auf lebende Organismen. Wird zum Beispiel ein Molekül in einer Zelle einer Strahlung ausgesetzt, kann dies zu Veränderungen führen, die eine Fehlentwicklung oder das Absterben des Zellgewebes bewirken. Die Aktivität eines radioaktiven Elements sagt über die Gefährlichkeit der ausgesandten Strahlung nicht viel aus, da sie die Energie der Teilchen nicht berücksichtigt. Ein Maß für die **biologische Strahlenwirkung** ist deshalb die Energie, die 1 kg der biologischen Körpersubstanz aufnimmt. Die **Energiedosis** D ist eine physikalische Größe, die durch den Quotienten aus aufgenommener Energie W und der Masse m des bestrahlten Organismus definiert ist.

Radioaktive Strahlung stellt für lebende Organismen ein Risiko dar.

$$D = \frac{W}{m}$$

Die Maßeinheit der Energiedosis ist 1 Joule pro Kilogramm. Sie wird als 1 Gray (1 Gy) bezeichnet. Für die biologische Strahlenwirkung ist aber nicht nur die Energiedosis von Bedeutung, sondern auch die Art der radioaktiven Strahlung. Das liegt daran, dass die Wirkung von α-, β- und γ-Strahlung verschieden ist. Um diese unterschiedlichen Wirkungen der Strahlungsarten zu berücksichtigen, wurde die **Äquivalentdosis** H festgelegt. Sie ergibt sich aus der Multiplikation der Energiedosis D einer Strahlungsart mit einem **Strahlen-Wichtungsfaktor** w_R.

Louis Harold Gray, 1905–1965, englischer Biophysiker

$$H = D \cdot w_R$$

Die Maßeinheit der Äquivalentdosis ist ebenfalls 1 Joule pro Kilogramm. Sie wird aber im Unterschied zur Energiedosis 1 Sievert (1 Sv), zu Ehren des Physikers *R. M. Sievert*, genannt. In der folgenden Tabelle sind einige Strahlungsarten und die dazugehörigen Bewertungsfaktoren aufgezählt.

Rolf M. Sievert, 1896–1966, schwedischer Physiker

Strahlungsart	Wichtungsfaktor w_R
α-Strahlung	20
β-Strahlung	1
γ-Strahlung	1
Neutronen	5–20

Wenn zum Beispiel von einem Patienten eine Röntgenaufnahme angefertigt wird, beträgt die aufgenommene Energiedosis 2 mGy. Der Wichtungsfaktor für die Röntgenstrahlung beträgt $w_R = 1$, für die Äquivalentdosis ergibt sich daraus ein Wert von $H = 2$ mSv. Der Mensch ist ständig einer radioaktiven Strahlung ausgesetzt. Die physikalische Größe **Dosisleistung** gibt den Betrag der Dosis an, der in einem Zeitabschnitt aufgenommen wird. Als Zeitabschnitt wird dabei in der Regel ein Jahr (a) gewählt. Die **natürliche Strahlenbelastung** entspricht einer Dosisleistung von 1,1 mSv pro Jahr. Die natürliche Strahlung setzt sich aus verschiedenen Anteilen zusammen. Aus dem Weltraum trifft ständig Strahlung auf die Erde, die kosmische Strahlung genannt wird. Aber auch die Erde selbst und sogar der menschliche Körper geben radioaktive Strahlung ab. Neben der natürlichen erfolgt auch eine **künstliche Strahlenbelastung**. Darunter werden alle Strahlenbelastungen zusammengefasst, die durch den Menschen verursacht werden. Ihr Wert beträgt durchschnittlich 0,6 mSv pro Jahr und wird hauptsächlich durch medizinische Untersuchungen und kerntechnische Anlagen in Forschung und Technik verursacht. Unfälle in Kernkraftwerken können zu erheblichen Strahlenbelastungen führen.

Da die Strahlenbelastung zu **Strahlenschäden** führen kann, gelten beim Umgang mit radioaktiven Strahlen besondere Bestimmungen, die dem **Strahlenschutz** dienen.

> **Der Mensch ist ständig einer natürlichen Strahlenbelastung ausgesetzt.**

> **Zur Vermeidung von Strahlenschäden sollte die künstliche Strahlenbelastung so gering wie möglich sein.**

Grundregeln beim Umgang mit radioaktiven Strahlen

1. Jede zusätzliche Strahlenbelastung ist so gering wie möglich zu halten.
2. Die Dauer der Strahlenwirkung sollte sehr klein und der Abstand zur Strahlenquelle groß sein.
3. Bei der Verwendung radioaktiver Stoffe muss für eine ausreichende Abschirmung der Strahlung, zum Beispiel durch Bleischürzen, gesorgt sein.
4. Radioaktive Substanzen dürfen nicht in den menschlichen Körper gelangen.

3 Kernenergie

In diesem Kapitel sollen die Prozesse der künstlichen Kernumwandlung und deren Nutzen bei der Energiegewinnung untersucht werden.

3.1 Kernreaktionen

Werden Atomkerne mit Elementarteilchen, γ-Quanten oder anderen Atomkernen beschossen, wird eine **Kernreaktion** ausgelöst. Das bedeutet, der beschossene Kern geht meist nach sehr kurzer Zeit unter Aussendung eines Teilchens in einen anderen Kern über. Durch Kernreaktionen haben die Physiker zu den fast 500 in der Natur vorkommenden Nukliden über 1000 weitere instabile erzeugt. Die erste Kernumwandlung führte *Ernest Rutherford* 1919 durch, indem er einen Stickstoffkern mit einem α-Teilchen beschoss. Bei dieser Reaktion wandelt sich das Stickstoffatom unter Aussendung eines Protons in ein Sauerstoffatom um.

Bei einer Kernreaktion kommt es zu einer Kernumwandlung

Ernest Rustherford, 1871–1937, englischer Physiker

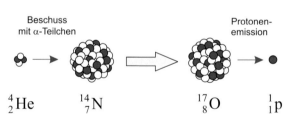

Beschuss mit α-Teilchen

Protonenemission

$${}^{4}_{2}\text{He} \qquad {}^{14}_{7}\text{N} \qquad {}^{17}_{8}\text{O} \qquad {}^{1}_{1}\text{p}$$

Kernreaktion durch Beschuss mit einem α-Teilchen unter Freisetzung eines Protons

Genau wie bei chemischen Reaktionen besteht auch bei Kernreaktionen ein Gleichgewicht zwischen den Reaktionspartnern und den Reaktionsprodukten. Werden zum Beispiel die Massenzahlen der Reaktionspartner addiert, ergibt sich die gleiche Summe wie bei der Addition der Massenzahlen der Reaktionsprodukte. Genauso verhalten sich die Kernladungs- oder Ordnungszahlen. Eine weitere bedeutende Kernreaktion ermöglichte *James Chadwick* 1932 den Nachweis des Neutrons. Dabei werden Berylliumkerne mit α-Teilchen beschossen. Bei der stattfindenden Kernreaktion wandelt sich der Berylliumkern in einen Kohlenstoffkern unter Aussendung eines Neutrons um. Diese Reaktion wird häufig

James Chadwick, 1891–1974, englischer Physiker

Kernreaktion durch Beschuss mit einem α-Teilchen unter Freisetzung eines Neutrons

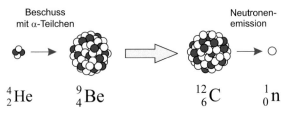

in Forschung und Lehre als Neutronenquelle für Experimente benutzt. Neben dem Beschuss von Atomkernen mit α-Teilchen werden auch Elementarteilchen als Projektile verwendet. Besonders gut eignen sich dabei Neutronen, da diese im Gegensatz zu Protonen keine elektrische Ladung tragen und somit nicht vom Atomkern abgestoßen werden. Als Beispiel wird der Beschuss eines Fluorkerns mit einem Neutron dargestellt. Bei dieser Reaktion wandelt sich der Fluorkern in einen Neonkern unter Aussendung eines energiereichen Elektrons um.

Kernreaktion durch Beschuss mit einem Neutron unter Aussendung eines Elektrons

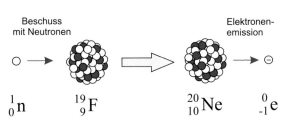

Das bedeutet, bei dieser Reaktion wird Betastrahlung erzeugt, indem ein Neutron im Kern in ein Proton umgewandelt wird. Ganz allgemein lässt sich mit dem Beschuss eines Kerns mit Neutronen die Massenzahl und auch die Ordnungszahl erhöhen. Mit dieser Reaktion wurden deshalb auch schon Atomkerne erzeugt, die in der Natur nicht vorkommen. Darum sprechen die Physiker bei solchen Reaktionen von einer Elementsynthese. Als Beispiel soll der Beschuss eines Urankerns mit einem Neutron dienen. Dabei wird das Neutron vom Uran-238 aufgenommen und bildet somit das Isotop Uran-239. Nach einer Halbwertszeit von 23 Minuten wandelt sich der Urankern unter Aussendung eines β-Teilchens in einen Neptuniumkern um. Neptunium ist aber nicht stabil und wandelt sich nach einer Halbwertszeit von 2,3 Tagen unter Aussendung eines β-Teilchens in das Element Plutonium um.

Neptunium und Plutonium sind künstlich erzeugte Elemente, sie gehören zu den Transuranen.

Elementsynthese durch Beschuss von Uran-238 mit Neutronen

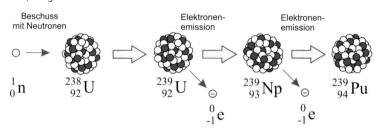

Beschuss mit Neutronen — Elektronenemission — Elektronenemission

$$_{0}^{1}n \qquad _{92}^{238}U \qquad _{92}^{239}U \ominus \quad _{93}^{239}Np \ominus \quad _{94}^{239}Pu$$
$$_{-1}^{0}e \qquad _{-1}^{0}e$$

3.2 Kernspaltung und Kettenreaktion

Nicht alle Kerne wandeln sich nach dem Beschuss mit Neutronen in einen anderen Atomkern um, sondern werden instabil und zerbrechen. Dieser Prozess wird **Kernspaltung** genannt und wurde 1938 von *Otto Hahn, Fritz Straßmann* und *Lise Meitner* entdeckt. Wird Uran-235 mit langsamen Neutronen beschossen, kommt es zu einer Kernspaltung. Die Neutronen werden in einer Neutronenquelle erzeugt und dann in einem Paraffinblock abgebremst. Treffen sie danach auf den Uran-235-Kern, zerbricht dieser in einen Krypton- und einen Bariumkern. Bei dieser Reaktion werden drei sehr energiereiche Neutronen, die sich mit großer Geschwindigkeit fortbewegen, und Energie freigesetzt. Die Reaktionsgleichung lautet:

$$_{92}^{235}U + _{0}^{1}n \rightarrow _{36}^{89}Kr + _{56}^{144}Ba + 3 \cdot _{0}^{1}n + Energie$$

Kernspaltung ist die Zerlegung eines schweren Atomkerns in zwei mittelschwere Kerne und mehrere Neutronen

Otto Hahn, 1879–1968; Fritz Straßmann, 1902–1980, deutsche Chemiker; Lise Meitner, 1878–1968, österreichisch-schwedische Physikerin

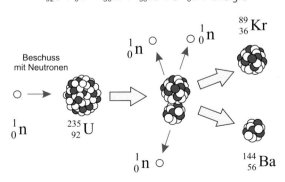

Beschuss mit Neutronen

$$_{0}^{1}n \qquad _{92}^{235}U$$

$$_{0}^{1}n \qquad _{36}^{89}Kr$$

$$_{0}^{1}n \qquad _{56}^{144}Ba$$

Kernspaltung des Urans-235 durch Beschuss mit Neutronen

Die bei der Kernspaltung frei werdende **Kernenergie** tritt hauptsächlich als Bewegungsenergie der Reaktionsprodukte und Wärme in Erscheinung. Bei einer Kernspaltung wird Masse in Energie umgewandelt. Das bedeutet: Bei der Kernspaltung weicht die Masse der Reaktionsprodukte minimal von der Masse der Ausgangsstoffe ab. *Albert Einstein* hatte bereits 1905 mit seiner berühmten Formel $E = m \cdot c^2$ errechnet, wie viel Energie E aus der Masse m eines Stoffes gebildet werden kann (c Lichtgeschwindigkeit). Wird bei der Kernspaltung 1 g Uran-235 in Kernenergie umgewandelt, ergibt sich aus *Einsteins* Formel:

Bei der Kernspaltung wird Masse in Energie umgewandelt.

Albert Einstein, 1879–1955, deutsch-amerikanischer Physiker

$$E = m \cdot c^2$$
$$E = 0{,}001 \text{ kg} \cdot 300\,000\,000 \text{ m/s} \cdot 300\,000\,000 \text{ m/s}$$
$$E = 9 \cdot 10^{13} \text{ W} \cdot \text{s} = 25 \cdot 10^6 \text{ kWh}$$

Im Vergleich dazu müssten 3 Millionen Kilogramm Steinkohle verbrannt werden, um die Energie von 25 Millionen Kilowattstunden zu gewinnen. Aus einer einzigen Kernspaltung lässt sich diese Energiemenge auch nicht gewinnen. Es muss dafür gesorgt werden, dass eine große Anzahl von Kernen gespalten wird, um eine lohnende Energiefreisetzung zu realisieren. Dies gelingt, indem dafür gesorgt wird, dass die bei der Spaltung eines Urankerns frei werdenden Neutronen weitere Urankerne spalten.

Bei einer Kettenreaktion, die durch ein Neutron ausgelöst wird, erhöht sich die Zahl der Neutronen lawinenartig.

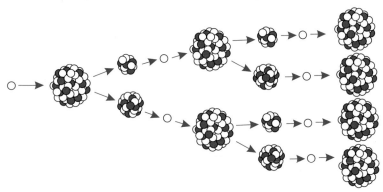

Durch diesen Prozess kann sich die Zahl der Neutronen, die eine weitere Kernspaltung bewirken, lawinenartig erhöhen, es kommt zu einer **Kettenreaktion**. Für die Uranspaltung kann nur Uran-235 verwendet werden. In der Natur kommt dieses Isotop jedoch nur in geringem Maße vor, denn das aus dem Uranerz gewonnene Uran enthält nur 0,7 % Uran-235. Den Hauptbestandteil bildet Uran-238, das die Neutronen aufnimmt, ohne dass es zu einer Kernspaltung kommt. Dadurch wird eine Kettenreaktion des Urans-235 unmöglich. Bei einer größeren Menge spaltbaren Materials, die als kritische Größe bezeichnet wird, kann eine Kettenreaktion ausgelöst werden, die im Bruchteil einer Sekunde Energie von unvorstellbaren Ausmaßen freisetzt. Diese augenblickliche Freisetzung der Kernenergie wird in der Physik **unkontrollierte Kettenreaktion** genannt. Ein verheerendes Ereignis, das durch eine unkontrollierte Kettenreaktion ausgelöst wurde, waren die Abwürfe von zwei Atombomben auf die japanischen Städte Hiroschima und Nagasaki 1945. Bei der Zündung einer Atombombe wurden zwei Blöcke spaltbaren Materials mit unterkritischer Größe durch eine Explosion zusammengeführt. Ihre Summe wurde dadurch sofort überkritisch, sodass die unkontrollierte Kettenreaktion einsetzte. Dabei wurde eine Temperatur von mehreren Millionen Grad im Zentrum der Explosion und ein Druck von 10^{12} bar erreicht, die diese Städte völlig zerstörte. Außerdem traten schädigende radioaktive Strahlen auf, die auch lange Zeit nachwirkten, da die Spaltprodukte eine hohe Halbwertszeit hatten. Somit waren auch lange Zeit nach diesem schrecklichen Ereignis noch Opfer durch Strahlenschäden zu beklagen.

3.3 Kernkraftwerke

Kernkraftwerke sind streng genommen Wärmekraftwerke. Sie unterscheiden sich jedoch in dem Prinzip der Wärmeerzeugung. In herkömmlichen Kraftwerken wird die Wärme durch eine chemische Reaktion, in einem Kernreaktor durch Kernspaltung gewonnen. Im Kernreaktor befinden sich Brennelemente, die Uran-238 enthalten, das mit Uran-235 angereichert ist. Durch dieses Gemisch wird verhindert, dass es zu einer unkontrollierten Kettenreaktion kommt. Die

In Kernkraftwerken wird durch eine kontrollierte Kettenreaktion Energie gewonnen.

durch die Kernspaltung frei werdenden schnellen Neutronen werden von den Uran-238-Kernen eingefangen. Diese Reaktion ist jedoch nicht erwünscht, weil sich das Uran in Plutonium umwandelt und die für die Spaltung benötigten Neutronen absorbiert werden. Zur Vermeidung dieser Kernreaktion müssen die entstandenen Neutronen abgebremst werden, damit sie weiter Uran-235-Kerne spalten können. Das Abbremsen erfolgt in einem Medium, das **Moderator** genannt wird. Leichte Atomkerne sind sehr gut zum Abbremsen der Neutronen geeignet. Deshalb wird in den meisten Kernreaktoren Wasser als Moderator benutzt, in dem Wasserstoff mit dem leichtesten Kern aller Elemente enthalten ist. Zur Steuerung der Kettenreaktion bedarf es eines Neutronen absorbierenden Materials. Eine Kernspaltung sollte im Durchschnitt wieder genau eine Spaltung auslösen, damit die Kernenergie nach und nach freigegeben wird. Dazu werden Regelstäbe aus Cadmium oder Borcarbid, die die Neutronen aufnehmen, durch eine automatische Steuerung so weit in den Reaktor hineingefahren, dass die Kettenreaktion aufrechterhalten bleibt. In Kernkraftwerken läuft eine kontrollierte Kettenreaktion ab. Die dabei entstehende Wärme wird durch eine Wasserkühlung abgeführt, wobei das Wasser gleichzeitig als Moderator dient.

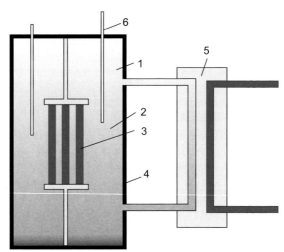

Siedewasserreaktor
1 Wasserdampf,
2 Wasser, 3 Brennstäbe,
4 Strahlenschutz,
5 Wärmeaustauscher,
6 Regelstäbe

In **Siedewasserreaktoren** befinden sich die Brennstäbe in einem Wasserbehälter. Während der Kettenreaktion wird das Wasser an der Oberfläche der Brennstäbe zum Sieden gebracht. Die gewonnene Energie wird mit dem dabei entstehenden Wasserdampf über einen Wärmeaustauscher einer Turbine zugeführt. Bei einem **Druckwasserreaktor** wird ebenfalls Wasser als Wärmeableiter und Moderator benutzt. Die Brennstäbe werden in einen Behälter gehängt, in dem sich Wasser befindet, das unter hohem Druck steht. Das Wasser wird durch die bei der Kettenreaktion gewonnene Energie überhitzt und dann zu einem Wärmeaustauscher geleitet. Erst hier wird der Dampf erzeugt, der der Turbine zugeführt wird.

Reaktortypen
zur Energiegewinnung

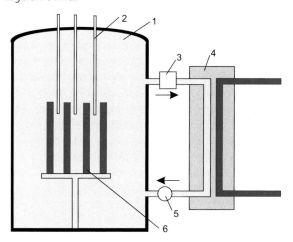

Druckwasserreaktor
1 Wasser, 2 Regelstäbe,
3 Druckerzeuger,
4 Wärmeaustauscher,
5 Pumpe, 6 Brennstäbe

3.4 Reaktorsicherheit und Entsorgung radioaktiver Abfälle

Da bei der Kernspaltung nicht nur Wärme, sondern auch radioaktive Strahlung frei wird, ist der Betrieb eines Kernkraftwerkes an strenge Regeln gebunden. Diese Vorschriften sollen die Risiken der Reaktortechnik so gering wie möglich halten. Der Kernreaktor kann zwar nicht wie eine Atombombe explodieren, doch muss sichergestellt werden, dass die Kettenreaktion ständig kontrolliert abläuft. Außerdem entstehen durch die Kernspaltung stark radioaktive Stoffe, wie zum Beispiel Iod, Krypton, Strontium und Caesium, die als Spaltprodukte bezeichnet werden. Diese Stoffe dürfen unter keinen Umständen in die Umwelt gelangen. Für die Risiken, die bei dem Betrieb eines Reaktors bestehen, sind doppelte und zum Teil auch dreifache Sicherheitssysteme vorgesehen, die in der Fachsprache **Redundanz** genannt werden. Besondere Sorgfalt ist auch beim Austausch der Brennstäbe erforderlich. Nach etwa einem Jahr muss ein Teil der im Kernreaktor befindlichen Brennelemente ausgetauscht werden, weil der Gehalt an Uran-235 zu gering geworden ist. In ihnen befinden sich die gefährlichen hochradioaktiven Spaltprodukte, die nicht einfach entsorgt werden können. Zuerst werden die verbrauchten Brennelemente, die aus dem Kernreaktor entfernt wurden, in einem Wasserbecken gelagert. Nach etwa zwei Jahren ist die Aktivität auf den hundertsten Teil abgesunken. Nach dieser Zeit werden die abgelagerten Brennelemente in Spezialbehälter verpackt und in Zwischenlager transportiert. Von hier aus kommen sie zur Wiederaufbereitung, denn auch verbrauchte Brennstäbe enthalten noch große Mengen spaltbares Uran-235. In einer Wiederaufbereitungsanlage werden die Brennelemente zerkleinert und über mehrere Prozessstufen werden die Anteile an Uran-235 und der Spaltprodukte voneinander getrennt. Das spaltbare Uran wird wieder zu neuen Brennelementen verarbeitet. Die radioaktiven Spaltprodukte werden abermals in einem Wasserbecken gelagert, bis die Aktivität gesunken ist. Danach werden sie zusammen mit leicht radioaktiven Abfällen, die nicht weiter aufbereitet werden können, in ein Endlager gebracht. Sichere Endlager zu beschaffen ist sehr schwierig, da sie das radioaktive Material über mehrere Tausend Jahre sicher aufbewahren müssen. Deshalb werden dafür alte Salzbergwerke benutzt, wobei es keine Erfahrungen hinsichtlich möglicher Risiken gibt, sondern nur Vorausberechnungen und Gefahrenabschätzungen. In der Bundesrepublik Deutschland wird deshalb über dieses Problem diskutiert und nach neuen Lösungen gesucht. Mit alternativen Verfahren, wie Windkrafträder, Sonnenkollektoren oder Wasserkraftwerken lässt sich der augenblickliche Energiebedarf nicht decken.

Für jedes mögliche Risiko beim Betrieb eines Reaktors müssen mindestens zwei Sicherheitssysteme vorhanden sein.

Zusätzliche Kohlekraftwerke würden die Umweltbelastung durch Verbrennungsgase erheblich steigern. Deshalb forschen die Physiker seit langer Zeit an einer Energiequelle, die die Vorteile der Kernphysik mit keinem oder nur geringem Risiko vereint.

3.5 Kernfusion

Bei der Kernspaltung wird durch Teilung der Atomkerne Energie gewonnen. Bei der **Kernfusion** erfolgt dieser Prozess umgekehrt. Zwei leichte Atomkerne werden zu einem einzigen Atomkern verschmolzen. Dazu müssen die Atomkerne auf ganz geringen Abstand zueinander gebracht werden. Um die abstoßende elektrische Kraft der positiv geladenen Kerne zu überwinden, muss ihnen sehr viel Energie zugeführt werden. Unterschreitet ihr Abstand einen bestimmten Betrag, setzt die Kernfusion ein. Dabei wird eine gewaltige Energiemenge frei, die um ein Vielfaches größer ist, als für die Überwindung der Abstoßungskräfte nötig war.

Verschmelzung leichter Kerne zu schwereren bei hohen Temperaturen

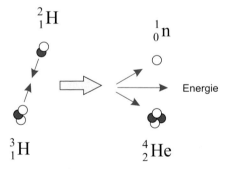

Fusionsreaktion von Deuterium und Tritium zu Helium

$$^2_1\text{H}$$

$$^1_0\text{n}$$

$$^3_1\text{H}$$

$$^4_2\text{He}$$

Energie

Als Beispiel soll die Kernfusion der beiden Wasserstoffisotope Deuterium und Tritium zu Helium dienen. Diese Reaktion lässt sich in der folgenden Gleichung ausdrücken:

$$^2_1\text{H} + ^3_1\text{H} \rightarrow ^4_2\text{H} + ^1_0\text{n}$$

Werden die Massen der Ausgangsstoffe und die der Reaktionsprodukte verglichen, so ergibt sich eine Differenz. Die Masse, die bei dieser Reaktion scheinbar verloren geht, wird gemäß der Einstein'schen Formel $E = m \cdot c^2$ in Energie umgewandelt und abgestrahlt. Die Massendifferenz, die auch als **Massendefekt** bezeichnet wird, hat somit ihre Ursache in der enormen Energiefreisetzung bei dieser Reaktion. Dieser Vorgang läuft seit einigen Milliarden Jahren in der Sonne ab. Dabei werden in jeder Sekunde 4,2 Millionen Tonnen Materie in Energie umgewandelt, die in den Weltraum abgestrahlt wird. Dadurch ist das Leben auf der Erde möglich geworden und alle Energie, über die wir auf unserem Planeten verfügen, stammt ursprünglich aus dem Kernfusionsreaktor Sonne. Deshalb arbeiten die Forscher heute intensiv daran, auf der Erde einen Fusionsreaktor zu bauen, und erste Versuche dazu gab es bereits. Die Schwierigkeit besteht darin, dass sich die Atomkerne erst bei Temperaturen von über 20 Millionen Kelvin so stark annähern, dass sie fusionieren. Bei dieser Temperatur sind die Atome vollständig ionisiert. Dieser Zustand eines Stoffes wird von den Physikern **Plasma** genannt. Ein Fusionsplasma kann wegen seiner hohen Temperatur in keinem Gefäß gehalten werden, da dessen Wände sofort schmelzen und verdampfen würden. Deshalb wird solch ein Plasma mithilfe von großen Magnetfeldern eingeschlossen, sodass es keinen direkten Kontakt mit den Wänden des Fusionsreaktors hat.

Bei der Kernfusion entsteht im Gegensatz zur Kernspaltung kein radioaktiver Abfall, da das Reaktionsprodukt Helium, also ein harmloses Edelgas, ist. Die außerdem bei der Fusionsreaktion frei werdenden Neutronen treffen jedoch ständig auf die Wände des Reaktors. Dadurch wird das Material, aus dem der Fusionsreaktor gebaut wurde, selbst radioaktiv und müsste nach einiger Zeit als radioaktiver Abfall entsorgt werden.

Obwohl erste Fusionsreaktoren erfolgreich betrieben wurden, gibt es bis heute keinen, der auf Dauer elektrische Energie in das Stromnetz einspeist.

Bei der Kernfusion wird Masse in Energie umgewandelt.

Die Sonne ist ein riesiger Fusionsreaktor.

Fusionsreaktoren befinden sich noch in der Entwicklungsphase.

Auf einen Blick: Atomphysik

◼Das Atom

● Alle Stoffe sind aus Atomen aufgebaut. Sie bestehen aus dem **Atomkern** und der **Atomhülle**. Im Atom ist die Anzahl der negativ geladenen Elektronen in der Atomhülle gleich der Anzahl der positiv geladenen Protonen im Atomkern. Das Atom ist nach außen elektrisch neutral. Der Atomradius entspricht etwa dem zehnmillionsten Teil eines Millimeters

● Die **Elementarteilchen** sind die kleinsten bisher gefundenen Bestandteile der Materie. Zu ihnen werden **Elektronen, Protonen, Neutronen** und **Photonen** gezählt. Elementarteilchen tragen die positive oder negative Elementarladung oder sind elektrisch neutral und können sich unter bestimmten Umständen ineinander umwandeln.

● Die **Atomhülle** umgibt den Atomkern und enthält alle zu einem Atom gehörenden Elektronen. Sie ist aus **Elektronenschalen** zusammengesetzt, in denen sich Elektronen mit annähernd gleicher Energie befinden. Jede Elektronenschale kann eine bestimmte maximale Anzahl von Elektronen aufnehmen.

● Durch Energiezufuhr können Elektronen in eine andere Elektronenschale springen, das Atom ist dann im **angeregten Zustand**. Nach kurzer Zeit geht das Atom wieder in den **Grundzustand** zurück und strahlt die aufgenommene Energie in Form von **Photonen** ab.

● Bei einer bestimmten Energie werden Elektronen aus der Hülle herausgeschlagen. Das Atom ist dann elektrisch geladen und wird als **Ion** bezeichnet. Der Prozess heißt **Ionisation**.

● Bei **Röntgenstrahlen** handelt es sich um Photonen mit sehr hoher Energie. Sie entstehen, wenn Elektronen auf der innersten Elektronenschale ausgelöst werden und ein Elektron einer äußeren Schale auf diesen freien Platz springt oder wenn schnelle Elektronen in Materie abgebremst werden.

● Der **Atomkern** ist der innerste Teil des Atoms, ist positiv geladen und vereinigt in sich fast die gesamte Masse des Atoms. Alle Atomkerne sind aus Protonen und Neutronen, den **Nukleonen**, aufgebaut. Sie werden durch Kernkräfte zusammengehalten.

● Die **Ordnungszahl** Z kennzeichnet die Reihenfolge der Elemente im Periodensystem und es gilt:

$$\text{Ordnungszahl} = \text{Kernladungszahl} = \text{Protonenanzahl}$$

• Die **Massenzahl** A ist die Summe aus der Kernladungszahl Z und der **Neutronen-anzahl** N. Sie ergibt die Anzahl aller Nukleonen eines Atomkerns.

Radioaktivität

• Die radioaktive Strahlung setzt sich aus drei verschiedenen Komponenten zu-sammen. Die **Alphastrahlung** besteht aus Heliumkernen, das heißt, die α-Teilchen bestehen aus zwei Protonen und zwei Neutronen. Die **Betastrahlung** besteht aus energiereichen Elektronen, die im Kern entstehen. Die **Gammastrahlung** besteht aus hochenergetischen Photonen, die vom Kern abgestrahlt werden.

• Ursachen für die natürliche radioaktive Strahlung ist der Kernzerfall. Bei diesem Prozess zerfallen Radionuklide in andere stabile Atomkerne. Die **Halbwertszeit** $T_{1/2}$ ist die Zeit, in der die Hälfte der ursprünglich vorhandenen Atome eines Radionu-klids zerfällt.

• Zur Beurteilung der **biologischen Strahlenwirkung** dient die **Energiedosis**:

$$D = \frac{W}{m}$$

D	Energiedosis
W	absorbierte Energie
m	Masse der bestrahlten Körpersubstanz

Kernenergie

• Unter einer **Kernreaktion** wird die Umwandlung eines Atomkerns durch Beschuss mit einem Elementarteilchen oder einem anderen Atomkern bezeichnet.

• Die **Kernspaltung** ist die Zerlegung eines schweren Atomkerns nach Aufnahme eines Neutrons in zwei mittelschwere Kerne und schnelle Neutronen. Diese Reak-tion wird in **Kernkraftwerken** zur Energiegewinnung genutzt.

• Bei der **Kernfusion** werden leichte Atomkerne zu schweren Kernen verschmolzen, dabei wird Materie in Energie umgewandelt.

Anhang: Tabellen

Physikalische Größen und ihre Einheiten

SI*-Basiseinheiten			
Physikalische Basisgröße	Formelzeichen	Name der Basiseinheit	Einheitenzeichen
Länge, Strecke	l, s, d	Meter	m
Masse	m	Kilogramm	kg
Zeit	t	Sekunde	s
Temperatur	T	Kelvin	K
Stromstärke	I	Ampere	A
Lichtstärke	I_L	Candela	cd
Stoffmenge	n	Mol	mol

*Système International d`unités (internationales Einheitensystem)

Die SI-Basiseinheiten sind wie folgt definiert:

Meter: Das Meter ist die Länge der Strecke, die das Licht im Vakuum in einer Zeit von 1/299 792 458 s durchläuft. Ursprünglich war das Meter definiert als der Abstand zweier Kerben in einem Stab aus einer Platin-Iridium-Legierung (»Urmeter«), der in Sèvres bei Paris aufbewahrt wird. Dieser Abstand war so gewählt worden, dass die Strecke zwischen Äquator und Nordpol entlang dem Längenkreis durch Paris 10 000 000 m entsprach.

Kilogramm: Das Kilogramm ist die Einheit der Masse. Es ist gleich der Masse des internationalen Kilogrammprototyps, der ebenfalls in Sèvres bei Paris aufbewahrt wird. Ein Duplikat dieses »Urkilogramms« befindet sich in der Physikalisch-Technischen Bundesanstalt in Braunschweig. Die Masse des Kilogrammprototyps wurde so gewählt, dass er der Masse von 1 dm^3 Wasser bei 4 °C entsprach.

Sekunde: Die Sekunde ist das 9 192 631 770fache der Periodendauer der Strahlung, die der Kern eines ^{133}Caesium-Atoms aussendet, wenn er zwischen zwei bestimmten Energieniveaus wechselt. Früher wurde die Sekunde über die Drehung der Erde als der 86 400ste Teil eines mittleren Sonnentages festgelegt.

Ampere: Das Ampere ist die Stärke eines konstanten elektrischen Stromes, der, wenn er durch zwei im Abstand von 1 m angeordnete, parallele Drähte fließt, zwischen diesen pro Meter Drahtlänge eine Kraft von $2 \cdot 10^{-7}$ N hervorruft. Die beiden Drähte befinden sich im Vakuum und bilden geradlinige, unendlich lange elektrische Leiter von vernachlässigbar kleinem, kreisförmigem Querschnitt.

Kelvin: Ein Kelvin ist der 273,16te Teil der thermodynamischen Temperatur des Tripelpunktes des Wassers (d. h. bei 0,01 °C).

Mol: Das Mol ist die Stoffmenge eines Systems, das aus ebenso viel Einzelteilchen besteht, wie Atome in 0,012 kg des Kohlenstoffnuklids ^{12}C enthalten sind. Bei Benutzung des Mols muss immer angegeben werden, auf welche Teilchen es sich bezieht (z. B. Atome, Moleküle, Ionen, Elektronen oder andere Teilchen bzw. Teilchengruppen).

Wichtige physikalische Größen und ihre Einheiten			
Physikalische Größe	Formelzeichen	Name der phys. Einheit	Einheitenzeichen und Zusammenhang mit den SI-Basiseinheiten
Aktivität (einer radioaktiven Substanz)	A	Bequerel	Bq = 1/s
Arbeit	W	Joule	$J = N \cdot m = kg \cdot m^2/s^2$
Beschleunigung	a	Meter / Quadratsekunde	m/s^2
Dichte	ρ	Kilogramm / Kubikmeter	kg/m^3
Drehmoment	M	Newtonmeter	$N \cdot m = kg \cdot m^2/s^2$
Druck	p	Pascal	$Pa = N/m^2 = kg/(m \cdot s^2)$
el. Kapazität	C	Farad	$F = C/V = A^2 \cdot s^4/(kg \cdot m^2)$
el. Ladung	Q	Coulomb	$C = A \cdot s$
el. Leitwert	S	Siemens	$S = 1/\Omega = A/V$ $= s^3 \cdot A^2/(kg\ m^2)$
el. Spannung	U	Volt	$V = J/C = kg \cdot m^2/(s^3 \cdot A)$
el. Widerstand	R	Ohm	$\Omega = V/A = kg \cdot m^2/(s^3 \cdot A^2)$
Energie	E	Joule	$J = N \cdot m = kg \cdot m^2/s^2$
Energiedosis	D	Gray	$Gy = J/kg = m^2/s^2$
Fläche	A	Quadratmeter	m^2
Frequenz	ν, f	Hertz	Hz = 1/s
Geschwindigkeit	v	Meter / Sekunde	m/s

Wichtige physikalische Größen und ihre Einheiten (Fortsetzung)			
Physikalische Größe	Formelzeichen	Name der phys. Einheit	Einheitenzeichen und Zusammenhang mit den SI-Basiseinheiten
Gewichtskraft	F_G	Newton	$N = kg \cdot m/s^2$
Kraft	F	Newton	$N = kg \cdot m/s^2$
Leistung	P	Watt	$W = J/s = kg \cdot m^2/s^3$
Schwingungsdauer	T	Sekunde	s
Volumen	V	Kubikmeter	m^3
Wärmemenge	Q	Joule	$J = N \cdot m = kg \cdot m^2/s^2$

Wichtige physikalische Konstanten

Name	Formelzeichen	Betrag und Einheit
Allgemeine Gaskonstante	R	$8{,}31447$ J/(K $\cdot$ mol)
Avogadro-Konstante	N_A	$6{,}02214 \cdot 10^{23}$/mol
Bohr-Radius	a_0	$0{,}52918 \cdot 10^{-10}$ m
Boltzmann-Konstante	k	$1{,}38065 \cdot 10^{-23}$ J/K
Elektrische Feldkonstante	ϵ_0	$8{,}85419 \cdot 10^{-12}$ F/m
Elementarladung	e	$1{,}60218 \cdot 10^{-19}$ C
Faraday-Konstante	F	$96485{,}3$ C/mol
Lichtgeschwindigkeit im Vakuum	c	$2{,}99792 \cdot 10^8$ m/s
Magnetische Feldkonstante	μ_0	$1{,}25664 \cdot 10^{-6}$ N/A^2
Masse des Elektrons	m_e	$9{,}10938 \cdot 10^{-31}$ kg
Protons	m_p	$1{,}67262 \cdot 10^{-27}$ kg
Neutrons	m_n	$1{,}67493 \cdot 10^{-27}$ kg
Planck'sches Wirkungsquantum	h	$6{,}62607 \cdot 10^{-34}$ J $\cdot$ s
Gravitationskonstante	γ	$6{,}673 \cdot 10^{-11}$ m^3/(kg $\cdot$ s^2)
Fallbeschleunigung (Durchschnittswert an Erdoberfläche)	g	$9{,}81$ m/s^2

Im internationalen Einheitensystem verwendete Vorsätze (Präfixe)

Vielfaches	Name	Zeichen
10^{18}	Exa	E
10^{15}	Peta	P
10^{12}	Tera	T
10^{9}	Giga	G
10^{6}	Mega	M
10^{3}	Kilo	k
10^{2}	Hekto	h
10	Deka	da
10^{-1}	Dezi	d
10^{-2}	Zenti	c
10^{-3}	Milli	m
10^{-6}	Mikro	µ
10^{-9}	Nano	n
10^{-12}	Piko	p
10^{-15}	Femto	f
10^{-18}	Atto	a

Beispiele:

$$400\ \text{nm} = 400 \cdot 10^{-9}\ \text{m} = 4 \cdot 10^{-7}\ \text{m}$$

$$3\ \text{cm}^3 = 3 \cdot (10^{-2}\ \text{m})^3 = 3 \cdot 10^{-6}\ \text{m}^3$$

$$89,3\ \text{MHz} = 89,3 \cdot 10^6\ \text{Hz}$$
$$= 8,93 \cdot 10^7\ \text{s}^{-1}$$

Das griechische Alphabet

Groß-buchstabe	Klein-buchstabe	Name	Groß-buchstabe	Klein-buchstabe	Name
A	α	Alpha	N	ν	Ny
B	β	Beta	Ξ	ξ	Xi
Γ	γ	Gamma	O	o	Omikron
Δ	δ	Delta	Π	π	Pi
E	ε	Epsilon	P	ρ	Rho
Z	ζ	Zeta	Σ	σ, ς	Sigma
H	η	Eta	T	τ	Tau
Θ	θ, ϑ	Theta	Υ	υ	Ypsilon
I	ι	Jota	Φ	ϕ, φ	Phi
K	κ	Kappa	X	χ	Chi
Λ	λ	Lambda	Ψ	ψ	Psi
M	μ	My	Ω	ω	Omega

Register

A

Abbildungsmaßstab 234, 235
absoluter Nullpunkt 108, 110, 151
Abstandsgesetz 246
additive Farbmischung 242
Aggregatzustand 108, 111, 151
Akkumulator 205
Aktivität 263
Akustik 86
allgemeine Gasgleichung 127, 129, 152
allgemeine Gaskonstante 128
Alphastrahlung 260
Ampere 155
Amplitude 31, 79, 80, 86
angeregter Zustand 253
Anomalie des Wassers 120, 151
Anziehungskraft 22
Arbeit 49, 157
archimedisches Gesetz 62
Astronomie 64
Atom 250
Atomhülle 251
Atomkern 251
Atommodell 252
Auftriebskraft 61
Ausdehnungsarbeit 147, 152
Ausfallswinkel 83, 104

B

Bar 26, 124
Batterie 205
Bauch 87, 88
Beleuchtungsstärke 246
Beschleunigung 34, 35
Besetzungszahlen 253
Beugung 239
Bewegungsenergie 54
Bildpunkt 230
Bimetall 117
Blasinstrumente 87
Blindwiderstand 197
Braun'sche Röhre 173, 210
Betastrahlung 260

Brechungsgesetz 222
Brechwert 232
Brechzahl 222, 224
Bremse 36
Brennebene 230
Brennpunkt 227, 230
Brennstoffzelle 205
Brennweite 227, 230, 235
Brown'sche Teilchenbewegung 110

C

C-Dur-Tonleiter 94
Celsius-Temperaturskala 107
chromatische Tonleiter 93, 94
Chronograph 27
Coulomb 156
Coulomb'sches Gesetz 158

D

Dewar-Gefäß 138, 140
Diamagnetismus 170
Dichte 17
Dielektrikum 163
Dioden 211
Dipole 165, 170
Dispersion 224
Doppelspalt 239
Doppler-Effekt 99, 104
Drehmoment 42
Drehstrom 195
Dreieckschaltung 195
Dreifingerregel 167
Druck 26
Durchschnittsgeschwindigkeit 30
Dur-Tonleiter 94
Dynamik 37

E

ebener Spiegel 226
Echolot 91
effektive Spannung 196
Einfallswinkel 83, 104
Einhüllende 82, 83, 104
einseitiger Hebel 44
Einzelspalt 238

elektrische Arbeit 191
elektrische Feldstärke 160
elektrische Leistung 193
elektrischer Strom 155
elektrischer Widerstand 183
elektrische Spannung 157
Elektrolyse 157
elektromagnetische Wellen 179
Elektromotor 208
Elektronen 251
Elektronenschalen 252
Elektroskop 154
Elementarladung 157, 251
Elementarteilchen 251
Elementarwelle 82, 83, 84, 104, 236, 239
Empfänger 180
Energie 52
Energiedosis 266
Energieerhaltungssatz 54
Energietransport 85
Entladungsdosimeter 265
Erdmagnetfeld 168
Erstarren 111, 145
Erstarrungswärme 145
erster Hauptsatz 147, 148, 152

F

Fadenpendel 31
Fahrenheit-Skala 107
Fallbeschleunigung 23
Farad 162
Faraday-Käfig 155
Federkonstante 20, 33
Federkraftmesser 20
Fehlerstromschutzschalter 201
Feldlinie 160
feste Rolle 45
Festkörper 15
Feststoff 109
Filmdosimeter 264
Fläche 11
Flaschenzug 47
Fledermaus 91

Flüssigkeit 15, 109
freier Fall 36
Frequenz 32, 77, 78, 92, 104, 194

G
Galaxis 67
Gammastrahlung 260
Ganztonintervall 93
Gas 15, 109
Gasdrücke 122
Gasentladungslampe 206
Gasgesetz 124
gedämpfte Schwingung 31
Gegenkraft 39
Gegenstandspunkt 231
Geige 87
Geiger-Müller-Zählrohr 265
Generator 202, 208
geradlinige gleichförmige Bewegung 28
Geschwindigkeit 28, 29
Geschwindigkeits-Zeit-Diagramm 30
Geschwindigkeitszuwachs 34
Gesetz von Boyle-Mariotte 124, 125, 151
Gesetz von Gay-Lussac 125, 126, 151
Gewichtskraft 21, 22, 23
Gitarre 87
Gitter 240
Glasfaser 223
Gleichgewicht 25
Gleichrichter 212
Gleichspannung 182
Gleitreibung 41
Glimmlampe 206
glühelektrischer Effekt 210
Gravitation 22
Gravitationskonstante 64
Gravitationskraft 64
Grenzwinkel 223
Größe 10
Grundzustand 253

H
Haftreibung 41
Hagel 13
Halbleiter 207
Halbschatten 218

Halbtonintervall 93
Halbwertszeit 264
Hangabtriebskraft 48
harmonische Schwingung 34
Hebel 43
Hebelgesetz 43
Heißluftballon 129, 130
Henry 176
Hertz 32, 77
Hertz'scher Dipol 180
Hooke'sches Gesetz 19, 20
Hörschwelle 95, 104
Hurrikan 130
Huygen'sches Prinzip 83, 84, 91, 104
hydraulische Anlage 57

I
ideale Gase 129, 152
indifferente Gleichgewichtslage 25
Induktion 174
Induktionsgesetz 176, 190
Induktionsspannung 175, 177
Influenz 163
infrarot 242
Infrarotstrahlung 133, 136, 137
Infraschall 92, 104
innere Energie 147, 148, 152
innerer Widerstand 186
Interferenz 80, 82, 104, 236
Intervall 92, 93
Ionisation 256
Isolatoren 182
Isotope 258

J
Joule 49, 192

K
Kalorimeter 143
Kammerton 92
Kapazität 162, 188
Kelvin-Temperaturskala 108
Kernenergie 272
Kernfusion 277
Kernladungszahl 258
Kernkraftwerke 273
Kernreaktion 269
Kernreaktor 273

Kernspaltung 271
Kernzerfall 261
Kettenreaktion 273
Kilogramm 16
Kilowattstunde 192
Kinematik 27
kinetische Energie 54
Kirchhoff'sche Gesetze 185
Klavier 87
Knoten 87, 88
Kolbendruck 56, 57
Kondensationswärme 145
Kondensator 188
Kondensieren 111, 145
Kondensor 235
Konkavlinse 230, 232
Konvektion 121, 129, 133, 136, 152
Konvektoren 136
Konvexlinse 230
Körper 15
Kraft 18
Kräfteparallelogramm 20, 21
Kraftkomponente 21
Kraftpfeil 19
Kraftwärmemaschine 148
Kraftwirkung 19
Kreisbahngeschwindigkeit 31
Kreisbewegung 31
krummlinige gleichförmige Bewegung 30
Kubikmeter 12
Kühlschrank 149, 150
Kurzschluss 187

L
labile Gleichgewichtslage 25
Ladung 154
Ladungsmenge 156
Länge 10
Längenausdehnung 116, 117, 151
Längenausdehnungskoeffizient 116, 117
Längswelle 76, 104
Lautsprecher 86, 89
Lautstärke 95, 96, 104
Laser 238, 241
Leistung 51
Leiter 207
Lenz'sche Regel 176

Lichtgeschwindigkeit 79, 220, 236
Lichtquelle 241
Lichtstärke 246
Lichtstrahl 218, 220
Lichtstrom 246
Liter 13
Lochblende 225, 244
Longitudinalwelle 76, 78, 80, 86, 88, 104
Lorentz-Kraft 172
lose Rolle 46
Lot 222, 229
Luftdruck 61
Luftfeuchtigkeit 112

M
Mach-Kegel 103
magnetische Flussdichte 167
magnetische Feldkonstante 169
magnetisches Feld 166
Manometer 59, 123
Masse 16
Massendefekt 278
Massenzahl 258
Maßeinheit 10
Massenvergleich 16
Maßzahl 10
Messe 10
Meter 10
Mikroskop 234
Mischungsregel 144
mittlere Leistung 196
mittlere Dichte 63
Moderator 274
molare Verdampfungswärme 146
molare Wärmekapazität 142
Moll-Tonleiter 94
Momentangeschwindigkeit 30
Monopol 165
Musik 92
Musikinstrument 87

N
Nebel 113
Nebelkammer 265
negative Beschleunigung 36
Netzhaut 244

Neutronen 251
Newton 19
Newton'sches Grundgesetz 37
Nichtleiter 207
Normalkraft 48
Nukleonen 251

O
Ohm'sches Gesetz 183
Ohr 92, 104
Oktave 92, 93
Oktavbezirk 93
optische Achse 227, 230
Ordnungszahl 258
Ortsfaktor 23, 32

P
Parallelschaltung 185
Paramagnetismus 171
Pascal 26, 122
Periode 31
Periodendauer 77
Periodensystem 257
Permanentmagnete 165, 172
Permeabilität 169
Permittivität 159, 163
Phasenverschiebung 198
Photon 254
physikalische Atmosphäre 123
Planetensystem 65
planparallele Platte 229
Plasma 278
Plattenkondensator 163
Pleuelantrieb 34
Polarlicht 206
potenzielle Energie 54
Prisma 224, 229
Projektor 235
Protonen 251
Punktquelle 81

Q
Quadratmeter 11
Quantensprung 254
Querwelle 74, 75, 104

R
Radar 102
Radioaktivität 259

Radiowelle 79
reale Gase 129
Redundanz 276
Reflexion 83, 221
Reflexionsgesetz 221
Reibung 40
Reibungselektrizität 156
Reibungszahl 41
Reihenschaltung 185
Resonanz 97, 104
Resonanzfrequenz 200
Resonanzkatastrophe 97
Resonanzkörper 98
Resublimation 111
resultierende Kraft 21
Rollreibung 41
Röntgenstrahlen 254
Röntgenwelle 79
Rotverschiebung 102

S
Saiteninstrument 87
Schall 86, 104
Schallausbreitung 89
Schalldämmung 90
Schallgeschwindigkeit 89, 90, 104
Schallintensität 95, 96
Schallleitung 89, 90
Schallreflexion 90, 91
Schallwelle 76, 78, 86, 92, 104
Scheinleistung 198
schiefe Ebene 48
Schmelzen 111, 114, 144, 145
Schmelztemperatur 113, 114, 115
Schmerzgrenze 95, 104
Schmelzwärme 144, 145, 152
Schnee 113
schwarze Strahler 242
Schweredruck 60
Schwerkraft 22
Schwerpunkt 23, 24
Schwingkreis 180
Schwingungsdauer 31
Sekunde 27
Selbstinduktion 177, 190
Sender 180
Siebkette 199
Sieden 111

Register

Siedetemperatur 115
Solarzelle 204
Sonne 67
Sonnenfinsternis 219
Sonnenkollektoren 138
Spannungsquelle 187
Spannungsteiler 187
Spektrometer 241
Sperrkreis 200
spezifischer Widerstand 184
spezifische Schmelzwärme 145
spezifische Verdampfungs-wärme 146
spezifische Wärmekapazität 141
Spule 168
stabile Gleichgewichtslage 25
Statik 10
stehende Welle 87, 88
Sternschaltung 195
Stimme 89
Stimmgabel 86
Stoffe 15
Strahlen-Wichtungsfaktor 267
Streuung 221
Stromstärke 155
Sublimation 111
subtraktive Farbmischung 243
Supraleitung 206

T
Tachometer 29, 30
technische Atmosphäre 123
Temperatur 106, 107, 108
Temperaturskala 107
Tesla 167
thermische Kraftwerke 204
Thermometer 107
Thomson-Gleichung 180, 200
Ton 92, 93
Tonhöhe 92, 104
Tonleiter 94
Tornado 129, 130
Torr 123
Totalreflexion 223
Trägheit 40
Trägheitsgesetz 39
Transformator 177

Transistor 211
Transversalwelle 74, 75, 79, 86, 87, 104
Trockeneis 111

U
Überdruck 61
Überschallgeschwindigkeit 103
Überschallknall 103
Uhr 27
Ultraschall 92, 104
Ultraschallwelle 91
ultraviolette Strahlung 79
Umlaufzeit 31
ungedämpfte Schwingung 31
Unterdruck 61
Urkilogramm 16
Urspannung 186

V
Valenzelektronen 253
Verdampfungswärme 144, 146, 150, 152
Verdunstung 112
Verformung 19
Verstärker 212
virtuelle Bilder 226
Volumen 12
Volumenausdehnung 117, 118, 126, 151
Volumenausdehnungskoeffi-zient 118, 119
Volumenbestimmung 14
Volumengesetz für Gase 127, 152

W
Waage 16
Wägesatz 17
Wärmeausdehnung 115, 151
Wärmedämmstoffe 141
Wärmedämmung 138, 139, 140
Wärmedurchgang 138, 139
Wärmedurchgangskoeffizient 138, 139
Wärmeenergie 131, 132, 133, 152
Wärmekapazität 141, 142, 143, 152

Wärmekraftmaschine 148
Wärmeleitfähigkeit 134, 135
Wärmeleitung 133, 134, 152
Wärmestrahlung 133, 136, 137, 152
Wärmestrom 135
Wärmeströmung 136
Wärmetransport 139
Wärmeübertragung 131
Wasserdampf 109
Wasserkraft 203
Wasserwelle 86
Watt 52, 193
Wechselspannung 182
Wechselwirkung 18
Wechselwirkungsgesetz 39
Weg-Zeit-Diagramm 29
Weiß'sche Bezirke 172
Welle 74, 75, 76
Wellenberg 74, 75, 76
Wellenfront 81, 82
Wellenlänge 77, 78, 104, 236, 241
Wellenmaschine 81
Wellental 75
Wellrad 42
Windkraftwerke 202
Wirkleistung 196, 198
Wirkungsgrad 55, 148, 202, 208, 209
Wölbspiegel 227, 228
Wolke 113

Z
Zeit 27
Zustandsform 15
Zustandsgleichung 152
Zustandsgleichung der Gase 127
zweiseitigen Hebel 43
Zwischenbild 234